Stuart Sutherland

IRRATIONALITY

THE ENEMY WITHIN

天生不理性

[英] 斯图尔特·萨瑟兰 著
赵丽霞 译

世界图书出版公司
北京　广州　上海　西安

图书在版编目（CIP）数据

天生不理性 /（英）斯图尔特·萨瑟兰著；赵丽霞译．—北京：世界图书出版有限公司北京分公司，2024.6
ISBN 978-7-5232-1175-5

I. ①天… II. ①斯… ②赵… III. ①社会心理学－通俗读物 IV. ① C912.6-0

中国国家版本馆 CIP 数据核字（2024）第 057900 号

书　　名　天生不理性
　　　　　TIANSHENG BU LIXING
著　　者　［英］斯图尔特·萨瑟兰
译　　者　赵丽霞
责任编辑　李晓庆　杜　楷
特约编辑　张凤琪　董　桃
特约策划　巴别塔文化

出版发行　世界图书出版有限公司北京分公司
地　　址　北京市东城区朝内大街 137 号
邮　　编　100010
电　　话　010-64038355（发行）　64033507（总编室）
网　　址　http://www.wpcbj.com.cn
邮　　箱　wpcbjst@vip.163.com
销　　售　各地新华书店
印　　刷　天津画中画印刷有限公司
开　　本　880mm×1230mm　1/32
印　　张　11.5
字　　数　230 千字
版　　次　2024 年 6 月第 1 版
印　　次　2024 年 6 月第 1 次印刷
版权登记　01-2024-2671
国际书号　ISBN 978-7-5232-1175-5
定　　价　68.00 元

如有质量或印装问题，请拨打售后服务电话 010-82838515

推　荐

在平特和马丁出版社（Pinter & Martin）再版这本书前，老版已经在二手书市场上卖到了100英镑。[1] 我自己的那本也被几位公务员、医生、前女友、说客、农场主、管理顾问和一位银行家借阅，现在只能勉强用两根橡皮筋捆在一起。连朋友的朋友都给我打过电话，开口借这本书。在那个知识还很稀缺的前互联网时代，你只能通过实体书获取其中的观点。

今天，本书所呈现的事实在百科网站和成功手册中随处可见，互联网上也在以奇奇怪怪的方式到处展示着我们疯疯癫癫的不理性行为。然而，在网上毫无章法地获取这些事实无论多么有趣，也比不上一位专家引领你全面了解他的专业领域，虽然我不得不承认自己也沉迷于前者。

斯图尔特·萨瑟兰撰写本书时已经65岁，处在他辉煌心理学研究职业生涯的晚期。因此在本书中，他没有夸大其词，只是不厌其烦地详尽叙述各种观点的起源和走向，解释收集证

1 这里说的再版时间为2013年。（以下如无特别说明，脚注均为译注）

据和整合证据的方法，以及这些证据的内在联系。

萨瑟兰的直率是出了名的，有些人会说他粗鲁，但就我们读者应该关心的问题而言，我更愿意认为他只是在表达时毫无保留，并且过于不假思索。他在《崩溃》（*Breakdown*）一书中对抑郁症的描述平直却真挚，令人不忍卒读，本书的行文也同样直截了当，直击我们对智识的自负心态，也挑战了那些很多人都怯于挑战的、手握话语权的专家。

人们很容易相信知识就是力量，觉得只要读了这本书，认识到自己思维机制（thinking apparatus）的缺陷，我们就可以所向披靡。要知道，本书不是自助手册，现实生活远比书中提到的情况更复杂。这是一本呈现观点的书，萨瑟兰既没有卖弄聪明地给出答案，也没有俗套地承诺读了这本书就能提高业务效率，而是带着满腔学术热忱跳出象牙塔，打破了人们对自己思维的假设。

本书的行文可能没那么有趣，但内容一定足够震撼人心。

本 · 戈德契（Ben Goldacre）[1]

2013 年 6 月于伦敦

---

1 畅销书作家、医学博士，曾致力于拆穿造谣记者、政府报告、制药公司、公关公司和庸医们提供的“科学证据”，代表作有《小心不要被“常识”骗了》（*Bad Science*）和《制药劣迹》（*Bad Pharma*）。

作者序

请亚里士多德[1]见谅，我认为非理性行为是常态而非例外。为了证明我的观点，我收集了很多在日常生活和专业工作中令人瞠目结舌的非理性案例。我发现，即使是医生、将军、工程师、法官、商人这些可能会带来灾难性后果的人，他们做决定时也并不比你我更理性。

不过，关于非理性普遍存在的更确切证据来自过去 30 年间心理学家们就此问题展开的大量研究。与宇宙学不同，心理学的研究成果往往鲜少为普罗大众所知。虽然我并没有直接参与研究这个话题，但也时常为他们实验的开创性和他们对思维活动的洞察深深着迷。本书整合了很多已被证明会引起非理性行为的因素，既包括社会和情感偏见，也包括因为没有考虑反面情况或过于相信第一感觉等错误而产生的很多不可理喻的想法。很多实验结果太过出人意料，可能会令读者难以置信，然

1 亚里士多德曾做出“人的本质是理性”的论断，并指出人的灵魂中还包括欲望和情感，人只有合理运用理性，使欲望和情感在理性指导下充分发挥其自身作用，才能根据内在目的做出善的选择。

而这些结果几乎全都已经被反复证明。

为了向非专业的读者解释清楚技术性期刊上那些难以理解的内容，在大多数时候我都避免使用数学和统计概念，但在本书中还是不得不介绍和解释一些必要的基本概念。

这不是一本教你如何思考的“自助”手册，不过我还是在每一章最后斗胆给出了一些小贴士。如果奥斯卡·王尔德的名言“恶大莫过于浮浅”还有些道理的话，如果读者已经足够理性，还想要更加理性的话，也许可以从本书中学习到如何避开很多影响自己思维过程的陷阱。如果王尔德是对的，非理性已经重要到必须严肃对待，我倒是会偶尔遵从他的这句名言。然而，我并不认为自己比其他任何人更理性，所以在此请求读者不要知会我你们在本书中发现的任何错误：在梳理有关非理性的海量文献时，总有人告诉我这样做的最终产出本身就是不理性的。我已经够难了。

在决定使用哪个指示代词作为泛指代词时，我面临了一个两难选择。如果使用男性代词，可能会冒犯女性主义者。考虑到几乎所有需要用到代词的案例都涉及某个做出非理性行为的人，我觉得使用男性代词作为泛指代词会更保险。如果读者因此推论我认为女性比男性更理性，我也只好悉听尊便。最后，我要向书中引用的所有作品致敬。

斯图尔特·萨瑟兰

1992 年 8 月于萨塞克斯大学

致 谢

感谢尼古拉斯·巴格诺尔（Nicholas Bagnall）、科林·费希尔（Colin Fisher）和菲尔·约翰逊–莱尔德（Phil Johnson-Laird）对本书初稿提出的有益意见。感谢朱莉娅·珀塞尔（Julia Purcell）给我的建议和鼓励。感谢我的女儿盖伊·萨瑟兰（Gay Sutherland）和茱莉亚·萨瑟兰（Julia Sutherland）帮我完成索引和注释，还要特别感谢我的秘书安·多伊奇（Ann Doidge），感谢她快速、准确而有耐心地将我的一份份手写稿誊录成电子稿，感谢她能看懂我的字，我自己都做不到。另外，我还要感谢剑桥大学出版社（Cambridge University Press）和戴维·埃迪（David Eddy）允许我使用表 12.1 和表 12.2。

目　录

第二部分

有限的思考能力

第三部分

应对非理性的工具

第四部分

理性真的必要吗?

导　言

总的来说，理性总是被称颂。哈姆雷特说："人类是一件多么了不得的杰作！多么高贵的理性！"理性的狂热拥趸托马斯·赫胥黎[1]的表述则更进一步："如果有一种神力能让我的想法都真实、我所做的事都正确，就算让我变成一个钟表，需要在每天早晨起床前上紧发条，我也会毫不犹豫地接受。"无论理性到底是否像赫胥黎相信的那样令人神往，可以确定的是，人们只是偶尔会表现出理性，甚至几乎从没有表现出理性。举个例子，想想你会怎样回答下面的问题。

"一个蓝眼睛的妈妈有个蓝眼睛的女儿"与"一个蓝眼睛的女儿有个蓝眼睛的妈妈"哪种情况出现的概率更大？在英语单词里，首字母为k的单词多，还是第三个字母为k的单词多？面试是有效的选人程序吗？抽烟会使患肺癌的风险增加十倍，使患致命性心脏病的风险增加两倍，那么烟民中死于肺癌的人会比死于心脏病的人多吗？你的驾驶技术是否高于平均水平？

1 英国著名博物学家、生物学家、教育家，达尔文演化论最杰出的代表。

在心理学实验中，你会愿意对他人进行可能会致命的电击吗？死于中风的人比死于事故的人多吗？骑自行车和坐摩天轮哪个更危险？有两家产科医院，一家平均每天诞生 45 个新生儿，另一家只有 15 个，如果随机选择一天，哪家医院新生儿中有 60% 是男孩的概率更大？奖励出色完成任务的人总会获益吗？

除非你因为本书的书名而有所警惕，否则你对这些简单问题的回答总会有一些是非理性的，我第一次面对这些问题时也一样。另外，如果你真的回答了所有问题，那你就已经不理性了，因为有些问题提供的信息不足，是我们无法回答的。无法暂停自己的判断，正是非理性最常见的一种表现。

就像亚里士多德将人类定义为“理性动物”一样，多数人都认为，除非精神错乱，否则几乎每个人都能在大多数时候保持理性。当然了，他们觉得亲朋好友虽然没有自己那么理性，但总体而言也算是理性的。西方世界并非一直都秉承这样的信念，更不要说在神秘思想依然盛行的东方了。诚然，亚里士多德代表了古典时代的典型观点，但对人类理性的追求在黑暗的中世纪（Dark Ages）[1] 几乎消失了，取而代之的是人们应当按照信仰以及一小部分感情行事。后来，笛卡尔（Descartes）重申人是并且应该是理性存在的观点，认为人的行为应该基于直观和演绎。他的理论奠定了至今仍然存在的人文主义传统的基

1 文艺复兴以前，宗教教会仍是一切社会规范的制定者和执行者，科学工作者缺乏自由发展的空间，人们长期处在蒙昧状态和对宗教的迷信中，故此被称为“黑暗的中世纪”。

础。人不需要神圣的灵感，他的理性本身就已足够。直到最近，哲学家、心理学家和经济学家也理所当然地认为，人在大多数情况下的行为是理性的。

著名哲学家吉尔伯特·赖尔（Gilbert Ryle）曾说：“心理学家可以告诉我们为什么我们会受骗，而我们可以告诉自己和心理学家为什么我们没有受骗。”换句话说，他认为理性是常态或者理所当然，只有背离理性的行为才需要解释。

赖尔在牛津大学莫德林学院过着隐士般的生活，在那样的环境里理性行事也许不是很难，西格蒙德·弗洛伊德认同赖尔的观点，即使他在维也纳面对的不是无趣的学究，而是精神病人和常常表现得同样神经质的同事。弗洛伊德假设理性行为是常态，因此只试图解释非理性的行为，特别是梦、神经症症状和口误。他的解释是为了证明，一旦理解了行为背后的无意识过程，特别是力比多[1]和超我之间的冲突，所有看似非理性的行为，即以其他方式让力比多得到满足，其实都是理性的。向超我掩饰力比多被满足的防御机制是无意识的，但绝对是理性的。吝啬鬼之所以囤积他永远也花不完的钱，其实也不是因为不理性，而是因为他从中获得了婴儿憋住粪便般的快感。

同样，直到20世纪70年代，经济学领域都几乎完全相信理性人的概念。经济人（homo economicus）对不同的商品有

1 libido的音译，即性力。这里的性不是指生殖意义上的性，而是泛指一种机体生存、寻求快乐和逃避痛苦的本能欲望，是人的一切心理活动和行为的动力源泉。

不同的偏好，会权衡价格和偏好，购买性价比最高的商品。企业家的行为也被认为是完全理性的，他们生产能够赚取最多利润的产品，设定能够使利润最大化的价格，其因懒惰、愚蠢、低效或追逐权势而犯错的可能性却很少得到讨论。我们将会看到，古典经济学家对消费者和生产者的认识都是错误的。

我写作本书的目的，是证明人们远没有通常认为的那么理性，并系统分析这背后的诸多原因。没有人是完全理性的，包括我自己。我会选择介绍有关非理性的诸多心理学实验，并举一些日常生活和专业工作中令人瞠目结舌的例子，来证明非理性的普遍性。每个人都会有不理性的时候，要做的决定越复杂，就越容易不理性。有人可能会觉得，非理性行为的主要原因是情绪影响了判断。这确实是因素之一，但不是最重要的因素。人的思维方式有很多固有的缺陷，这将是本书论述的重点。

非理性只能通过理性来定义，所以必须得先探讨什么是理性。理性有两种形式。一个拥有知识的人经过理性思考得出的结论大概率是正确的，而理性决定则要复杂得多，因为我们只有知道一个决定的目标才能评估这个决定。如果一个人拥有知识，那么理性行为很可能帮助他实现目标，因此，必须了解一个人的知识水平才能评估其理性程度：一个对天文学知之甚少的成年人试图通过爬树登上月球简直愚不可及，而一个小孩做出同样的举动，即便受到了某种程度的误导，也可能是完全理性的。区分非理性和无知也十分重要，无知同样普遍存在。1976 年，40% 的美国公民认为以色列是个阿拉伯国家；即便是在今天的英国，仍有 1/3 的 13 岁儿童认为太阳绕着地球转。

我不会试图细致剖析理性思想的本质。总的来说，理性思想是寻找世界的规律性，并用于预测未来，以及推断过去或当前依然未知的领域。这背后隐藏着哲学中最引人注目的悖论之一——理性思想，包括所有的科学思想，都是基于世界被恒久不变的规律所支配的假设。我们无法证实这一假设，辩称“过去没有变的规律在未来也不会变”是毫无意义的，这是用假设去证明假设。在本书中，我不想去讨论这种信仰行为的必要性，而只关心理性和非理性的具体事例，以便大多数人都能从中看出两者的区别，起码在别人指出这些区别时能够看得到。

我们还要区分非理性和错误。非理性行为必须是有意为之的，无意中的犯错虽然是错误，却不算非理性。比如，在将两列数字相加时我们可能会忘记进位，这就是无心之错。

无论是理性思考还是理性决策，都不一定能确保得到最好的结果。如果你生活在澳大利亚被发现之前的时期，认为所有天鹅都是白色的是可以理解的。然而，你错了，因为你对澳大利亚和新西兰地区的动物没有足够的了解。假设硬币正面朝下，你就得到1000块，反之则给对方100块。如果你的目标是赚钱，也不担心失去一个朋友，那赌这一把就是理性的。不过，硬币也可能会反面朝下，即使你的决定是理性的，你仍然有可能得不到好结果。萨基（Saki）[1]在一部短篇小说中举了一个例子，很

1 原名赫克托·休·芒罗（Hector Hugh Munro），英国作家，以创作讽刺短篇小说见长，与欧·亨利齐名。

好地说明了通过理性得出的结果也可能是错误的。在吃早餐时，一个小男孩告诉长辈，他的餐盘里有只青蛙。虽然他详细描述了青蛙皮肤上的斑点，长辈们还是认为绝无可能。根据已拥有的知识，长辈们认为自己的推断是完全合理的，但他们错了，这让小男孩非常满意。萨基解释道，是这个小男孩自己把青蛙放在那里的。因此，哪怕决定再理性，也不能确保得到最好的结果，因为人类行为总存在偶然因素。从人的一生来看，这些偶然因素最终是会趋于平衡的。不过，要想最大程度地实现自己的最终目标，最好的方法就是尽可能做出理性的决定，哪怕有时其他选择可能会带来更好的结果。本书指出了人们犯错的方式，也许能够帮助读者做出更多更好的决定。当然，正如本书最后一章所述，这样的期待本身可能也不切实际。

我已经强调过，理性的决定依赖于一个人的知识。不过这个观点有个附加条件，如果一个人认为自己的知识储备不够，那么寻找更多的证据，特别是在做出重要决定时寻找更多的证据，就是理性的。然而遗憾的是，我们将看到，人们在寻找证据时通常是非常不理性的，只寻找了那些能够支持自己已有观点的证据。

实现目标的理性方法是有的，不过得先明确理性目标是否真的存在。非理性的目标肯定也是存在的。例如，大多数人会觉得追求一个不切实际的目标是不理性的，一个典型的例子就是飞去月球，但这个不可能的目标现在已经被实现了。想同时实现两个相互冲突的目标也是不理性的。你不可能在最大限度利用你的伴侣的同时，还能让她一直开心。非理性的另一种表现形式是很少有人会费心思考自己的人生目标和这些目标的优先次序，他们只是随性而为。有人喜欢这样，有人不喜欢这样，可是随性而为会导致非理性行为的产生。也就是说，人们如果在行动之前先思考，就可能会采取有更大概率达成目标的行动。

哲学家们长篇累牍地讨论作为哲学本质的人类的终极目标。即便人类真的有终极目标，他们至今还未对此达成共识。理性地说，人类的目标应该是所有人都能和平遵循、共同实现的。这里有三个可能的选项：人类种族的存续、最多数人最大程度的幸福和对知识的追求，但无论哪个选项都经不起推敲。如果比人类更善良、更有智慧，在各方面都优于人类的外星人来到地球，带来一种会消灭全人类的病毒，而避免人类灭绝的唯一方法就是杀掉外星人，我们应该会毫不犹豫地杀掉外星人，这样的行为似乎既狭隘又自私。在这种情况下，有些人可能会考虑除了人类种族存续之外的其他目标。至于幸福，要如何衡量？一个人如何用别人的快乐来减轻自己的痛苦？对知识的追求听起来很光荣，但为什么成为智者就比成为优秀的运动员或杰出的棋手更好呢？另外，这个目标本身就自相矛盾，因为不明智地在求知过程中运用技术的衍生品反而可能会使人类变得无知。对终极目标的思考本身就不在理性的范畴之内。一个给定的目标只能通过另一个更高的目标来证明，就像那句名言，我们不能从“是”推导出“应该”。用帕斯卡（Blaise Pascal）的话说，就是“感情自有其理，理性难以知晓”[1]。终极目标的性质决定了在其之上没有更高的目标，因此我们无法证明终极目标的正当性。现实中是否有人真的在系统地追求这样的终极目标，也值得怀疑。

我们生来就有“生物驱动力”（biological drive），比如饥饿、口渴、性欲、回避痛苦等，还有一些没那么外显却也很重要的动机，比如好奇心、控制欲或归属感等。这些驱动的存在使我们往往把自己放在第一位，这样做可能是不理性的。我们与他人没有本质区别。我的邻居可能比我勤劳、聪明、帅气，也可能并非如此，但他跟我的生物特征是一样的，跟我感受到的疼痛是一样的，跟我有相似的快乐和哀愁。理性地说，我应该把他的幸福看得跟我的幸福同样重要。事实上，这种论调根本站不住脚。一个人可以辩称自己的体验、痛苦和快乐都是独一无二的，别人无法感同身受。一个人甚至可能是个彻头彻尾的唯我论者，相信只有他自己真实存在，外部世界不过是他想象出来的，因此也就理所当然地把自己放在第一位。

我们还必须区分理性和道德。如果我们试图基于理性来捍

1 出自《思想录》。布莱兹·帕斯卡（1623～1662），17世纪法国数学家、物理学家、哲学家、散文家。《思想录》是帕斯卡生前尚未完成的手稿，集中体现了其思想理论，既继承和发扬了理性主义的传统，以理性来批判一切；同时又指出理性本身的内在矛盾，论证了人既崇高伟大又软弱无力的这一悖论。

卫道德，总会以失败告终。大多数人会采取折中的立场，即把自己的幸福放在第一位，同时或多或少地努力顾及他人的幸福。接下来我们将不再过多讨论目标的理性，而只关注实现目标的方法的非理性。

一些读者可能不认同后文中某些非理性的例子，认为那些根本不是非理性。确实，会有一些例子界于理性和非理性之间。

第一，很多非理性的出现都是因为没有用足够的时间考虑清楚。但是，一个人可能会对某个决定感到非常满意，认为长时间思考所获得的收益，完全不足以弥补额外花费的这些时间和精力。在极端情况下，一个经理如果花了非常多时间考虑所有的结果再做出复杂的决定，那么在他做出决定之前公司可能就破产了。相反，一个经理很快做出了决定，即便他的决定不是最优的，也不会被视作非理性决定，因为他已经充分利用了所有的时间。另一方面，很多人即便没有时间压力，也可能没有考虑到所有相关因素，做出了糟糕的决定。在做琐碎的决定时，省去深思熟虑的力气可能是明智的，但后文中我们将会证明，在做出复杂而重要的决定时，比如在商业、医疗或政治领域，这样做不仅不理性，还经常导致灾难性的后果。

第二，我们的大脑一次只能记住很少的想法，在做出复杂决定时，就不会去综合考虑所有的相关因素。为了避免这个问题，我们可以在纸上列出不同行为的优点和缺点，否则就很容易不理性。达尔文在自传中声称自己使用这种方法来决定是否要娶妻，很有成效，他最终决定结婚。即使如此，现实生活中也不会有多少人会在做这种特殊决定时效仿他，因为有太多的未知数。

第三，在本书最后我将会论述，无论在法庭上，还是在日常生活中，做出最佳决定常常需要用到基础统计学的知识。很少有人能掌握这些理性思维的工具。不过我得说，很多无视数学常识导致的错误实在过于明显，只能被看作非理性的。

第四，很多群体的组织结构纵容了成员的自私行为，因而没能实现其预期目标。群体成员个体的自私行为无论多么不道德，都算不上非理性，但群体没有用最佳的方式来实现目标，这种整体运作方式就是非理性的。

第五，人们常常会扭曲自己关于现实的想法，来让自己更舒服或更开心。一厢情愿就是例证，人们会不理性地相信自己想要的就一定会发生，或高估自己在某些方面的能力。这种思维方式很普遍。自欺欺人也类似，一个虐待狂校长相信自己打小男孩是为了他们好，而不是为了满足自己的色情欲望，他是在欺骗自己。一厢情愿和自欺欺人会让人觉得更幸福，从这个角度来说，算是实现目标的理性方法。不过，我认为，判定一个人做决定时的思维方式是否理性，不能只依据他当前的知识水平，还应该看他在决策过程中是否扭曲了自己对世界和自我的认知。这是我们人类演化出的技能，有时候我们会通过不理性的信念来让自己开心，但这样的自我满足并不能使我们更理性。

简言之，在时间有限的前提下，除非基于充分的证据得出最佳结论或做出最优决定，其他任何思维过程都可以被看作非理性的。毫无疑问，这为理性设定了非常高的标准。不过我将主要关注那些完全非理性的判断和决定，因为它们源自系统性的、能够避免的思维偏见。我们将主要分析和讨论这些非常常见且可能产生有害结果的思维偏见。至于完全理性的行为是否总是可取的，我会留到最后一章讨论。

我们的思维不仅会受到直觉和自私欲望的影响，还会被身体状态，特别是大脑的状态所左右。我不会讨论大脑损伤或严重的精神疾病对理性的影响，不过有两个不同寻常的案例可能值得分享。在我们的右脑中部有一小块区域，如果那里出现了癫痫病灶，病灶中的神经细胞会时不时进入兴奋状态，从而引发癫痫抽搐。这种病灶会让人变得对宗教高度虔诚，主动避免任何形式的性行为，也会使人戒掉烟瘾和酒瘾等。值得注意的是，如果移除病灶，这个人就会回到从前的状态，可能成为无神论者，重新开始抽烟，喝酒或追求性爱。基督教信仰的形成，也许就是在一定程度上“受到圣保罗在前往大马士革的路上癫痫发作”的影响[1]。

精神分裂症对人类理性的影响是毁灭性的。精神病人会相

1 传说圣保罗在去往大马士革的路上经历了与耶稣的神奇相遇后，不再迫害基督徒，而开始以基督教传教者自居，并将犹太教与耶稣的位格、身份以及十字架标志紧紧相连，使基督教信仰进入文化、政治、社会领域，成为影响欧洲文明的重要来源之一。

信他的思想受到某些外部力量的控制或监视，甚至相信自己是拿破仑或耶稣。有的精神分裂病人会按照字面意思来理解一切，如果穿过走廊时看到一扇门上写着“请敲门”，他们经过时就总是会敲门。

事实上，心理学家对由精神疾病或大脑损伤引起的非理性行为知之甚少，远不及对我们每个人都会有的、常见的非理性行为的认识，我们在本书中也主要关注后者。我们讨论的错误，大多数人都会犯，当然，不一定所有人都会犯。对书中提出的某些问题回答错误的读者，可以安慰自己：你并不是唯一答错的人。要记住，你知道这本书是关于非理性的，所以可能会有所防范，不会陷入我们设置的非理性陷阱。然而，在所有案例中，如果向没有事先得到提醒的、毫无戒备的人提问，他们几乎都会答错，还常常会大错特错。

书中不少案例来自医疗领域。请读者不要因此觉得医生比其他人更不理性，只是比起记者、公务员、历史学家、工程师、将军和法官，很抱歉地说，还有心理学家，医生的错误被记录得更好。本书对以上这些专业人士做出的愚蠢行为都有提及。医疗领域有关死亡率、不同检查的诊断效果等数据，在研究开始时也许是正确的，但随着医疗技术的持续提高，现在未必仍然正确了。就本书的写作目标而言，重要的是做出决定时的知识水平，因为只有了解一个医生当时的认知，才有依据说他的行为是否是非理性的。

在描述心理学实验时，我几乎没有使用任何专业术语，不过以下三个术语会反复出现。**受试者**（subject）是指作为实验对象的人。受试者通常都是志愿者，也会有大学生被教授强行要求提供志愿服务，或被告知参加实验是课程的重要组成部分。此外，有时候人们会在不知情的情况下成为受试者，比如实验者会安排一场精心策划的车祸，观察谁会绕开事故现场、谁会伸出援手。有的人会贸然加入一个声称是为了减肥、真实目的却更"阴险"的小组。这些时候就得更小心谨慎，不要成为贪婪地寻找受试者的社会心理学家的猎物。

第二个术语是**伪装受试者**（stooge），也就是实验者的同谋或同盟。伪装受试者要么会假装成受试者，骗真正的受试者加入实验，要么会伪装成其他预先设定的角色。伪装受试者的一言一行都听命于实验者，以记录实验对真正受试者的行为造成的影响。伪装受试者无所不在。把一碗汤洒到你身上的女服务员、给你找错零钱的店员，或者在戏院坐在你旁边高喊"着火了"的小伙子，都有可能是伪装受试者。对付伪装受试者还没有什么好办法，不过在任何情况下，你都应该小心那些带着笔记本、混在人群中、看起来像个教授的人。

几乎所有的心理学家都会规定要向受试者做**情况说明**（debrief）。这个术语在心理学中的含义与在军队中完全不同。在实验的最后，受试者会知晓一切，特别是被骗的部分。如果受试者被诱导做出令自己蒙羞的事，或者在测试中表现得非常糟糕，实验者就会安慰他并不比别人差，拍拍他的头让他安心离开。这种情况并不少见。我们在本书中将要关注的是那种在实验进行到一半时的情况说明，以探究这种情况说明对受试者后续表现的影响。

本书引用的很多研究都会涉及欺骗。心理学家，特别是社会心理学家，都不乏用这样的手段。这些欺骗可能会令读者感到不安，我自己则对此没有任何看法，最多会认为如果一名受试者在实验中受骗而做出可耻的行为，他或她可能会从这次经历中学到一些教训。很多实验者声称他们的受试者会感谢他们，因为他们提供了一个有趣且有益的经历，他们当然会这么说，不是吗？

导言的结尾通常会逐一概要介绍其他章节的主要内容。我不会进行这样的概括，也不打算减轻读者的负担，让他们觉得没有往下读的必要。不过还是需要介绍一下本书的结构：在第一部分中，第 1 章讨论了非理性最常见的成因之一——可得性错误，正是这种思维错误引发了后续章节中详细描述的其他错误。接下来的 7 章讨论了产生非理性的社会和情感原因。第二部分的第 9 ～ 18 章讨论了由于我们缺乏清醒思考的能力而犯的错误。第三部分的第 19 ～ 20 章介绍了处理证据的两种理想方法，如果运用得当，至少在理论上有得出最佳结论的可能。与此同时，将这些方法得出的结果和直觉预测得出的结果进行比较，也证明了我们的直觉存在严重偏差。在第四部分中，第 21 章再次罗列了前文讨论过的一些错误，这些错误也是人们普遍不理性地相信超自然现象的原因。最后一章从人类演化史和人类大脑的性质出发，剖析了非理性的深层原因，也讨论了发展理性的可能性。事实证明，这依然任重而道远。最后我提出了一个问题来收束全书："理性真的必要吗，真的值得我们如此向往吗？"

第一部分

潜在的思维偏见

第 1 章　可得性错误

> 人们不会去思考事实，只会关注印象最深刻或最先想到的东西。

电影《大白鲨》（*Jaws*）中的一个重要角色是一头吃人的鲨鱼。这部电影上映之后，加利福尼亚海边游泳的人数大幅下降，因为那里偶尔会有鲨鱼出没，即使有统计数据表明，游泳者被鲨鱼吃掉的风险远远低于去海边的路上死于车祸的风险。人们不会去思考事实，只会关注印象最深刻的东西或最先想到的东西。

为了进一步说明我的观点，请思考以下两个问题："r 是首字母的英语单词比 r 是第三个字母的单词更多吗？""k 是首字母的英语单词比 k 是第三个字母的单词更多吗？"你的回答可能都会是"是"，除非你察觉到这两个问题中可能有什么陷阱。如果回答“是”你就错了。事实上，r和k是第三个字母的英语单词更多。我们会答错的原因是，无论在词典里还是在我们的大脑中，英语单词都是以首字母顺序来排的。我们很容易能想到r是首字母的单词，比如roar、rusty和ribald，而很难想到r是第三个字母的单词，哪怕是street、care和borrow这类非常常见的单词。你可能会觉得这个实验有失公平，因为在数完词典里的单词之前没有人会知道答案。那么还有一个与知识储备无关的类似问题：“以‘-ing’结尾的英语单词是否比以‘-n-’结尾（即n是倒数第二个字母）的英语单词多？”大多数人都觉得以“-ing”结尾的单词更常见，其实以“-n-”结尾的单词肯定更多，因为所有以“-ing”结尾的单词的倒数第二个字母都是n，另外还有很多不是以“-ing”结尾、但n也是倒数第二个字母的单词，例如fine。人们更容易回忆起以“-ing”而不是以“-n-”结尾的单词，所以不会再去仔细思考题干中已经暗含的简单事实。

根据第一个想到的东西来做判断而造成的错误，被称为“可得性错误”（availability error）。本书将首先讨论这种错误，因为这种错误贯穿整个推理过程，正如本书后续章节所述，很多其他错误其实只是可得性错误更进一步的表现形式而已。假设你想买辆车，并告诉了一个朋友。他强烈推荐自己那款车。这种深刻的印象使你迫不及待买了同款，结果发现这车完全靠不住，而且油耗高得离谱。他对那款车的描述既直观又明确（可得性），让你把在消费者杂志上看到的统计数据忘了个一干二净。同时你还犯了另一个我们将在后文中讨论的常见推理谬误，那就是无论你朋友的那辆车有多好，都不一定能够代表那个车型。即便是同一型号的两辆车，它们的性能也不可能同样好，他可能只是运气比较好而已。

已有很多实验证明了可得性错误导致的推理谬误。在一个极端案例中，实验者首先要求受试者学习一些词语，这也是心理学家很喜欢的一项任务。除一组词语中包含四个褒义词——“进取”“自信”“独立”和“坚持”，而另一组包含四个贬义词——“鲁莽”“自负”“冷漠”和“固执”外，两组受试者要学的词语都是一样的。学完这些词语后，两组受试者都会读到一篇讲述一个年轻人的短文，他有一些危险的爱好，认为自己能力很强，朋友不多，一旦下定决心就很难改变主意。最后，实验者让受试者来评价这个年轻人。虽然实验者说得很清楚，学习的词语与故事中的人没有任何关系，但学了褒义形容词的受试者对这个年轻人的评价比学了贬义形容词的受试者要高得多。在读故事时，这些词出现在他们的大脑中（可得性），影响了他们对故事的解读。既然在实验中学到的词语都会影响受试者对完全不相干的事物的解读，那么对于密切相关的事物，这种可得性错误的影响又会有多大呢？

在阐述下一个实验之前，有必要先介绍一个被称为“囚徒困境”（Prisoner’s Dilemma）的魔鬼博弈。在这种博弈场景中，两个人因共同犯下的罪行而被捕入狱，狱长告诉他们，刑期取决于他们是否供认。刑期的长短如下所示：

- 若一人供认而另一人不供认，则供认者会被释放，不供认者会被判刑20年
- 若两人都不供认，则各判2年
- 若两人都供认，则各判5年

这两人面临的困境是在被分开关押、不知道对方是否已经供认的前提下，决定自己是否要供认。对他们而言，最好的结果是两个人都不供认，这样只会被各判2年。不过不供认的风险很大，因为如果对方供认了，不供认者就要在监狱里待20年。

这个博弈游戏与现实生活的关系并不像乍看之下那么遥远。从长远来看，最有利的做法是所有国家都减少二氧化碳排放。二氧化碳是温室效应的元凶，而温室效应的后果是灾难性的。然而减少碳排放的代价很高，需要少用化石燃料来生产能源，或者干脆少用能源。如果每个国家都同意减少碳排放，对大家都有好处。如果有少数国家拒绝而多数国家同意，拒绝的国家就可以既不承担减排成本，又能享受因其他国家减排、温室效应缓解带来的好处。举一个更常见的例子，在干旱天气中的每个人都得决定要不要偷偷给菜地浇水。如果每个人都这么做，水资源就会加速枯竭，对所有人的影响都是灾难性的。如果只有少数人这么做，整个社区付出的代价很小，但这些人会从中受益。这些情形就是真实的囚徒困境，心理学家常常用这种博弈来测量人们的合作意愿。如果做出同样的选择能够使双

方的损失总和最小，该选择就是“合作”，而如果一方做出的选择导致有合作意愿的另一方遭受更大的损失，该选择就是“背叛”。

在这样的博弈中，我们很难说到底怎样做才是理性，哲学家们一直没有停止思考，但至今仍然无解。即便对手已经跟你合作了一段时间，你也依然无法预知他什么时候会背叛，到时你继续合作就会遭受重大损失。有趣的是，现在好像出现了最佳解法的迹象。博弈中的策略是指一方在与同一个对手的几轮对抗中采取的方法，例如“总是背叛”或“一半时间背叛，一半时间合作”。在一项研究中，数学家等专业人士提出了很多不同的策略，并通过计算机进行了一一对比，发现能够使一方利益最大化的最优策略是“第一轮选择合作，然后每一轮都复制对手上一轮的选择”。这种策略能够惩罚对手的背叛、奖励对手的合作。这种策略的成功十分有趣，意味着某些时候利他行为能够最大程度确保利己，也就是说，长期以来令演化论者不解的利他行为，能够帮助行为者实现自己的目标，从而得以生存。在现实生活中，囚徒困境几乎不会以同样的形式出现第二次，而是以不同的形式反复出现。因此，上述策略可能依然是最优的。

在实验中，为了更容易找到受试志愿者，实验者会用金钱奖惩代替监禁，“囚徒”会面对两个按钮，一个是C，代表“合作”，另一个是D，代表“背叛”。实验规则如下：

- 若两人都按C，则各得5英镑
- 若一人按C而另一人按D，则第一个人会被罚10英镑，第二个人会得到10英镑
- 若两人都按D，则各被罚1英镑

在接下来的实验中，一组受试者会听到感人的广播节目，节目讲述一个人向等待移植的陌生人捐了一个肾，而另一组受试者听到的却是一些城市暴力之类的特别卑鄙的人类行为。随后让两组受试者进行囚徒博弈，听到感人故事的受试者比听到暴力故事的受试者合作意愿高得多，即便这些故事本身与他们正在进行的博弈毫不相关。这再次证明，最近的经历，哪怕是不相干的经历，也会影响人们行为的自私程度。

再举一个完全不同的例子，它同样说明了可得性错误导致的错误判断有多不理性。实验者给受试者读一些男性和女性的名字，其中包括一些虚构人物和著名人物。每个名字都有教名和姓，所以能明显看出性别。每组受试者听到的名字大约都是半数男性、半数女性。当被要求判断听到名字中男性和女性哪个更多时，如果听到的男性名字都是名人，如温斯顿·丘吉尔或约翰·肯尼迪，而女性名字都不是时，受试者会觉得听到的男性名字更多。如果听到的女性名字都是名人而男性名字都不是的话，判断则正好相反。大人物的名字比小人物的名字影响更大（可得性），受试者的判断会基于这个因素，而不是男性名字和女性名字出现的真实频率。

在讨论影响可得性的因素之前，有必要举几个在现实生活中利用可得性错误的例子。彩票组织方会极尽所能地宣传以往的中奖者，却绝口不提从没中过奖的绝大多数人。由于对中奖者的宣传，中奖成为可能买彩票的人的第一印象，使他们误以为自己的中奖概率更高。同样地，老虎机吐出硬币的声音也是为了将人们的注意力吸引到赢钱上，其他时候机器总是安静无声。

世界各地的商家和久负盛名的出版商，同样会利用人们基于可得性来做判断的倾向。你更有可能买一本标价 59.5 元的书，还是一本标价 60 元的书？开头的数字比后面的数字可得性更高，会得到人们更多的关注，使人们忽视了其实只有 5 毛钱的差异这一事实。

有人可能会问影响“可得性”的因素有哪些。上文引用的实验表明，最近接触的素材可能更具可得性，能引发强烈情绪的、引人注目的、能产生图像信息的、具体而非抽象的东西，也会更具可得性。相比约翰·史密斯谋杀案，报纸会更大规模地报道一个穆斯林或者一个日本人犯下的谋杀罪行，后者更引人注目，更不常见，所以更具可得性。另外，相比约翰·史密斯，人们也更容易对一个穆斯林或日本人产生强烈的情绪反应。

已有很多研究证明，图像会影响我们精神世界的方方面面。假设一个人要学习把两个词配对，例如听到词语“狗”时要说“车”，如果告诉他可以用图像把两组词联系起来，例如想象一条狗坐在一辆车里，他学起来就会快很多。同时，人们记忆图像的能力也很惊人。如果给一个人看1000张照片，只需要看一次，一周之后他也仍然能准确地认出大多数照片。这着实与我们对单个词语的记忆力形成了鲜明对比。在本章后面的叙述中，我还将用广告中的图像来证明图像引发非理性行为的力量。

已有一些实验证明，具体的素材比抽象的素材更具可得性。再举一个基于囚徒困境的例子。在一次博弈实验中，实验者让受试者面对被实验者控制的伪装受试者，伪装受试者会采取预先安排好的既有合作又有背叛的一系列策略组合。一组受试者通过观察哪个灯亮来了解伪装受试者的选择，另一组受试者通过在缝隙中传递手写的纸条来交换信息。我们可能会以为，受试者对伪装受试者的印象不太会受到方式不同的影响，事实上这种影响却非常显著。在传递纸条这种方式中，受试者会觉得搭档的选择是经过深思熟虑的，认为搭档的合作或背叛都是有意为之。在搭档选择合作时，受试者倾向于对其表现出更高的信任度，因此也会更多地给出合作的反馈。同样地，在传递纸条这种方式中，受试者对那些选择背叛的搭档也表现出更多的不信任。亮灯还是传递纸条对人类行为的影响会有这么大差异，实在出人意料：纸条是一种具体的提示，让受试者觉得自己在和一个或多或少值得信任的、真正的人打交道。

可得性错误会导致现实生活中的很多非理性判断。你觉得游乐场危险吗？大多数人肯定这么觉得。游乐场里，“摩天轮”上的座舱在空中摇摇晃晃地转动，“过山车”有可怕的弯道和突然的变速，“大章鱼”会一边猛烈地前后摇晃你一边使劲地把你甩出去，还有很多其他设施以各种方式转来转去。不过大多数人都错了（在了解事实之前，我也错了）。英国卫生与安全委员会（British Health and Safety Committee，HSC）的一份报告表明，在大路上骑一小时自行车比在游乐场玩一小时各种设施的致死概率要高 40 倍，乘坐游乐场设施比开车要安全 7 倍。当然，游乐场事故更引人注目，更博人眼球，因此更具可得性。另外，人们会夸大死于空难或街头暴乱等暴力事件的概率。一项研究发现，人们觉得死于事故的概率是死于中风的 2 倍，事实上死于中风的人数是死于事故人数的 40 倍。人们之所以会有这些错误的认识，是因为虽然大多数人都在家里的床上死去，但空难和暴力事件总是出现在媒体上，从而更引人注目，因此就具有了可得性。

人们对暴力发生频率的认识并不理性，而且会基于这样非理性的认识采取完全非理性的行为。1986 年，到欧洲旅游的美国游客数量大幅下降，因为他们被几起遭到过度宣传的劫机事件，以及美国轰炸利比亚的新闻吓坏了，却没有意识到美国国内高发的暴力犯罪，因为这些事件鲜少被报道。事实上，居住在城市里的美国人哪怕只是待在家里，都会面临更大的暴力死亡风险。海湾战争期间也发生过这种类似的拒绝乘坐飞机的非理性行为。

有时，可得性错误似乎也会让人采取理性行为。在加利福尼亚，地震之后地震险保单数量会急剧增加，随后又逐渐下降，直到下一次地震爆发。不过这种保险行为并非真正的理性，因为是否投保不应取决于上一次地震，而应该取决于未来地震发生的概率。当福特夫人和洛克菲勒夫人都确诊乳腺癌之后，大批美国女性开始去医院做检查，此前却完全无视政府发出的应该进行定期检查的警告。

另一个关于可得性的例子更贴近日常生活。所有开车的人都很熟悉，刚目睹过交通事故的司机几乎总是会自觉地放慢驾驶速度，事故的发生让他自己也遭遇车祸的可能更具可得性，不过这种影响在几千米之后就会消失。看到一辆警车也会有相同的作用。

专业工作中的可得性错误与日常生活中的一样常见。如果一个医生近期接诊过几个患某种疾病的病人，相比从来没有见过这类病例的医生，他将病人诊断为这种疾病的概率更高。如果这种疾病是传染病，这样做是理性的，但如果是阑尾炎这类非传染性疾病，概率高出部分其实就是一种误诊。同样的错误也会发生在股票经纪人身上，他们看到市场上涨，就建议客户买入，看到市场下跌，就建议客户卖出。从统计学上看，今天和明天的涨跌，甚至这周和下周的涨跌之间几乎没有任何关系。仅仅是上涨这个事实本身，就会促使人们去购买股票。正确的策略与这种常见做法恰恰相反，应该在低点买入、高点卖出，不过很难做到。高级管理者也不例外，相比于运用手头所有的证据、在需要时寻找新的信息，他们会更多地受到午餐时聊天内容或报纸上零星文章的影响。

统计数据既抽象又乏味，所以容易被大多数人无视。抽烟会使肺癌风险增加10倍，但这样抽象的认识影响甚微。戒烟的人通常是因为遭遇了重大变故，例如得了医生说可能是由抽烟引发的肺炎，或者一个亲近的朋友死于肺癌。有人可能觉得，医生中的抽烟人数比普罗大众中的抽烟人数下降得更快，是因为医生拥有专业知识，知道有多少患者的死因与抽烟有关，而且他们可能也想给病人树立一个好榜样。然而一项针对医生的大规模调查表明，这种想法过于理想化。接触过最多与抽烟有关的病症的医生，例如胸内科和放射科医生中，抽烟人数确实下降明显，而其他科室的会诊医生，包括全科医生在内，抽烟人数的下降并没有那么显著。有关抽烟的统计数据表明，即便与医生相比，仍然是那些看到有人死于这种不良习惯的人们受到的影响更大。

我们常说，第一印象至关重要，这句话看似和“可得性错误”相悖。可得性错误意味着最后发生的事情可能是脑海中印象最深的，因此显得最重要。在解决这个悖论之前，我们先来看看有关第一印象重要性的证据。

所罗门·阿希（Solomon Asch）在美国开展了关于第一印象的一项早期实验。他让受试者根据6个形容词对一个人进行简单评价。他可能会告诉一组受试者这个人“聪明、勤劳、冲动、尖锐、固执、善妒”，告诉另一组受试者同样的形容词，但顺序相反，即“善妒、固执、尖锐、冲动、勤劳、聪明”。随后要求所有受试者填一张评价这个人的打分表。例如，他们需要通过分数来表示对这个人的开心程度、社交能力等的判断。先听到褒义形容词的受试者给出的分数明显高于先听到贬义形容词的受试者。这种效应，即最先发生的事的影响明显高于后来发生的事的影响，被称为“首因谬误”（primacy error）。关于首因谬误有两种可能的解释。

一种解释是，在阿希的实验中，受试者听到前几个词时，可能已经开始在脑海中建立这个人的形象，然后试图使接下来听到的词符合自己的想象。一名受试者听到这个人聪明又勤奋，会觉得“冲动”是指随性而为，把冲动看成优点；而先听到“善妒”和“固执”这些负面形容词的受试者，可能会觉得“冲动”意味着草率又缺乏思考。

另一种解释是，人们在吸收素材时注意力会逐渐分散，因此先接触的事物比后接触的事物造成的影响要大。一项巧妙的实验推翻了这一解释。受试者看到伪装受试者想要连续解出 30 个字谜。当然伪装受试者知道答案，他最终会解出恰好半数的字谜，只是会有意地先顺利解出很多，再总是解错，或者先总是解错，再顺利解出很多。此时，实验者问受试者眼前的这个人解了多少个字谜。受试者如果看到的是先顺利解出很多的情况，那么他们认为伪装受试者解出的总数会比实际要多，再次证明了第一印象的重要性。不过这个实验的巧妙之处在于，每当伪装受试者解出一个字谜，实验者就会让受试者猜测他能不能解出下一个。受试者必须全程聚精会神，他们的猜测会根据伪装受试者解出的字谜数量而变化。当伪装受试者顺利解出很多字谜时，受试者会倾向于认为他能解出下一个；而当伪装受试者总是解错时，受试者会预测他解不出下一个。虽然受试者全程聚精会神，但如果一开始解出的更多，他们以为的解出的总数还是比实际要多。因此，缺乏对后发生之事的关注，并不是导致首因谬误的原因。

包括这些实验在内的许多实验都表明了第一印象会形成对事物的认知信念，而后发生之事被作为解释这一信念的证据。然而，首因谬误和近因效应对可得性的影响并不冲突。首因谬误的出现，是在面对相互关联的素材（如一篇新闻报道或一个讲座）时，先出现的素材会影响对后出现的素材的解读。近因效应出现时，素材之间并无关联，在这种情况下，我们就更容易受最近所见所闻的影响。

首因谬误也可以被视作一种可得性错误。在我们的大脑中，当遇到其他事物时，先出现的事物就立刻具有了可得性。在做出判断时，事物本身并不重要，重要的是这些事物对我们的意义，而意义会被遇到的第一个素材所左右，当第一个素材与后续素材相关时就更是如此。这种错误就是后续章节将要讨论的一种思维偏见，即人们出于各种各样的原因顽固地坚持已有的认识，并尽一切可能避免发现自己是错的。

首因谬误对日常生活的影响十分显著。如果你第一次遇到一个人时他恰好心情不好，就算他接下来的表现都更开心，你可能还是会对他抱有偏见。有研究证明，面试官在一分钟左右就会形成对候选人的印象，接下来的时间不过是试图印证自己的印象。如果你在写一本书，要确保开头写得好一点。顺便说一句，很少有人会真的读完一本书，所以如果本书上一章对你来说都艰涩难懂的话，那么其余大部分章节也不会有什么改善。如果你要在考试中写论文，要确保第一段写得好一点。如果你是个接诊病人的医生，要尽一切努力像关注最先发现的症状一样关注最后发现的症状。

与可得性错误相关的还有光环效应（halo effect）。如果一个人有个明显的（可得性）优点，别人对他其他方面特征的评价就容易比实际更高。长得好看的男性和女性在智商、运动能力和幽默感等方面的得分往往也会更高，即使外貌特征与这些方面的表现毫不相关，好看和聪明之间的相关性很小，不足以支撑人们做出这样的错误判断。顺便提一句，还有一种相反的效应，即恶魔效应（devil effect）。如果一个人有个明显的缺点，例如自私，别人对他其他特点的评价也会大打折扣，认为他比实际情况更不诚实、更不聪明。我担任陪审员时碰到过一个极端例子，那是一个强奸未成年人的案件，一位陪审员在开始庭审程序时这样评论被告："我不喜欢他的长相，我们应该判他有罪。"受光环效应影响的人，完全意识不到自己的偏见。

光环效应最出人意料的影响是赌博游戏“二十一点”。如果赌场中庄家翻的第一张牌是A，任何玩家都可以“买保险”，即投入原始赌注的一半作为边注。如果庄家拿到二十一点，玩家会赢得边注的双倍，如果庄家没赢，玩家就会全输掉。通过简单的计算发现，玩家（除非算过牌）平均会输掉7.7%的“保险金”。心理学家威廉·瓦格纳（Willem Wagenaar）发现，在荷兰的一家赌场中，很多玩家都会时不时地“买保险”，其中超过12%的玩家次次都“买保险”。他得出结论，对这种非理性行为的唯一解释是玩家被“保险”的名字骗了，误以为这是最稳妥的做法。

光环效应还会造成其他恶果。一项研究中，实验者分别用漂亮字迹和糟糕字迹作答同一份试卷，拿给两组考官。每组考官看到的试卷字迹好坏参半。实验者要求考官只看试卷内容，不考虑字迹因素。从平均得分来看，字迹漂亮的试卷得分比字迹糟糕的试卷得分高得多。另一项类似的研究得到的结果更惊人，当考官们给内容相同，只是署名为不同男女教名的文章评分时，会对他们以为是男性所写的文章给出更高的评价。

广告业多年来一直在利用光环效应（这种现象是好是坏取决于你怎么看）。一罐名为“沐浴阳光”（Sunblessed）的橙汁会让人联想到在地中海艳阳下成熟的橙子，如果再添加结满色泽鲜亮的大大果实的甜橙树，就能增强这种效应。为什么不把海滩也画上去呢？对于潜在的消费者来说，这样的名字和图像所代表的特征会影响他们对罐子里的橙汁的判断，不管里面的橙汁到底好不好喝，他们都相信这款橙汁一定会很好喝。实际上，这样的橙汁喝起来的确要好一些，因为消费者对香甜多汁的橙子和节日氛围的期待影响了橙汁的实际口感。然而，对于大多数产品来说，名称和包装无关紧要，除非商家充分认识到选择好的广告商和包装商的重要性。

尽管距离光环效应被发现已经有 70 年了，但人们对它的关注仍少之又少。直到最近，大多数大学试卷才不再署名，而是按编号提交。大学管理者认为这样的改变毫无必要，他们通常按照姓名字母顺序设置编号，大概是觉得考官不会数数。忽视光环效应最严重的表现是，我们始终把面试作为通行的选拔方式，用于录取医院工作人员、大学生、军官、警察、公务员等等。后文中我将会证明，绝大多数选拔性面试都毫无用处，可能还会因为光环效应降低选到合适的人的概率——面试官会过度关注面试者无关紧要却十分明显的特征，从而影响对他们其他特征的判断。

有人可能觉得在科学领域不会发生光环效应。遗憾的是，这种想法也错了。当一位或者几位科学家向一家学术期刊投稿时，这家期刊需要决定是否接收这篇文章。一般情况下，期刊编辑会将文章发给两到三位审稿人，这些审稿人通常是这家期刊选出的针对细分领域的专家。编辑会根据审稿人的意见决定文章能否发表。1982 年，两位心理学家揭露了文章发表的内幕。他们从心理学领域 12 家知名期刊上分别选择了一篇已经发表的文章，作者都来自美国最有威望的 10 个心理学系，例如哈佛大学或普林斯顿大学的心理学系，也就是说作者几乎都是成名的心理学家。然后，他们把作者的名字改成假名，把作者所在单位名改成虚构的，就像三谷人类潜力中心这样的名字。他们还仔细检查了文章，对可能会透露作者真实身份的段落作了修改，但没有改动基本内容。最后，他们用假名、假单位把这些文章分别再次投给了发表它们的期刊。

在 12 家期刊中，只有 3 家发现自己已经发表过同样的文章。编辑和审稿人都出现了严重的失忆，他们的记忆是靠不住的。更糟糕的是，另外 9 篇曾经发表过的文章中，有 8 篇被拒稿了。而且，看过这 8 篇文章的 16 位审稿人和 8 位编辑，都表示他们审阅的这篇文章达不到发表标准。这无疑是可得性错误的一个令人震惊的例子。这个实验表明，在决定一篇文章能否发表时，审稿人和编辑更关注作者的身份和他所在机构的地位，而不是文章中阐述的研究本身的价值。读者可能觉得，在物理这样严谨的学科里不会出现这样的审稿人偏见，然而一项基于 619 篇发表在物理学期刊上的文章的偏见研究得出结论："如果你是当代知名物理学家小群体中的一员，发表文章也许会更容易。"这显然已经是非常委婉的说法。

关于这些心理学文章被拒稿的原因有很多解释。我假设它们都达到发表标准，不过这不影响我的论点。无论编辑是在最初同意发表时犯了思维错误，还是在后来拒绝发表时犯了思维错误，都反映了人类是多么不理性。

审稿人和编辑之所以这么做，可能出于以下两个理性原因。第一，在原本的文章发表后的两年内，其他人可能已经发表过相关研究。不过通过分析审稿人的审稿结论，我们可以发现并不是这个原因，他们拒稿的理由没有一个是研究发现不够新颖。第二，与来自不知名机构的研究者相比，来自著名机构的研究者会更认真地收集数据，作假的概率更小。如果说某些著名机构的心理学家是通过作假获得的声望，这种说法可能站得住脚，但作假还是很难成为不知名作者被拒稿的理由，毕竟审稿人详细地批评了文章里的观点，一些批评还很有道理。他们批评了文章中用到的统计数据，写下了诸如“理论架构……松散，到处都是……没有出处的结论”或“全文十分混乱”等评语。

因此，最能够解释原本的文章成功发表而后来的文章却被拒稿的原因，就是非理性。审稿人或编辑在读一篇文章时，最先看到的是作者的姓名和工作单位。如果作者及其所在单位都很有名，他们就会带着这样的偏见，更多地站在认可的立场上解读文章。如果作者及其所在单位都籍籍无名，他们就会开始挑刺儿，更敏锐地发现错误而不是寻找优点。这是可得性错误与首因谬误、光环效应结合的戏剧性展现。

每个人都有不理性的时候，每个人都很容易受到可得性错误的影响。我再举最后一个引人注目的例子，这个例子与出版商有关。1969 年，耶日 · 科辛斯基（Jerzy Kosinsky）的小说《暗室手册》（*Steps*）赢得了小说类的美国国家图书奖。8 年后，有人把它重新打印出来，并把不加标题、署着假名的稿子寄给了美国 14 家主要的出版商和 13 个出版经纪人，其中包括最初出版该书的兰登书屋。收到稿件的 27 个人都没有发现该书稿已经出版过，并且全都拒绝出版。书稿唯一缺少的就是耶日·科辛斯基的名字制造的光环效应，失去这个名字，书稿变得平平无奇。我得再说一次，虽然科辛斯基事件无法体现英国知名小说出版商科林·海克拉夫特（Colin Haycraft）所说的“你如果活不下去，就去写作；你如果不会写作，就做个出版商；你如果做不了出版商，就当个出版经纪人；你如果连出版经纪人都当不了，只能愿上帝保佑你”，但出版业并不比其他任何行业更不理性。

启示

1. 永远不要根据个例做出判断或决定，无论这个个例有多不同寻常。
2. 在形成对某人（或某物）的印象时，试着分别判断他的（它的）各个特征，不要让其突出的优点或缺点影响你对他的（它的）其他特征的判断。这可能看起来有些冷酷，但当你的判断会严重影响到被判断的人，例如面试或综合所有症状做出诊断等，这样做十分有必要。
3. 如果接触到相互关联的素材，等到最后再做判断，尽可能像重视第一个素材一样重视最后一个素材。

4. 努力避免获取会让你产生偏见的信息。例如判断一篇文章或一本书是否值得出版时，在形成对作品的看法之前，有必要忽略作者的姓名。
5. 如果你恰好是一位出版商，在收到手稿时请先检查自己的出版目录，你肯定不想把同一本书出版两次。

第 2 章 服从心理

“虽然当时我正在伤害另一个人，但完全没有意识到。没有几个人觉得自己是在按照自己的想法去做，都以为自己不过是在服从权威。”

20 世纪 60 年代初，斯坦利·米尔格拉姆（Stanley Milgram）在地方报纸上招募受试者参与耶鲁大学的一项实验。虽然报酬很低，只有 4 美元，但他还是找到了几百名来自各行各业的受试者，包括邮递员、教师、推销员、工人等。这些受试者到实验室后，被告知即将参与的是一项关于惩戒对学习影响的研究。实验给每名受试者安排了一名伪装受试者，要求两人中的一个教对方完成一个简单的任务。

受试者和伪装受试者从一个装着两张纸条的盒子里抽签，决定谁当“教师”、谁当“学生”。众所周知，这位社会心理学家相当“狡猾”。实验者在两张纸条上都写了“教师”，让受试者误以为自己是随机成为“教师”的。“学生”的任务是学习把一个词和另一个词联系起来，例如在听到“蓝色”时要想到“盒子”。“教师”说出“蓝色”之后，会给“学生”提供四个词——“天空、墨水、盒子、台灯”，“学生”通过按按钮来从中选择正确的答案。当然“学生”都是伪装受试者。每一组“教师”和“学生”都要学习很多组词。

“教师”坐在“学生”隔壁的房间里，能通过亮灯看到“学生”是否选择了正确答案。在“学生”开始学习之前，“教师”看着他被绑在椅子上。实验者向受试者解释，这是为了防止“学生”被电击时过度挣扎，并声称“虽然电击可能会非常疼，但不会造成永久性组织损伤”。在“教师”的房间里有一台电击装置，每一组开关上都标着 15 ～ 450 伏的不同电压，并用语言描述了电击强度，例如“轻微电击”“强烈电击”“危险：严重电击”。无论按下哪个开关，都会发出提示音。每当“学生”答错的时候，受试者就要电击他。如果连续错误，则每次都要加大电压。如果受试者提出异议，实验者会用“实验需要你这么做”或“你别无选择，只能继续”等理由，督促他们继续加大电压。

当然，实验并没有真正使用电击。伪装受试者会在电压达到 75 伏时尖叫和呻吟，在电压继续升高时大喊着要出去，或者大声说承受不了这样的痛苦。如果电压高于 330 伏，他们就不再出声，也不再回答问题。这时，实验者会告诉“教师”，

“学生”不回答问题也要被电击。

令人震惊的是，在第一次实验中，40 名受试者中有 25 名一路将电击电压升高到最高的 450 伏，即“危险：严重电击”。其他受试者中也有一些将电压升高到了“极强电击”，没有人愿意在“中度电击”时停下。

米尔格拉姆对实验进行了多次改动，不过每次的结果都和第一次一样令人沮丧。女性受试者会和男性受试者一样把电压加到最高，这一点可能会令人感到意外。虽然女性总体而言比男性更心软，但也比男性更容易服从权威（这一点可以从女性更低的犯罪率看出），这两种倾向也许会相互抵消。如果把受试者和“学生”放在同一个房间里，使用最高电压的人数会下降到原来的 1/4，原因可能是与“学生”的近距离接触让受试者意识到自己行为的后果，这是可得性错误的又一个例证；也可能是这种近距离接触让受试者意识到自己与伪装受试者在一条船上，而与离得更远的实验者不是同一阵营，所以对伪装受试者比对实验者更忠诚。最后，如果实验者给出指令之后离开房间，不在那里强迫受试者升高电压，40 人里只有 9 人会使用最强电击，当然这个结果也已经足够糟糕。即使受试者没有受到任何压力、能够完全自由地决定是否使用最强电击，还是有一名受试者选择升高到最高电压。

有人会说受试者也许已经发现整个实验不过是一场游戏，知道其实没有进行任何电击。遗憾的是，事实并非如此。很多受试者在实验过程中变得非常紧张，他们会出汗、发抖，乞求实验者停下来。所有受试者的表现驳斥了这一假设。在达到最高电压时，一名受试者问实验者："如果他死在那里怎么办？你看，他说他承受不了这种电击……"但他最终依然使用了450伏的最强电击。另一名受试者说："我真的很担心里面那个人。我怕他会突发心脏病，他说他心脏不好。"还有一些受试者没有流露出任何感情，只是麻木地按照指令进行电击。米尔格拉姆在关于这些受试者的记录中是这样说的："现场既残忍又压抑，受试者面无表情，毫无感情地控制住尖叫的'学生'并电击他，好像没有从自己的行为中获得任何快乐，只是对完成指令感到满意。在使用450伏电击时，他们问实验者：'教授，我们接下来做什么？'语气很恭顺，表明他们愿意当一名合作的受试者，这与'学生'的顽强抵抗形成了鲜明对比。"

在情况说明阶段，如果受试者碍于面子而告诉实验者他们早就发现一切都是安排好的，其实并没有真的电击，这也合情合理，但几乎没有人这么做。几年后追访受试者时，很多人都说他们从这次经历中学到了宝贵的一课。这里举两个典型的说法："这次实验让我更加坚信，一个人不应该伤害自己的同伴，即便可能要冒着反抗权威的风险。""在1964年的实验中我是受试者，虽然当时我正在伤害另一个人，但我完全没有意识到。没有几个人觉得自己是在按照自己的想法去做，都以为自己不过是在服从权威……"由此可见，服从的习惯过于根深蒂固，人们在服从时甚至根本没有意识到自己是在服从。

除了美国之外，米尔格拉姆实验也在慕尼黑、罗马、南非和澳大利亚等地重复开展，使用最高电压进行电击的受试者比在耶鲁大学的实验中还要多。

为什么会有这么多正派的、遵纪守法的美国公民，用他们以为的 450 伏电压电击一个完全无辜的人呢？答案是对权威的服从。当实验者借故离开房间，让一个没有真正权威的伪装受试者掌控实验时，使用最高电压的人数下降了 1/3，不过仍然高达受试者总人数的 20%。

从出生时起，我们就被灌输要服从权威，服从我们的父母、老师、老板以及法律。当然，服从权威也是任何有组织的群体能够运转的先决条件。为了高空中不乱成一团，机长必须服从地面交通管制。现有的社会群体，无论组织规模很小还是庞大而复杂，都必须有人领导、有人服从，当然一种情况下的领导者可能成为另一种情况下的服从者。我们受到的系统教育是尊敬权威人物，不要破坏他们的名声。在米尔格拉姆的实验中，很多受试者可能觉得不遵从实验者指令的行为很粗鲁，还会让自己感到尴尬。

在美国，教授往往被视为权威人物，特别是科学学科的教授，这种情况远甚于英国。人们觉得教授是可信的，所以有些受试者可能会相信实验者一开始的保证，即电击不会造成永久性组织损伤。尽管从他们的反抗情况来看，绝不是所有受试者都相信了这种说辞。无论如何，使用最高电压的受试者中，所有人都认为他们给别人造成了这么剧烈的疼痛只是为了听从实验者的要求。

在这些实验中，不服从不会受到惩罚。这些受试者都是志愿者，可以随时离开实验室。然而，在现实的很多情况中，例如在军队、警方甚至商界，不服从则会受到惩罚。当这样的制裁存在时，一定会有更多人不假思索地服从，比在米尔格拉姆的实验中表现得更显著。米尔格拉姆认为，人类服从和依顺的倾向，也能够解释为什么一些原本正派的德国人会在第二次世界大战中犯下暴行。

实验者开展过其他与权威力量有关的实验，每个实验的结果大都一样。在一项研究中，一位护士接到了一通电话，打电话的人声称是医院里一位她从未见过的医生。这个人要求她立即给一位病人注射 20 毫克的阿斯博腾（Aspoten，实际上是一种安慰剂），希望在返回病房看到病人时药物已经起效。他补充道，他到时候会签署处方。虽然这个剂量已经是标注最高剂量的两倍，而且有规定护士在看到医生签名的处方前不能给病人用药，但 95% 的护士都选择了服从。这就是权威的力量。在另一项生活化的实验中，一个长相和蔼的人进入伦敦地铁，对陌生人说："你能把座位让给我吗？"几乎所有人都会站起来让他坐下。只要你有足够的勇气，不管公交车或火车上有多拥挤，应该都能不费吹灰之力地找到座位。

还有一个关于服从的有趣案例。两个人或更多人分担责任，但只有一个人拥有权威时，对权威的尊敬会让地位较低的人不愿表达自己的观点或发现。这种情形造成了几次商用飞机坠毁事故，原因是副驾驶觉得机长犯了错误，却不敢指出来。

一项有关英国产科病房的研究表明，72% 的高级住院医师在治疗过程中不敢反对更高级别医生的意见。在这些案例中，对权威的极端尊敬显然是错误的。

当然人们不会永远听从命令。如果对命令不满，他们就会通过反其道而行之来进行反抗。虽然这方面的实验研究还比较少，但如果给出指令的人并没有相应的权威，下指令的方式又很粗暴，并且不服从不会受到惩罚，或者强烈反对听到的指令时，人们就会以相反的方式行事。

克里米亚战争中广为人知的“轻骑兵的冲锋”（Charge of the Light Brigade）事件，反映了服从可能会导致可预见的灾难。愚蠢的贵族指挥官拉格伦（Raglan）勋爵让副官传令：“骑兵迅速前进到前线，并设法阻止敌人抢走大炮。骑马炮兵可以随行。法军骑兵在你们左翼。立即行动。”在山谷中，轻骑兵面前是一个土耳其炮兵部队，山谷两侧还有更多土耳其大炮和步枪兵。按照字面意思服从命令意味着轻骑兵将会毁灭，他们会在正面和侧面同时受到敌人的攻击。另外，在没有步兵掩护的情况下，让骑兵去对抗炮兵简直愚不可及。骑兵指挥官们虽然有疑惑，但还是不折不扣地执行了命令。他们像阅兵一样以极大的勇气冲锋，最终 700 个骑兵只有不到 200 个生还。随后，拉格伦勋爵指责骑兵指挥官没能查明敌军部署并召集其他部队支援。这个事件引出了一个问题，即在军队中到底什么情况下才能不服从命令。

这里更大的难题是，什么时候不服从权威才是理性的。在英国道路上靠右行驶，或者在美国道路上靠左行驶，显然是愚蠢的。虽然权威制定这样的规则有些武断，但如果司机们破坏规则就会导致混乱。不过在米尔格拉姆的实验中，不服从权威显然是理性的：毕竟很多受试者都意识到自己仅仅为了完成一个心理学实验，却有着杀死“学生”的风险。

米尔格拉姆的实验，能够帮助我们理解贯穿整个 20 世纪的完全非理性的大规模杀伤性行为，虽然其中反映的不仅仅是服从问题。我们可以想想在战争即将取胜时由“炸弹将军”哈里斯下令、首相丘吉尔批准的毫无意义的德累斯顿轰炸；想想纳粹对犹太人采取的种族灭绝行动；想想美国在美莱村用凝固汽油弹对付越南平民，他们当中还有妇女和儿童。这些暴行的实施，很大程度上是由于普通人的非理性服从。从米尔格拉姆的实验结果来看，我们只能说：“感谢上天庇佑，那不是我。”在上面这些例子中，没有人有哪怕一丝怀疑过自己行为会造成的可怕后果。为什么会有这种不理性的服从呢？

第一，执行这些行为的人都在军队或准军事部队中受过严格的服从训练，被系统地教导过不能质疑命令。第二，下命令的人往往并不在现场，不需要看到受害者，他的命令产生的可怕后果也就没有“可得性”。黑格（Haig）将军在第一次世界大战中对自己部队数以万计的无谓伤亡负有主要责任，因此无法忍受踏足战地医院去亲眼看到他持续的错误指令造成的后果。据诺曼·狄克逊所说，阿道夫·艾希曼（Adolf Eichmann）和海因里希·希姆莱（Heinrich Himmler）把数百万犹太人送去受死，在看到他们自己的命令造成的影响之后却感到身体不适。在轰炸和炮火中，就连实施最终行动的人都不必亲眼见证结果。他们无视后果，因为后果“不可得”。第三，在所有这些案例中，不服从都会遭受重罚。第四，这些暴行的对象都是“外群体”（out-group），例如德国人、犹太人或越南人。第五，在一些案例中，这些“外群体”会被无所不用其极地被贬低和丑化。从 20 世纪 30 年代早期开始，希特勒发动了一系列猛烈抨击犹太人的宣传，集中营有意不提供足够的厕所，所以进入毒气室的囚犯总是全身粪便。如果不把一个人看作人，杀掉他就会比较容易。

第六，相信自己必须始终服从命令的人，往往会通过否认个人的道德责任来为自己开脱。在米尔格兰姆的实验记录中，一些受试者会问实验者自己是否要对发生的一切负全部责任。一个人如果认为不必为自己的行为负责，就不会因为伤害他人而感到内疚或羞愧，因为一切伤害都是别人的错。

最后一点，可能也是最重要的一点是，如我们从米尔格兰姆的实验中所见，服从指令采取行动常常是一种不自觉的习惯。服从指令的人甚至意识不到服从才是他们行动的原因。如果服从是不假思索的、习惯性的，就没有可能去判别其是否理性，因为判别需要思考。

这里列出的一些因素不但会影响人们对服从的态度，也会影响不同社会群体之间的态度和他们内部对待彼此的态度。我们将在接下来的两章中展开论述，证明这些因素的巨大影响。

1. 先思考再服从。

2. 质疑命令的合理性。

3. 永远不要志愿成为耶鲁大学心理学实验室的受试者。

第3章　从众心理

人们因习惯而服从，也常常因习惯而从众。

服从是按照权威人物的指令行事，而从众是与同等身份的人以同样的方式行事。遵守社会规范常常是理性的，闯了红灯，就要承担风险。在餐桌上大声打嗝会影响别人享受晚餐，除非在阿拉伯国家。然而，这种大多数情况下我们意识不到的从众意愿，也会导致十分不理性的行为。

想象一下你志愿成为一项心理学实验受试者的情形。你走进一个房间，里面有摆成半圆形的9把椅子，实验者让你挨着最旁边的人坐下，其他椅子也很快坐满了人。实验者解释说，受试者的任务是判断线的长度。实验者给你们9个人看了两张卡片，第一张卡片上有一条线，第二张上有三条线，其中一条与第一张上那条线一样长，其他两条要么明显比它长，要么明显比它短。例如，第一张卡片上的线长 20 厘米，第二张卡片上的三条线分别是 15 厘米、20 厘米和 25 厘米。实验者让每个人在第二张卡片上选出一条与第一张卡片上一样长的线。正确的答案很明显，以至于你可能觉得实验者多少有点不正常，因为他毕竟是个心理学家。实验者让大家从远离你的那一头开始，轮流说出自己的答案。让你不解的是，没有一个人选择正确的那条线，他们都选择了同样的错误答案。问题是，轮到你的时候，你会怎么回答？

实际上，其他受试者都是伪装受试者。他们说的答案都是实验者提供的。实验进行了很多轮，每一轮都提供了 18 组不同的卡片，其中 6 次伪装受试者选择正确答案，其他 12 次则全都选择相同的错误答案。

还是那个问题，如果你是这个实验中的受试者，你会怎么回答？实际上，在其他受试者做出错误判断的 12 次实验中，只有 1/4 的受试者足够相信自己的感官证据，选择了正确的那条线。3/4 的受试者至少有一次选择了错误答案，而且大多数人都会错很多次。有的受试者会故意修改自己的答案，他知道大多数人是错的，但不打算反驳他们。有的受试者不确定大多数人是对是错，觉得可能是自己的眼睛出了问题。还有的受试者完全相信大多数人是对的。另外，即便是没有被其他受试者影响进而做出错误判断的受试者，大多也变得非常紧张和犹豫。

这个实验最初由所罗门 · 阿希在美国开展，随后的数次实验中回答错误的受试者略少一些，但基本结论相同。这种现象的出现可能有以下几个原因：也许因为在首次开展实验的麦卡锡时代，美国是个十分强调统一思想的国家。也许因为随着时间的推移，学生们参与了更多的心理学实验之后，对实验者的小诡计早有防备。不过，如果第二张卡片上的线条长度几乎一样，令人难以抉择时，几乎所有人都会被伪装受试者的错误答案所影响。更有趣的是，这时几乎每一名受试者都会声称自己没有受到大多数人的判断的影响：他们选择从众，但没有意识到自己是在从众。人们因习惯而服从，也常常因习惯而从众。

研究表明，如果正确答案很明显，只要有一名伪装受试者说出正确答案，就很少有受试者会犯错。也许人们随大流的部分原因是担心不被他人接纳，看到有个人没有因为说出正确答案而遭到排斥时，受试者可能会因此感到安心。阿希进一步调整了实验，让受试者轮流上前写下自己的答案。虽然还是会受到大多数人的影响，但给出正确答案的受试者变多了。

阿希的研究发现表明，无论人们是不是有意识地犯错、有没有认识到自己的错误和导致他们犯错的社会压力，都会表现出与他人行为保持一致的倾向。因从众而改变自己的判断又不自知，无疑是不理性的，日常生活中的从众情况大多是这样。看看这个小例子。英国人往往不愿意跟陌生人说话，所以为了避免尴尬，很多人宁可忍受火车车厢里的严寒或闷热，也不愿开口请其他乘客关上或打开窗户。有时候两名乘客会面对面坐着，都冻得瑟瑟发抖，却都不愿贸然关上窗户。如果没有从众，无论自己的行为是有意还是无意，他都会觉得很尴尬。不过，尽管冒犯他人是不对的，但一个陌生人怎样看我们，特别是因为在火车上开窗、关窗这样的小事怎么看我们，真的那么重要吗？

更重要的是，从众会对人们的信念和态度产生更加有害的影响，因为我们总是倾向于和有相似观念的人交往。后面的一章将会讲到，证实一种观念的唯一方式就是试着去推翻它。可是物以类聚，人以群分，人们很少能接触到与自己根深蒂固的观念相左的论调，更别提接触到能够驳斥那些观念的反证了。他们与同伴的观念一致，因此几乎不可能消除这种固有的错误。

众所周知，相较于私下做出的决定，我们更有可能践行公之于众的决定。人们害怕没能坚持公开做出的决定会让自己出丑，但决定如果是私下偷偷做出的，就很容易打折扣。由于政治决定总是公开的，哪怕最初的决定显然不对，例如英国推行人头税[1]，政客们也很少愿意改变主意。没有人能永远正确，所以在看到新的证据时愿意改变主意并不是软弱，而恰恰代表着理性。

1 即社区税（Community Charge），这是撒切尔夫人对英国税收制度的一项重大改革，以按人头征税取代了原来的家庭税。该政策加剧了选民对撒切尔政府的不满，是促使撒切尔夫人被拉下台的一个重要因素。梅杰出任首相后取消了人头税。

在广告公司开展的一些研究中，研究员把一群陌生人组织在一起，大谈某品牌产品的优点，最后让他们大声说出或者偷偷写下是否愿意购买该产品。在众人面前宣称会购买产品的人，比偷偷写下愿意购买的人付诸实践的概率大得多。

在一项更为正式的研究中，一个实验者自称是本地燃气公司的代表，说自己正在通过家访调查住户能够节约的能源用量。他提到了各种节能方式，并解释说调查结果会发布在本地报纸上。他告诉半数受试者，如果他们愿意合作的话，名字会登在报纸上；告诉另外半数受试者，他们的信息将作匿名处理。所有的受试者都同意合作，并签署了相应的声明，表示同意公布姓名或同意匿名。几个月的时间里，实验者记录了每个家庭集中供暖的燃气用量，同意公布姓名的受访者比匿名参与的受访者使用的燃气要少得多。

这种现象正是慧优体（Weight Watchers）和嗜酒者互戒协会（Alcoholics Anonymous）等群体能够成功的原因。公开承诺会减肥或戒酒，比私下对自己许诺的效果要好得多。在做一件有益却艰难的事时，社会的认可会有所助益，而对失败的否定也会让人觉得羞耻。

很多研究都已证明公开承诺的效果，不过一项针对居住在耶鲁大学的已婚女性的现实研究则更进了一步。研究选择的女性都强烈支持宣传计划生育的相关信息。她们中的半数签署了公开请愿书，呼吁应该向本地高中生宣传这些信息，另外半数则没有签署。第二天，在签署请愿书和没有签署请愿书的女性中，又各有一半的女性收到了一份传单，传单非常有说服力地列出了不应该让青少年接触计划生育信息的理由，例如接触该信息会加剧滥交，以及是否提供这些信息应由家长决定等。差不多过了一天，实验者打电话邀请她们参与一个宣传计划生育信息小组的志愿工作。研究证据表明，这份反对向青少年提供计划生育信息的传单非常有效果，没有签署公开请愿书的女性中，收到传单仍愿意参加志愿工作的人比没有收到传单的女性少。

签署请愿书的女性情况则正好相反。在既签署了请愿书又收到传单的女性中，有半数答应参加志愿小组；在签署了请愿书而没有收到传单的女性中，这个比例只有 1/10。换句话说，签署公开请愿书的女性反对这个传单的意愿非常强烈。传单上宣扬的相反观点，非但没有削弱她们的想法，反而加深了她们的想法。一个人一旦强烈支持一种观点，那么相反的论调只会让他更加坚定。这种现象被称为“回旋镖效应”（boomerang effect）。产生这种效应的部分原因是，人们需要捍卫自己无法逃避的公开承诺。简而言之，传单使承诺要宣传计划生育信息的女性更加坚定，因为她们必须向自己证明，虽然有不同的声音，但自己签署请愿书是一件正确的事。

这些受试者显然受到了非理性的严重影响。实验开始时，所有女性都持同样的态度。在读到反面意见之后，没有公开承诺的女性的观点有些动摇，而公开承诺的女性的观点则更加根深蒂固。

不假思索地遵从现有的习惯，可能会导致严重的后果。我们可以想想英国公学中延续至今的不良传统：老生会逼迫新生在帮自己烤面包时烧伤手指，或一时兴起地殴打他们。在纳粹德国，尽管有包括服从在内的其他因素起作用，但从众使得很多并不邪恶的普通人选择遵守令人发指的组织规范，犯下那样残暴的罪行。另一个曾经一度保留着的奇怪传统是通过决斗解决争端。那些人有肉体上的勇气去接受决斗，却没有道德上的勇气去拒绝决斗，他们害怕被朋友视为懦夫，所以不得不从众。很多这样的恶行都披着信仰的外衣，而其中至少有部分原因是从众，例如火烧异教徒。如果一个社会的习俗是善的，从众当然会产生善果，但鲜少有绝对善的社会习俗。大多数人都会从众，而不会去思考哪些社会习俗值得遵守、哪些不值得。

再举一个产生有害影响的小例子。在女性时尚领域，既想从众又想出众，最终可能导致生产出的产品令人失望。时尚趋势通常被令人仰慕的一群人左右。在不同时代，这群人可能是皇室人员、电影明星，甚至可能是普通年轻人，例如向青年一代致敬的20世纪60年代。引领时尚的人通常希望自己区别于追随他们的普通人。如果普罗大众跟上了时尚，引领者就会更加夸张地展现当前的时尚，以保持自己的地位。这样你追我赶，无论怎么夸张都会有人效仿，于是就产生了细高跟鞋、紧身胸衣、衬裙（crinoline）[1]等可能会对人体有害的时尚单品。

1 一种用硬圈环扩张撑起的硬衬布衬裙。

时尚循环所基于的从众欲望多半是非理性的。没有人能通过模仿电影明星或上流社会女性的穿着，来复制他们其他方面的特征。然而，时尚有时带来的非理性的极端后果，与其说是个体的非理性造成的，不如说是群体内部各种因素相互作用的结果，特别是从众和竞争。

上面我讨论了女性服装时尚的例子，在绘画、音乐、诗歌、建筑和男性服装等领域也有不少相同之处。16 世纪夸张的科多佩斯（codpiece）[1] 近年来又有卷土重来之势，虽然还不至于太极端，但穿上它一定很不方便。这再次证明了时尚引领者既想从众又想出众的欲望的存在。

由此可见，我们既想跟从自己所属群体的态度，又想跟从整个社会的态度。还有另外两种情况，即跟从我们敬重的个体的行为或态度，以及跟从一群志同道合的陌生人的行为或态度。

模仿“偶像”的行为可能会有好处。我们知道，幼儿主要通过模仿父母的行为来学习，这是人类与生俱来的一种倾向。学习口语几乎完全靠模仿，父母很少纠正子女的语法或用词不当，只会在他们说错话时纠正他们。所有的孩子天生就会从接触到的有限语句中推测出应该怎样正确地说话。一个 6 个月大的婴儿在看到父母伸出舌头时也会伸出舌头，这是一项了不起

1 男子紧身裤的下体盖片。

的成就。这个婴儿从没有看到过自己的舌头，却能把它和父母的动作联系起来，并做出相应的反应。

事实一再证明，同样的信息如果出自专家等可信度非常高的人，其说服力会比出自可信度低信息源的要高得多。以一项研究为例。实验者给受试者看预防医学相关的文章，告诉他们这些文章都引自知名医学杂志，或是翻译自苏联的《真理报》（*Pravda*）[1]。不出所料，当受试者认定这些文章来自可靠的医学杂志时，他们的观点就会被更显著地影响。如果一个专家在自己的专业领域内发表言论，相信他当然是理性选择，或者可以部分地相信他，因为专家也常常犯错，这些错误有时还会是灾难性的。可惜的是，人们获得的声誉与他们传播的信息常常毫无关系。一名棒球明星宣称自己用的洗发膏如何有效，就会对这款洗发膏的销量产生巨大的影响。棒球运动员虽然可能是球场上的专家，却极少是因为精致的发型或优雅的着装而闻名。

在这种情况下，对这名棒球运动员关于洗发膏的说法的认同，源于我们对一个人身上所有特征都持一致态度的思维倾向。其中暗含的推理逻辑是，既然他是个优秀的棒球运动员，那么一定会对洗发膏或其他付钱请他宣传的产品拥有同样良好的判断力。这是光环效应的又一力证。不过，还有一个理由能解释相信专家推荐产品的广告是不理性的。即使温布尔登女子网球冠军对着某品牌球拍流口水，也不代表她真的觉得这个球

1 苏联共产党中央委员会机关报，苏联最有权威的俄文对开日报。

拍好用，只能说明她收了钱来帮这款球拍做广告。然而，就是会有众多不理性的网球运动员蜂拥而上，跟风购买该品牌球拍。

上文讨论了跟从整个社会和跟从某些有声望的个体的情况，接下来我们将讨论群体内部的从众现象，这种从众可能会导致三种极端行为：恐慌、暴力和皈依宗教。

假设你坐在电影院里，离最近的安全出口大约 10 米远，突然发现起火了。每个人都站了起来。你是跑向出口，冒着可能踩到别人的风险冲出一条路，还是冷静地坐着等别人先走，希望大家能有序地排成一条队？这个情境与前文讲过的囚徒困境类似。如果每个人都有序撤退，获救的人数会最多，可是距离安全出口最远的一些人可能会丢掉性命。如果大多数人都不恐慌，冲向出口的少数人会得救，而代价则是大多数人的生命。如果每个人都恐慌，就会有更多人丧生。除非有权威人物在场，否则大多数人都会感到恐慌，一方面是有想拯救自己的意图，另一方面是由于恐慌情绪的蔓延。如果你看到有人在推开他人往出口跑，可能会觉得不公平，于是也跟着这么干。更糟糕的是，在一个群体中，任何强烈的情绪都会蔓延，影响越来越多的成员。恐惧会传染，眼泪也一样，如果他人感到恐慌，你也会感到恐慌。当然，这样的恐慌大多数都是非理性的，而且恐慌导致的混乱通常会降低每个人的逃生概率。

如果权威人物在场，恐慌就能减少。在坠机事故中很少出现恐慌，主要就是由于机组人员受过安抚他人情绪的训练。一项关于第二次世界大战中美军的研究发现，在即将开战前，1/4 的人会呕吐，1/5 的人会失禁。实际上，在战场这种产生恐惧情绪的程度理应比其他情况下高的地方，由于军官和军士们长期的训练和影响，以及可能同等重要的从众倾向与不让战友失望的渴望，士兵们的极度恐惧会被抑制，因此战场上很少出现恐慌。

很少有人会放任自己独自进行有计划而无意义的暴力，但从美国南方腹地的私刑暴徒到英国足球队的球迷，这种行为在群体中并不少见。这也许是因为单枪匹马地搞破坏没有什么乐趣可言。美国南部诸州针对黑人的令人发指的私刑，不仅有杀戮，还有无端的折磨。如果从行凶者的角度看，这种为了驯服黑人的暴行是有道理的，那么球迷肆无忌惮的暴力则完全无法解释。这种暴力常常仅限于群体行为，其中一个原因就是作为一个群体的成员可以免于承担责任。有大量文献充分证明了群体的去个体化效应（de-individuating effect），群体给了成员一种匿名的感觉，即没有人知道谁做了什么。一项鼓励受试者去电击伪装受试者的实验就证明了这一点。那些因为穿着实验大褂、戴着实验帽而完全处于匿名状态的人，比穿着普通服装、报出姓名的人电击伪装受试者的次数更多。当然事实上并没有真正的电击，只是伪装受试者假装自己正在被电击。

群体暴力的其他原因有敌对情绪蔓延的趋势、想通过展示男子气概给群体中其他成员留下深刻印象、想通过带头实施暴行而成为群体领导者、想通过攻击其他群体强化自己所在群体的地位等。群体领导者想要保持领导地位，而其他人选择跟风，就会导致暴力升级。也许同样重要的原因是，当一个人发现群体中其他成员违背了更大的社会传统价值观，就会觉得自己也可以这么做。有很多研究表明，人们会模仿他人的越轨行为，小到行人闯红灯（这在美国很多州都是违法行为），大到各种各样的侵略。如果这些行为没有受到惩罚，其他人就会纷纷效仿，毕竟很多人都会想："如果他们能逃脱惩罚，为什么我不能？"

对群体可能产生的第三种影响是宗教皈依。皈依宗教本身不一定是非理性的，但如果皈依仅仅是因为自己是群体成员，而群体中有些人信仰宗教，那肯定是愚蠢的。受葛培理（Billy Graham）[1]影响而皈依的人，有多少会通过独自冥思福音书而成为虔诚的基督徒，又有多少人会因为刚刚跟葛培理单独聊天而皈依？这再次说明，群体会加速情绪和从众行为的蔓延。

无论是葛培理还是他的同行，都不仅利用了集体歇斯底里（mass hysteria）[2]，还运用了诸多说服技巧，比如公开承诺和逐渐降低承诺程度，我们将在后文中对后者加以讨论。葛培理

1 牧师，美国当代著名的基督教福音布道家，第二次世界大战以后福音派教会的代表人物之一，曾担任多位美国总统的顾问。

2 社会学及心理学术语，用来指因集体性的恐慌错觉通过谣言等方式迅速传播的现象。医学上也用来指一人以上无意识的有相似实际症状的现象。

会对听众进行冗长的说教，告诉他们只有皈依宗教才能得到救赎，从而减轻每个人时不时都会有的内疚和羞耻，然后让打算皈依的人走上讲坛。他们在讲坛上承认自己曾经的罪过，公开宣布要加入宗教活动，并通过签署誓言来坚定自己的选择。这一系列过程之后，那些坚定的不从众者就会退出，因为这么做会遭到这些教会新朋友的排挤。人们在这种情况下很容易上当受骗，而很多美国福音传道者正是通过他们天真的信众而变得极其富有。在北卡罗来纳州，金贝克（Jim Bakker）[1]收到了1.58亿美元的捐款，其中至少有400万美元表面上捐给了耶稣，实际上却落入了他自己的口袋。信众的不理性使他得以享受浮华的生活，甚至给自己的狗窝装上了空调。他最终也因此入狱。

同辈有时也会以不同的方式施加类似的不良影响。在陌生人遇到困难时要不要伸出援手，这常常是个艰难的选择：如果他伤得很重而你没有医学知识，挺身而出可能会让情况更糟；如果他根本就不需要帮助，场面就会很尴尬；而如果他需要帮助，但你没有能力提供帮助，或者因为不愿意跟陌生人说话而没有提供帮助，场面就会更尴尬；如果他被攻击了，那么帮助他的人也会有遭到攻击的风险；有的人看到血或伤口会感到恶

1 美国布道家。原是福音传播网总裁，后卷入一桩性丑闻案，被控贪污、渎职、欺诈等数项罪名，被判刑45年。美国联邦上诉法院随后将金贝克的刑期减少到8年，获释时服刑还不到5年。现在在密苏里州布兰森市一座占地700英亩的修道院中每天广播一小时的节目。他的网站上售卖各种“爱的礼物”，提供很多捐款计划。——原注

心，不得不强忍着上前伸出援手。最可耻的或许是，在这个年代，完全有可能是那些不道德的社会心理学家假装受伤，让伸出援手的你看起来就像个彻头彻尾的傻瓜。再或者至少，助人者也会损失一些宝贵的时间。这里举两个来自现实生活、记录得较为完整的案例。

1964 年的一天深夜，纽约的一位年轻姑娘基蒂·吉诺维斯刚停好车，准备向自己的公寓走去，突然被一个带刀男人袭击，发出尖叫声。大楼里的灯光亮起，袭击者先是驾车离开，又返回来再次刺伤她。他又一次驾车离开时，基蒂终于有机会爬到大楼的门口。令人震惊的是，男人又返回进行了第三次袭击。整起事件持续了半个小时，38 个人从窗口目睹了一切，却没有一个人出手干预，也没有一个人报警。[1]

第二个案例更加有名。一名男子独自从耶路撒冷来到耶利哥时，遭到强盗的攻击和毒打。一个祭司正好经过，但他从路的另一边绕开了。一个利未人也是如此。然后一个撒玛利亚人经过，他发了善心，走过来帮他包扎伤口，带他到了一个旅馆，付钱委托旅馆老板照顾他。祭司和利未人选择从路的另一边走掉，可能是因为越接近遇到困难的人，就越难拒绝帮助他，而离得远一些，则更容易使他们否认自己对这个倒霉的人

1 旁观者效应（bystander effect），即旁观者的在场会抑制人们采取行动。该效应本身没有争议，但基蒂·吉诺维斯之死并不能完全归结于此。警方被指控夸大了现场目击者人数，以转移公众对他们自己失职的关注。可能只有 6 个人目睹了事件的部分过程，但不能确定其中有人看到了男人用刀捅人的全过程。——原注

有任何责任或义务。

有人可能会觉得，在目睹基蒂·吉诺维斯被杀的 38 个人中，起码有一个人，哪怕不像好心的撒玛利亚人一样高尚，至少也应该花工夫拿起电话报警。为什么好心的撒玛利亚人的行为与他们完全不同呢？答案众所周知。

许多实验表明，如果几个人同时见证一起需要干预的事件，与独自见证相比，每个人都会觉得自己要承担的责任小得多。在一项研究中，受试者是大学一年级新生，实验者邀请他们讨论如何适应大学生活、克服遇到的困难。他们能彼此听见，但不能彼此看到。实验中受试者的数量从一个到四个不等，每次都会有一名伪装受试者假扮成学生。在对话中，伪装受试者透露他可能患有癫痫，随后不久就假装癫痫发作。如果只有一名受试者在场，他有 85% 的概率会向实验者报告这一情况。当有 2 名或 4 名受试者在场时，这一概率分别降低到了 62% 和 32%。显然，每个人都觉得做点什么应该是他人的责任。

一项更接近现实生活的有趣研究，同样证明了这种效应的存在。两个实验者来到纽约一家卖酒的商店，打算趁店主在里屋时拿走一箱拉格啤酒，假称他们从没有失手过。他们会认真选择盗窃的时机，确保每次都会有一位或两位真正的顾客在场。在实验者拿走啤酒之后，知晓内情的店主会回到柜台。如果这些顾客，也就是不知情的受试者，没有立刻举报盗窃事件，店主就会问他们那两个人去哪了。如果顾客是独自在场，举报盗窃的概率是 65%。如果有两位顾客同时在场，这个概率就只有 51%。理论上，假定无论有多少人在场，每位顾客的反应都应该是一样的，那么两位顾客在场时，有人告知店主被窃的概率就应该是 87%。显然，如果顾客不受在场其他人的影响，两位顾客同时在场时，盗窃被举报的概率应该更高。然而事实上，如果不止有一个人在场，那么每个人出手干预犯罪行为的概率都会低得多。

关于所谓的"旁观者效应"还有一些其他研究，这些研究得出的结论都基本相似，不过也有一些另外的发现。例如，人们更愿意帮助遇到困难的女性而非男性，更愿意帮助与自己相同种族而非不同种族的人。还有一个可能是虚构的奇怪故事，讲述两个社会学家遇到一个遭到袭击流着血倒在水沟里的人，其中一人对另一人说："他需要帮助，我们一定要帮他找出是谁干的。"

在结束讨论从众心理之前，有必要分析一下为什么这种现象是不理性的。如果有不止一个能提供帮助的人在场，人们就不太会伸出援手。部分原因在于，不采取行动是与他人的不作为保持一致的。有人觉得出手干预会很尴尬，这种尴尬本身就源于没有与他人保持一致。另外，他们可能会觉得没有必要提供帮助，因为总有人会出手。只要冷静下来想一想就会发现，如果因为觉得其他人会出手，自己就袖手旁观，其他人可能也会这么想，结果将是没有任何人会上前帮忙。而且，因为他人在场就免除自己采取行动的责任，这一解释也有不充分之处。偷啤酒的案例中有两个人在场，两人虽然都看到了对方的不作为，但也都没有站出来举报盗窃事件。双方都在跟从对方的行为。

启示

1. 在公开宣布一个决定前要三思，公开了就很难改变了。
2. 如果你想开始一个行动并且不想给自己留退路，尽可能地向更多人公开你的决定。
3. 在做一件事时，问问自己这么做是否只是因为其他人也这么做。如果是，问问自己这件事是否真的有助于实现你自己的目标。
4. 不要受你尊敬的人的建议影响，除非他是正在讨论的问题的专家。记住，即便是专家也常常犯错误。
5. 不要被群体行为所左右，不要做出在冷静状态下不会做的事情。
6. 不要因为有其他人在场而对一个人的求助袖手旁观，他们可能会伸出援手，也可能不会。
7. 要记住："如果你能与平民聊天，而不降低你的品格……你将是个男子汉，我的儿子！"[1]

---

1 节选自英国诗人吉卜林的《如果》(*If*) 一诗。

第4章　个人的群体性思维

群体成员可能会鄙视、厌恶，甚至痛恨其他群体，来提高内群体的凝聚力。

除了格劳乔·马克斯（Groucho Marx）[1]，男人本质上都是俱乐部动物，要么加入加里克（Garrick）俱乐部[2]，要么成为阿森纳队（Arsenal）[3]或红袜队（Red Socks）[4]的球迷。扶轮社

1 美国电影演员。批评俱乐部文化，曾发表著名言论："我将不会加入任何一个希望我加入的俱乐部"。

2 一个位于伦敦西区和剧院中心的私人会员俱乐部。提供餐饮、住宿、会员活动等，拥有一个收藏了大量手稿、文献和绘画作品的剧院图书馆。

3 阿森纳足球俱乐部，简称阿森纳队，位于英国伦敦西北部，成立于1886年，英超最具规模的俱乐部之一。

4 波士顿红袜队，一支隶属于美国联盟东区的职业棒球大联盟球队。

(Rotarians)[1]或地方网球俱乐部成员聚在一起，是因为他们有共同的兴趣和共同的利益。他们加入一个俱乐部的原因，可能是有利于职业发展，比如扶轮社；可能是喜欢口感一般的红酒和一些无关紧要的社交，比如加里克俱乐部；可能是想要参与某项需要两人或者更多人才能玩得起来的运动，比如国际象棋；或者可能觉得自己属于某个“少数群体”，比如犹太人、黑人或女性（虽然这可能有些自相矛盾，因为女性的人数很多）。成为群体成员会有很多好处，比如获得归属感、凝聚力，以及追求共同目标时的互相支持和帮助。人们通常会加入与自己信念一致的群体，确保自己的观点有人支持。用心理学术语来说，一个人所属的群体是内群体（in-group），没有加入的群体则是外群体。

上一章讨论了一个人的行为选择倾向于与他所在的群体行为保持一致。然而，归属一个群体会对个体产生其他更复杂的影响。群体成员之间的互动，也会显著影响个体的行为和他对其他群体的态度。

个体会服从群体，但群体作为一个整体的行为方式却更加出人意料。基于上文的论述，有人可能会认为群体中的每个成员的态度都会逐渐转变，最终与其他成员达成某种折中。实际上，

---

1 国际性社团。1905 年由美国律师哈理斯在芝加哥发起，以“给予世界及社会无私的奉献，维护世界和平，促进各国人民之间的科学技术及文化事业的交流和发展”为宗旨，因在社员的办公处轮流集会，故得名“扶轮社”。

如果群体成员的观点本身就有倾向性，彼此之间的互动反而会加剧这种倾向性。在美国最负盛名的女子学院之一的本宁顿学院（Bennington College）开展的一项基于现实生活的研究很好地证明了这一点。那里的政治风气一直比较自由，而这项研究发现，学生们在学院里待的时间越长，思想上就变得越自由。这表明群体成员并不只是简单地遵从群体规范、逐渐被群体同化，如果一个群体中存在一种主导的态度，其成员就会强化这种态度。

当然，本宁顿学院规模很大，学生们很难进行群体决策。在我们的社会中，最重要的决策通常都是由小群体，即俗称的委员会做出的，它们常被人戏称是“只会做会议纪要和浪费时间的组织”。我们有必要思考一下：与成员独立决策相比，这些委员会是否有可能做出更理性的群体决策？在关于这个问题的第一个实验中，实验者向受试者描述了一个可能会导致灾难性后果的风险事件。例如，让他们想象把自己的闲钱投给一个正在投标政府合同的公司，如果成功了，会赚取投资金额的 1000 倍；如果失败了，公司会破产，这些人也会一无所有。当成功的概率是 1/1 000 000 时，可能大多数人都会投资。为了测量每名受试者愿意承担多大的风险，实验者问他们愿意为多大的成功概率做出投资决定。受试者能够接受的成功概率越低，就意味着他愿意承担的风险越高。每名受试者面前有 12 种不同的风险事件，他们首先各自给出能够接受的成功概率，然后再进行集体讨论，达成一致结果。最终，群体达成一致的能接受的成功概率比每个个体给出的都更低。换句话说，相较于个体决策，群体决策愿意承受更高的风险，这种现象被称为“风险转移”（risky shift）。风险转移效应被证明了不下百次，甚至很多类似研究选取的风险事件更贴近现实，例如权衡受到强烈电击的可能性与获得现金奖励的可能性。

群体态度会比个体态度更极端，这种极端态度不仅仅表现为愿意承担更高的风险。一项研究先后记录了法国高中生个体对戴高乐总统的评价和对美国人的评价，随后让他们通过讨论分别就这两种评价达成一致。不用说，学生个体对戴高乐的总体评价是非常高的，而对美国人的评价则不是太好。经过集体讨论之后，学生们对戴高乐达成的一致评价更好，而对美国人的一致评价则更差。这再次说明，群体态度会比其中的个体态度更加极端。

这种现象可以归结为以下几个原因。首先，成员想要得到群体的重视。如果群体态度指向某一立场，其成员会通过各种努力表达相同态度以获得其他成员的认可，要么表明关于这一普遍立场的极端态度，比如细高跟鞋的成功；要么压制关于相反立场的讨论；要么在群体行动时表现得更加极端，这点在风险转移的情况下尤甚，毕竟，正如上文所述，群体成员的身份会减轻个体的责任。有研究表明，群体不仅会做出比个体更极端的决策，群体成员对群体决策的正确性也对个体决策更有信心。这种信心可能是来源于群体形成的团结感，即使群体决策通常会比个体决策更糟。当群体成员一致同意，或者大多数成员都同意，成员们就会觉得他们不太可能会出错。

继乔治·奥威尔（George Orwell）之后，欧文·贾尼斯（Irvin Janis）将紧密团结的群体态度变得极端的倾向称为“群体性思维”（group think）。贾尼斯认为，群体成员会有一种无懈可击和极度乐观的错觉；会忽略与自己认知相悖的事实；会采取不道德的行为来捍卫对自己道德的信仰；会对自己的对手和敌对群体持有成见，觉得他们邪恶或者软弱；会试图压制其他成员的异议；会抑制自己的疑虑以和群体保持一致，这种抑制造成了意见统一的错觉；会隐瞒与群体观点不一致的信息，以保护其他成员。另外还需要指出两点。第一，当一个领导选择咨询委员会时，不太可能选择与自己观点完全不同的人，或是比自己更加聪明、更能主导讨论的人。这一点虽然很难证明，但领导者为了维护自尊，留下的很可能是拥护他的人，从而加剧上文提到的群体倾向。第二，如果委员会里出现了一个领导者，成员们就会想要取悦他，特别是当这个领导者能够左右这些成员的职业生涯时。这一点尤其致命，因为赞同领导者的成员越多，领导者的态度就会越极端，而其他成员就会跟从着做出更加极端的表态。这是典型的恶性循环。

贾尼斯指出，当肯尼迪总统与他的顾问们讨论猪湾事件[1]

1　或称吉隆滩之战。1961 年 4 月 17 日，在中央情报局的协助下逃亡美国的古巴人在古巴西南海岸猪湾，向菲德尔·卡斯特罗领导的古巴革命政府发动的一次失败的入侵。猪湾事件标志着美国反古巴行动的第一个高峰。对美国来说这次未成功的进攻不但是一次军事上的失败，而且也是一次政治上的失误。刚刚上任 90 天的约翰·肯尼迪政府为此大失信誉，而卡斯特罗政权和古巴革命得到巩固。

时，小阿瑟·施莱辛格[1]一开始是反对的。罗伯特·肯尼迪[2]把施莱辛格叫到一边，对他说："总统已经决定了。不要再坚持了。现在每个人都要尽最大努力来助他一臂之力。"一个群体的负责人，无论是首相、总经理、将军还是教授，都会面临缺少批评意见的危险。撒切尔夫人几乎没有自我批评的能力，还开除了那些鲁莽反对她的人，这对她无疑是雪上加霜。与其相反，里根总统注意到了他的同僚不愿意批评他，在自传中写道："任何最高职位都有被孤立的风险。人们会说你想听的，不愿意告诉你有人可能没有尽全力，或是做了对你执政不利的事。没有几个亲近之人会愿意说'你错了'。"虽然没有实验证据支持，但显然一个受到太多恭维的人可能会失去自我批评的能力，因此做出顽固的错误决定。如比尔博姆·特里（Beerbohm Tree）所说："唯一一个没有在热捧[3]中昏了头的人，就是但以理（Daniel）"。

贾尼斯还举了几个例子来证明这一结论，包括约翰逊总统罔顾战争不可能会赢的情报，在顾问的支持下决定升级越南战争。在后面的章节中，我们还将通过阿纳姆战役（Battle of Arnhem）和珍珠港事件来进一步说明群体内部不同因素的相互作用。

---

1 美国著名历史学家和政治评论家，曾任肯尼迪总统的白宫特别助理，被称为"最了解罗斯福和肯尼迪时代的人"。

2 肯尼迪总统的弟弟，曾任美国司法部长和纽约州联邦参议员。

3 谐音双关。原文为 lionise，是指但以理被扔进狮子坑（lion's den）而没有屈服。

委员会显然存在风险，特别是可能会走极端。不过我们将会看到，个体的问题之一，是不去想所有可能的行动方案，而倾向于坚持最先想到的那个。人们可能会期待委员会里的人持有不同的观点，因此形成比个体更多的备选方案，以及更多的支持或反对各个方案的理由，并对其进行考量。在这方面，目前只有关于头脑风暴的系统实验，即完成一项类似于给一个简单情节想一个漂亮标题的创造性工作，随后将答案交由一组裁判评估。这些实验都没有得到确切的结论：头脑风暴小组想出来的答案有时比个体的答案要好，有时也比个体的答案要糟。

从上文的论述中，我们可以得出这样的结论：压制批评或找一些想法相似的人组成委员会都是非理性行为，虽然委员会成员必须有相同的目标才能发挥作用。如果委员会做出不理性决定的概率比个体更高，人们可能会问为什么委员会还会普遍存在，以及为什么还有那句名言："没有人应该独立做决定，除非没法成立委员会。"委员会如此盛行，也许是由于其"安全性"——做决定的责任被分散给多个人，如果决定出错，没有人需要为此感到内疚。虽然委员会成员需要共同决策，但有研究发现，他们大多认为自己的贡献更大。当某位委员会成员被问他在会议中的发言时长时，他通常会严重高估。这是"可得性错误"的另一种表现。在发言之前，人们忙于思考自己要说什么，可能无暇注意到他人的贡献。比起他人的发言，人们对自己的发言会记得更清楚，这不仅是因为人们在自己的发言中投入了更多感情，还因为这些发言符合自己多年来建构起来的信念。

内群体会努力使自己区别于其他群体，提升群体凝聚力，其中一种方式就是建立独特的形象。从这个角度来看，顶着鲜绿色莫西干头、穿着机车皮夹克、戴着链条饰品的朋克，剃光头发的光头党，穿着貂皮长袍的贵族，或是戴着学位帽、穿着带有鲜艳兜帽的学位袍的学者之间并无区别。虽然在这个使用吊顶投影仪的时代已经不再需要长袍来应对粉笔灰问题，不过当因为思考更重要的事而把肉汁弄洒时，长袍也能保护院士们的贴身衣物不被弄脏。

穿长袍和制服既是传统，也源于我们对仪式感的热爱。这种习惯相对无害，还能让看到的人轻声发笑，但也有一定的风险，会让人觉得自己很重要而自视甚高，还会造成社会分化。与英国相比，美国社会更加平等，制服就相对没那么流行。此外，身穿制服会拉大与他人的距离，导致极端而不理性的行为方式。一位法官近日判处一个性虐待女性并强迫其发生性行为的强奸犯 18 个月的刑期。如果这位名叫波特兰 · 理查兹（Bertrand Richards）的法官穿着便服，觉得自己只是一个普通公民的话，还会这么宽容吗？还会和一个被强奸的女性说，她“因为搭顺风车而有共同过失”吗？很难想象一个没有戴司法假发的人会发表如此愚蠢的言论。

这些观点都有实验证据支持。鼓励受试者电击伪装受试者时，如果实验者穿护士制服，会比穿普通衣服少一些攻击性，而如果穿着三 K 党（Ku Klux Klan）[1]制服，则会更有攻击性。人的行为被着装影响当然是非理性的，但实验已经证实了这种影响的显著性。如果穿上制服都会对普通人产生这么大的影响，那么对于真正有权力穿这些制服的人来说，这种影响又会大到什么地步呢？

需要补充说明的是，当服务于有益的目的时，一些制服的存在就是完全合理的。例如，有时我们需要快速识别出警察、消防员、乘务员等从业者，这时制服能够非常有效地帮助我们。当然，士兵们在扣动扳机前也需要知道自己面前的是战友还是敌人。

遗憾的是，与建立独特的形象相比，很多提高群体凝聚力的方式都更加险恶。群体成员可能会鄙视、厌恶，甚至痛恨其他群体。关于这一主题，穆扎弗·谢里夫（Muzafer Sherif）在二十世纪四五十年代进行了一项经典研究，实验结果令人震惊。在连续几年里，他每年都开展这项实验，每次都得到了相似的结果。为了方便起见，这里融合了多次实验的素材。实验的受试者是美国白人中产家庭 12 岁左右的新教徒男孩，他们不知道自己是研究对象，以为只是受邀参加一个夏令营。实验者伪装成营地主管、辅导员，甚至是打零工的人——看来社会心理学家真是多才多艺。这些男孩来自不同的学校和街区，此

1　美国历史上一个奉行白人至上主义的团体，也是美国种族主义的代表性组织。

前彼此并不相识。一开始，他们都住在一间大宿舍里。

三天以后，当他们开始交朋友时，实验者分别询问每一个男孩，谁是他最特别的朋友。随后，这些男孩被分配到两个营地，实验者尽可能将他们和所选朋友分到不同营地。虽然还是会在一起吃饭，但每个营地都开始形成自己的规则。一个营地自称“老鹰”，另一个营地则自称“响尾蛇”。他们把这个名字印在衣服上，当时也普遍用衣服来识别身份。他们开始去不同的地方游泳，每个群体也有了自己的俚语。四天之后，实验者又私下询问这些男孩，谁是他最特别的朋友。他们都抛弃了曾经的朋友，十个人里有九个都在身处的新群体中选择了朋友。

在实验的下一个阶段，实验者开始组织两个群体的竞争游戏，例如垒球或足球。获胜营地的每位成员都能得到一把野营刀作为奖品。一开始比赛氛围还相当温和，但很快两个营地都变得剑拔弩张，开始相互指责对方犯规或作弊，甚至在排队取餐时冲撞、推搡或排挤对方营地的队员。实验者让他们给每个人在比赛中的表现打分时，他们给自己队友的打分都远高于对方队员。一个营地连夜袭击了对方营地，把床铺掀翻、东西扔得到处都是。最后他们拒绝在同一个饭厅吃饭。谢里夫等人重复进行了多次这样的实验，每次都得到了类似的结果，据说有一次还因为担心造成混乱不得不终止了实验。

顺便提一句，我们应该能够意识到，这些研究也表明了不同国家之间的比赛（甚至是同一个国家不同城镇之间的比赛）

根本不会增进友谊，只会助长仇恨，即使在板球这样通常被视为绅士运动的项目中也是如此。板球测试赛造成了英国和澳大利亚之间长达 60 年的巨大敌意，双方相互指责对方作弊或缺乏体育精神。在一次对抗赛中，英国人认为西印度群岛队（West Indies）通过减速来拖延时间造成平局，而且西印度群岛的裁判没有制止这种非常缺乏体育精神的伎俩。英国人指责这名裁判极度偏袒，一名英国评论员为英国广播公司（BBC）制作了一期广播节目来批评这名裁判及其行为，这期节目在西印度群岛遭到禁播。国际足球比赛看起来也没有为各方球迷建立友谊做出多少贡献，世界杯比赛期间不同国家球迷之间的暴力和仇恨事件简直臭名昭著。

鉴于以上所有事实，从公立学校橄榄球比赛中的犯规和冲突，到国际象棋比赛中的做手脚，居然还有那么多人仍然相信竞技体育会改善交手双方所在的国家或群体之间的关系，这着实令人震惊。也许这种错误观念源自 game[1] 这个词的含义——不应该较真的东西。然而我们常常较真。正如乔治·奥威尔所述，“真正的体育竞赛与公平竞争毫无关系，反倒充斥着仇恨、嫉妒、自大、对一切规则的无视，以及目睹暴力时虐待狂般的快感”。

回到谢里夫的实验，他的研究表明不同群体之间仇恨的产生如此容易。说到底，这些男孩都是美国人，都是白人，都信

1 即“运动、游戏、娱乐”。

仰同样的宗教，而且朋友被分配到不同的群体，应该能够减轻群体间的敌意才对。这项实验是人们可以只因为一个人属于不同群体就不喜欢他这种完全非理性的完美力证。引发这种敌意的原因，可能是竞争稀缺资源，例如这个案例中的野营刀。在谢里夫的实验中，引入竞技比赛之前就已经出现的对立情绪，说明了竞争稀缺资源不是敌意产生的全部原因。或许，不贬低其他群体，人们就很难以自己所在的群体为荣。

在实验的最后阶段，谢里夫成功削弱了两个营地之间的对立情绪。他给男孩们安排了需要通力合作才能完成的任务：提供一部两个营地队员都想看，但需要集资才买得起的电影——《金银岛》(*Treasure Island*)；安排一辆卡车在送补给的途中陷进泥里，需要两个营地合力才能把卡车推出来；随后营地水箱又“意外地”裂开了，男孩们都来帮忙修理。参与这些共同任务的过程极大地削弱了对立情绪，两个营地的成员之间开始重新建立友谊。这可能会使人联想起第二次世界大战期间英国不同阶级、不同信仰的陌生人之间保持着的和睦友好的关系，因为几乎所有人都朝着打败德国人这个压倒一切的共同目标努力。然而，最近有证据进一步表明，只有在合作努力取得成功时，参与共同任务才会减少群体之间的敌意，否则他们只会因失败而互相指责。

现实生活中，群体之间的敌意表现得非常不理智，甚至出现了一些损人不利己的行为。在英国的一个飞机工厂，工具车间工人的周薪略高于生产车间工人。在工资谈判时，工具车间的工会代表试图维持这种差异，哪怕降低自己的工资。他们宁愿选择自己每周赚 67.3 英镑，而生产车间工人的周薪比自己低 1 英镑，也不愿意选择自己每周多赚 2 英镑（69.3 英镑），但生产车间工人的周薪比自己多 1 英镑（70.3 英镑）。

当然，处在一个有凝聚力的群体中是一件值得欣慰的事情。大多数人都想讨人喜欢，都更愿意其他人支持自己的想法，不愿意忍受反对和随之而来的自我怀疑。如上文所述，人们有重视自己所属群体的需要，这一定程度上导致了对其他群体的偏见：如果不在某些方面贬低其他群体，就很难甚至无法认为自己所属的群体是“特别的”。这种对外群体的偏见通常会形成刻板印象：犹太人是贪婪的，黑人是懒惰的，诸如此类。这些刻板印象常常缺乏事实依据。英格兰人往往认为苏格兰人小气，但街头募捐时苏格兰的人均捐款数额却比英格兰的更大。

在讨论刻板印象的成因之前，先要排除一个错误理论。有人认为难以接纳其他群体的原因是过于严苛的教育，但这个原因站不住脚，因为容忍度总是会快速发生变化。1920 年，德国人对犹太人的容忍度还是比较高的，但短短几年之后，纳粹政权迫害犹太人时，不少德国民众也开始鄙视他们，虽然这段时间教育方式并没有明显的变化。

刻板印象的存在有很多原因。理查德·尼斯贝特（Richard Nisbett）和李·罗斯（Lee Ross）指出，并非所有的刻板印象都是负面的，例如对图书管理员、音乐节目主持人、教授、股票经纪人等的刻板印象则不然。坚持刻板印象的第一个原因是便利性，我们不需要一一评估每个个体的具体情况，就可以假设他符合某种刻板印象。

第二个原因是，我们倾向于注意到那些能够支持自己观点的事物。英格兰人会注意到一个花钱很小气的苏格兰人，却不会过多关注一个大方的苏格兰人。

第三，我们会更容易关注到少数群体成员的行为，而不是多数群体成员的行为。他们比较少见，所以引人注目（“可得性”）。同样地，我们会更容易看到不良行为而不是正常行为，所以对一个少数群体成员的不良行为尤其印象深刻。在女性很少开车的年代，有这样一个臭名昭著的例子，当女性违反交通规则时，男性就会瞥她一眼，然后说：“天哪，又一个女司机。”女性遵守交通规则的情况却不显眼，因此不会被注意到。后面的章节中将呈现关于上面第二点和第三点的有力论据。

第四，刻板印象能够自我应验。如果人人都觉得黑人是懒惰的，黑人就很难找到工作，结果就是看到黑人在马路上闲逛，应验了黑人懒惰的这个观点。

第五，刻板印象在某些方面可能有现实基础。总的来说，教授可能比音乐节目主持人更稳重。即使刻板印象有事实支撑，将其应用于具体案例也并不理性，肯定会有一些严肃的音乐节目主持人，也会有偶尔轻率的教授。

第六，已有研究发现，如果把两组对象贴上标签，两者的区别就会放大。在一个简单的实验中，4 条短线都标着“A”，4 条略长的线标着“B”。在贴上标签时，人们看到两组线平均长度的差异比不贴标签时更大。当我们通过命名来给所有形成刻板印象的群体贴上标签时，可能会放大外群体与这个群体的实际区别。

第七，正如我们讨论光环效应时所说的，如果一个人有一项突出特质，我们就会误以为这个人可能也有一些其他相关特质，即使事实上并没有。这种效应也适用于群体，某些种族群体外表特征跟白人不一样，白人就会觉得他们在其他方面也会跟自己有根本性差异。

第八，本章开头描述的内群体成员之间的社会互动，可能会加剧我们对外群体成员的某些初始偏见。一个人一旦接受了带有偏见的观点，哪怕不是为了努力取悦群体的其他成员，也会持续地基于这种观点行事。20 世纪 70 年代开展了一系列针对黑人的偏见研究，结果非常惊人。如果一个美国人在公共场所遇到一个需要帮助的黑人，他就会像遇到一个白人一样乐于提供帮助。然而，如果没有人看到，那么他帮助黑人的概率就会远低于帮助白人的概率。实验者在公共场所“丢”了一个贴了邮票但没有封口的信封，里面是寄给大学的申请书，信封上有申请人的照片。相比于黑人，当信封上的照片是白人时，白人受试者不怕麻烦地寄出申请信的概率更大。在开展这些研究的年代，至少在中产阶级圈子里，针对黑人的偏见遭到强烈抨击。因此，人们并不会公开表明自己的偏见，但在没有人看到时，这种偏见仍然会流露出来。

第九，好好先生们会接受对某些特征的偏见，并试图解释其中的原因，结果反而会强化偏见。正如理查德·尼斯贝特和李·罗斯所述，当有人说黑人的懒惰是由于“贫困的文化、父亲缺席综合征，或压迫感和无力感导致的行为失序”时，他们表现出的偏见与相信黑人懒惰而不试图理解成因的人的偏见没有差别。

出于上述原因，带有偏见的刻板印象如此普遍，并且根深蒂固、难以消除，其中的非理性显而易见。刻板印象源于对外群体的敌意，一旦形成又会加剧这种敌意。不过即便是没有偏见的刻板印象，也一样会导致非理性思维。在一项实验中，受试者拿到一些句子，每个句子都包含一个姓名、一种职业和两个特征，例如：“卡萝是个图书馆员，她严肃、迷人。”其中一个特征是刻板印象（“严肃”），另一个则不符合对该职业的刻板印象（“迷人”——对女性图书馆员的刻板印象是安稳沉静）。当请受试者描述职业特征时，他们不出所料地能够记得符合刻板印象的那个特征，而忘记另一个。他们觉得空姐“迷人”而女性图书馆员“严肃”。我们总是倾向于记住自己想听的：在这个例子中，刻板印象决定了我们的预期。

本章讨论了两个相互关联的问题：群体内部的态度有走向极端的倾向，以及对外群体的偏见的形成。在人类历史上，这种偏见导致的痛苦可能比其他任何因素都要多。第二次世界大战一定程度上也受其影响，至少希特勒的内群体口号“统治民族”（Herrenvolk）帮助他争取到了德国人民的拥护和对“吞并奥地利”（Anschluss）的支持。排斥外群体在一定程度上可能是天性，可以追溯到我们的部落历史，但这并不意味着它就是合理的，或者是不可控的。

1. 无论你是委员会成员还是高尔夫俱乐部成员，都要警惕被主流观点左右。要思考并敢于表达不同观点。
2. 如果你正在组建一个委员会，要确保成员能够发表不同的观点。
3. 如果你是一个团体的负责人，尽量不要被阿谀奉承影响。
4. 小心形成刻板印象。如果你已经形成了刻板印象，要提醒自己，并不是所有人都会完全符合刻板印象。
5. 如果必须穿制服，就穿护士制服。

第 5 章　群体的不理性

群体成员常常贪婪、懒散，或者把个人发展、规避风险等个体目标置于群体目标之上。

任何参加过委员会的人，都会听到有人这样说：“我们不能那么做，没有那么做的先例。”这样的说法完全是不理性的。如果一个拟议行为明智，采取这样的行动就会成为一个好的先例；如果该行为不明智，我们就不应该采取行动。因此，有无先例无关紧要，我们应该就事论事来决定是否采取行动。而且，在法庭之外，我们不该被过去的决定约束。过去已经完结，也无法改变，它唯一的作用就是偶尔可以成为前车之鉴。遵循传统做法是最容易的，做出改变却经常需要有令很多人不快的深思熟虑，还需要有动力克服不少大型组织，特别是公共部门经常会有的惰性。

与其他章节不同，本章将讨论群体而非个体的不理性。讨论将基于这样一个假设：理性的群体会采取可用的最优手段来实现目标。实际上这个假设很少能够成立，因为群体成员常常贪婪、懒散，或者把个人发展、规避风险等个体目标置于群体目标之上。因此，对于一个群体整体而言，不理性行事的情况就会出现。群体的组织结构理应尽可能避免其成员的自私行为，但现实中很多群体的组织结构都并不合理，似乎是在纵容而非惩罚这样的行为。我将主要关注成员的自私导致的群体不理性，不过也会举几个因思考不充分或存在偏见导致群体不理性的例子。

我们从公共部门开始。莱斯利·查普曼（Leslie Chapman）在他精彩的著作《不听话的公仆》（*Your Disobedient Servant*）中讲述了他怎样努力减少英国某个文官部门的浪费。当时，他是英国公共建筑与工程部（“财产服务局”的前身）南部地区主管。公共建筑与工程部的职责是为包括军队部门和其他文官部门在内的政府机构提供建筑设施与服务。他决定调查自己管辖范围内有哪些浪费行为，为此组建了专门团队。他们的部分发现如下：

1. 像飞机库那么大的很少使用的仓库用白炽灯管照明。如果一根灯管烧坏了，需要两个人推着非常高的推车进去更换。鉴于少一两根灯管对照明没有多大影响，他要求改为定期更换所有坏掉的灯管，例如，每 6 个月更换一次。

2. 这些仓库的暖气烧得跟办公室一样热。他把暖气关掉，并要求需要进入仓库的人穿上暖和的衣服。
3. 他发现大部分的仓库都被闲置了，于是卖掉了一些。卖不掉的就拆掉，以防有人私自使用。
4. 他只保留了 6 台南部地区办公室的起重机，其余的起重机都卖掉了，还卖掉了很多多余的其他设备，包括混凝土搅拌车和货运卡车。他计算了一下，在有需要时短期租用这些设备会更便宜。
5. 他出售了成片的剩余土地，不仅收回了土地的购买成本，还省去了养护土地的花费。
6. 他发现储存、分发像水龙头这样的小物件的成本是 3 英镑（按 1972 年价格计算），于是禁止仓库储存这类物品，让员工在需要时从当地商店采购。
7. 南部地区办公室有配备司机的公车，不仅他的部门在用这些公车，其他政府部门也在用。他叫停了这项服务。他的员工只能自己开车，或者在必要时从私人公司租用舒适的轿车。
8. 最后，他发现把南部地区的大部分工作外包出去，比直接雇用员工更省钱。因此，在得到工会同意并建立了帮助下岗员工再就业机制后，他裁掉了半数的员工。

在查普曼不同寻常的整治过后，公共建筑与工程部南部地区的年度总支出下降了 1/3，从大约 1000 万英镑减少到 650 万英镑。政府向其他 6 个地区传达了查普曼节省资金的做法，但几乎无人效仿。于是，虽然南部地区的支出节省了 1/3，但其他地区的支出平均只降低了 8%。即便查普曼提出愿意让自己的团队去帮忙，也没有人愿意像他那样开展系统的省钱行动。

查普曼是个有决心的人，他不满足于只减少公共建筑与工程部其他几个地区的浪费问题，还想将其推行到其他文官部门。然而，时任英国文官长的威廉·阿姆斯特朗（William Armstrong）爵士给他的回复，反映了文官部门不理性的自满态度。威廉爵士没有屈尊亲自回复，而是让一个手下送来一张便条，上面写着："您写给威廉·阿姆斯特朗爵士的信……和附件已收悉，爵士对您的建议饶有兴趣。此致，……"虽然威廉爵士和他办公室的人显然对节约纳税人的钱不感兴趣，但由于他对国家的贡献，后来被授予贵族爵位。一位文官曾经说过："文官制度是一种永久赓续的寡头统治，还有更好的制度吗？"他说得也许没错，不过也有人被他的论调吓一大跳。

说回查普曼，他后来离开了文官部门，以便写他那本谴责浪费的书。他成为大伦敦市议会和政府资助的公共部门——伦敦运输局（London Transport）执行董事会的成员。在这个岗位上，他又揭露了很多令人发指的浪费行为，例如该部门配置了可供各类管理人员随意使用的大型车队。他们喜欢乘坐公车，而不愿意忍受自己开车或乘坐地铁的不适、脏乱和可能会发生的延误等的原因也就不难理解了。管理层在其他方面也没有亏待自己。高层管理人员的餐厅享受巨额补贴，一般管理人员的办公室也有 80 平方米大小。查普曼发现，道路养护起码可以节省 30% 开支，其他事项，比如清洁，只需要外包出去，而不是由伦敦运输局直接雇人来做，也能够节省近似的成本。类似的例子还有很多。

查普曼的节约理念在伦敦运输局推进得并不理想，遭到了董事会里其他成员，尤其是董事会主席的反对。查普曼提出的很多减少浪费的建议都被置之不理，甚至他本人也在加入董事会不到两年后就被免职。随后，他在自己的第二本书《日益浪费》（*Waste Away*）中记录了这段不同寻常的经历。如果我这段简短的描述不足以让读者相信英国公共部门中存在着可耻的、非理性的浪费，那么查普曼的书肯定可以。公共部门的浪费是没有上限的，查普曼罗列了很多非常严重的浪费行为，这里我再举三个不可思议的例子。伊斯灵顿议会向一家公司支付 730 英镑，请他们清除 2 平方米的灌木丛。利物浦议会在 8 年多的时间里为两个煤气点火器和一个煤气检测仪支付了超过 25 万英镑的费用，可是利物浦根本就没有煤气灯。莱斯特郡议会削减了 200 个肢体残疾儿童的补贴，致使他们没钱过节，却增加了议会主席的薪水，涨幅是这些残疾儿童节日费用的 4 倍还多。

基于本书的写作目的，重要的问题是这样的浪费为何会发生。原因很多：

1. 如查普曼指出的，公共部门中的决定大多是委员会做出的，所以很少有人在明确地负责。我们已经看到，很多委员会的成员都试图讨好主席。他们会使用支持主席观点的论据，甚至抛出一个比主席的观点更加极端的案例，从而让主席更加坚定自己的立场。如果主席可以在很大程度上决定委员会成员的前途（包括升迁，事实上也常常如此），这种倾向就会更加明显。因此，很多委员会没办法做出理性的决定。委员会成员只是跟随主席的态度（或者更糟糕的—强化主席的态度），并且免除了自己的全部责任。如果没有问责制度，所有公务员对支付他们薪水的人民的责任就会经常被忽视，也就没有动力去纠正错误。

2. 查普曼认为，文官部门的晋升主要依循论资排辈，这份工作是个铁饭碗，除非有非常特殊的情况发生。这样的体制会产生惰性。任何改变都有风险，除非对自己有利，否则很少有人愿意承担风险。

3. 大多数公共部门的组织结构可能都在鼓励过度支出行为。晋升可能取决于一个岗位有多少人可以指挥，或经手多少资金，而这些便是对浪费行为的直接鼓励。

4. 很多公共部门某一年度获得的资金很大程度上取决于上一年度的预算。没有人会审查这些资金是怎么支出的，或者这笔支出是不是真的有必要。这样的制度会让公共部门或一些私人群体尽可能地多花钱，而不是尽可能地省钱，这也直接导致了浪费。通过削减下一年度的预算来惩罚这一年度省钱的部门是不合理的。最好的做法是仔细审查支出的方式。查普曼已经证明了这么做是可行的，而且能省下大笔的钱。

5. 任何想要在某些方面改变一个群体的人，无疑都会给其他人带来巨大的麻烦。要是这样的改变影响到整个群体的经济，还会导致其他人丢掉工作。无论形成的是哪种结果，都不会有人喜欢。查普曼注意到，在伦敦运输局的几次事件中，试图降低成本的雇员要么被解雇，要么遭到威胁。担心改变现状会失去工作或无法晋升，也是节省开支的巨大阻力。

6. 贪婪和讲究派头也有影响。高级管理人员为此置办了诸多毫无必要的奢华设施，例如豪华餐厅和配备有司机的公车等。一旦管理人员的声望取决于他的预算规模和能够指挥的人数，他就可能会增加毫无必要的开支。

7. 查普曼认为，审查文官部门的政府机构基本形同摆设。文官部门使用公共经费，应当对公众负责，区郡两级议会也同样如此。媒体是一个有力的武器，可以将关注到的浪费迅速公之于众，于是就有人不得不为此有所行动。遗憾的是，英国是西方世界上最不民主的国家之一，《官方保密法》（Official Secrets Act）禁止政府雇员在未经批准的情况下披露任何在履职过程中获取的信息，此后还进一步强化了相关规定。为达到相同目的，地方议会也针对自己的雇员出台了相关规定，导致本该

> 对公众负责的英国公共部门总是在秘密运作，公众不知道它们的过错和管理问题。英国政府把对保密的执念发挥到了极致。很多直接影响消费者的信息被政府隐瞒，公众无法获得的信息包括药物和饮用水检测、餐馆卫生情况、杀虫剂的安全性以及肉类食品加工厂的检查结果等。最近，政府甚至压下了一份有关培训教师用现代手段提高学生使用英语语言能力的学校督导报告。对于民主社会的公民而言，信息当然至关重要。没有信息，公民无法理性地进行投票，也无法在日常生活中做出理性的决定。隐瞒信息还会产生其他连锁反应。

有两种方式可以改善公共服务。第一，向公众公开公共服务的运行方式。第二，要求公共服务部门的雇员在有可用的公共服务时优先使用公共服务。如果强制要求议员和公务员乘坐地铁而不是出租车、排队使用国家医疗服务而不是私人医疗服务、他们的孩子必须上公立学校，也许我们将会看到这些服务领域的快速发展。把英国的情形与美国这个更民主的国家对比，我们会发现除非危及国家安全，否则美国政府部门不仅会公开其运作，还必须依法向提出获取文件需求的人提供这些文件。不理性的当然不是公共部门的某个成员，他们非常理性地受自己的贪婪、野心和懒惰驱使；而是群体没有实现自己存在的目标，因此导致了不理性行为。如果公共部门的组织结构能更加理性，这种不理性就有可能减少。公共部门应该对虽未任职但支付给他们薪水的公众代表负责，应该根据实现群体目标的需要而不是“轮到布洛格”来决定晋升，应该更多地削减雇员特别是高级管理人员，应该向媒体和公众公开群体运作过程。

私企无疑也存在群体的不理性，只是据我所知，对此还没有像查普曼的书这样详尽的记录。一份企业选址管理指南清楚地表明，董事们的行为也许是基于自己的最大利益，而不是企业的最大利益。有人可能会觉得，选择企业办公场所时，董事们会考虑单位面积的租金、交通的便利性、原材料的供应（制造型企业）以及招到合适员工的概率等。事实上完全不是。一家公司搬到诺丁汉，是因为众所周知这里单位面积范围内的金发美女比其他地方更多。另一家公司选址的重要考虑因素是高尔夫俱乐部的排队入会名单有多长。还有一家公司，他们派出一个团队去寻找办公场所，不仅让这个团队找到一个临河小镇，还让他们数河上天鹅的数量。

还有一种同样令人不满的权力滥用行为被越来越多地曝光，即管理层试图说服工人接受相当于或略高于生活成本涨幅的涨薪幅度，却给自己大幅加薪。根据英国管理学会的数据，1990 年英国公司高管平均加薪 22.7%。很多高管的涨薪幅度远高于此，例如，英国大型保险公司保诚集团（Prudential）首席执行官米克·纽马奇（Mick Newmarch）涨薪 43%，年薪超过了 50 万英镑。保诚集团在他的管理下并不是很景气，甚至不得不在亏损 3.4 亿英镑的情况下卖掉刚刚收购的所有房地产代理公司，导致客户的保单分红 50 年来首次下降。纽马奇的涨薪幅度虽然被曝光并得到了一些公众关注，但跟一些人比起来还是不值一提。伊恩·麦克劳林（Ian MacLaurin）那年涨薪 330%，年薪几乎达到了 150 万英镑。有人可能以为，如果考虑他们对公司的贡献，这样的涨薪是合理的，但并没有证据能够支持这种说法。事实上，在麦克劳林涨薪的前一年，他的公司特易购（Tesco）刚刚下调了资产回报率。从高管个人的角度来看，极度自私的行为并非完全不理性，虽然这必定会损害他们与雇员的关系。高管们的贪婪导致了公司整体的不理性，公司的组织结构竟然纵容这样的自私行为存在。根据董事们的表现来决定他们的涨薪，或是必须经由所有股东邮寄投票决定是否涨薪，才更加合理。

我们很难说大多数要约收购的动机到底是什么，不过不少收购似乎都受到高管们野心的影响。可以肯定的是，进行收购的公司股票几乎都会下跌。有研究发现，这些公司在收购完成后的 4 年里都严重亏损，平均要 8 年时间才能开始盈利。一个尤为不理性的例子是 20 世纪 60 年代末期斯塔维利工业公司（Staveley Industries）的一次收购，他们收购了亏损严重的克雷文兄弟公司（Craven Brothers）——一家主要从事蒸汽机配件生产的公司，而蒸汽机在当时就已经不多见了。

这样的收购意味着拒绝面对现实，我们将在第 9 章和第 10 章展开论述其原因。这里有必要再举几个有关工业部门非理性的例子。汀普莱斯（Dimplex）是一家专业生产蓄热电暖气和油汀暖气片的公司。1974 年的石油危机导致电力成本在 4 年间翻了一倍，人们转而用更便宜的燃料取暖，主要是煤炭和天然气。汀普莱斯没有努力开发其他产品类型，而是继续集中生产电暖设备。公司董事长无视现状，1975 年还在宣称："电力将成为家庭的主要能源。"即使到了 1977 年，他也将公司前半年打破纪录的亏损归因于消费者没有"认识到电力取暖比其他燃料取暖有更多优势"。几个月以后，公司便换人接管了。

另一个不理性地固守传统的例子是费兰蒂公司（Ferranti）的变压器部门。费兰蒂公司起步于生产高压变压器，塞巴斯蒂安·德·费兰蒂（Sebastian de Ferranti）和巴兹尔·德·费兰蒂（Basil de Ferranti）占据了三个高管职位中的两个。可能出于情感原因，他们不愿意出售或关停变压器部门。由于变压器行业生产力过剩，对变压器的需求被高估，加上日本人在世界市场上的售价比费兰蒂公司更低，该公司变压器生产仅在 1974 年一年时间就亏损了 150 万英镑。当时整家公司都处于危机之中，凭借政府注资的 2000 多万英镑才得以生存。最终，费兰蒂公司在 1978 年淘汰了变压器业务，不过为时已晚。《财富》（*Fortune*）杂志开展的一项研究发现，超过 50% 的美国商人认为遵循传统比赚取利润更重要。在汀普莱斯和费兰蒂的例子中，遵循传统可能是最简单的做法，却不是最明智的做法。世道总是在变的。

很多企业，特别是小企业，非常不理性的地方在于没有进行财务管控，即记录企业特定部门的投入和产出。例如，出售家具和地毯的金钟道折扣仓库（Queensway Discount Warehouses）在 1976 年开始亏损，但由于没有好好管理财务，以至于根本无法在它的 27 个部门中找出哪些在盈利、哪些在亏钱。

最后再举两个不理性到了令人难以置信程度的例子。灾难救援有限公司（R. F. D. Group Ltd）是一家生产降落伞等救生设备的企业，这家公司决定把工厂从贝尔法斯特搬到纽卡斯尔，却忽视了大部分熟练的技术工人不愿意离开阿尔斯特地区的事实，结果导致工厂产能最多只能达到原来的 1/3。最后一个例子是一个家具企业的维修部门在诺里奇，而生产部门在邓迪，连换灯泡都得从诺里奇派车去邓迪。这两个例子表明管理者应该有些地理概念，然而即便他们有，可能也无法消除他们根深蒂固的非理性思维。

在讨论私企时，我只能举出少数几个不理性的例子。据我所知，还没有人像查普曼描述文官部门分支机构那样详实地记录私企行为的。不过似乎可以肯定的是，对商人抱有的期望往往是不切实际的——美国 3/4 的小企业在成立 4 年内就会破产，要么是运气不好，要么是管理不善。

从事任何职业的人都会有不理性行为，但财务顾问的不理性程度只有其客户才能与之匹敌。显然，大多数投资者都不会觉得自已无能，戴维·德瑞曼（David Dreman）的畅销书《逆向投资策略》（*Contrarian Investment Strategy*）详细描述了这种无能，接下来的论述大多引自这本书。有几十项独立研究证明，即使不扣除股票顾问收取的其他费用，他们的业绩通常也会比市场表现更差。养老基金、单位信托[1]和保险公司的金融顾问也是如此。他们绩效不好的主要原因可能是盲目跟风，而没有进行市场预测。他们在价高时买入，在价低时卖出。至于他们可怜的客户，在决定买什么时，与其听他们这些会亏钱的建议买入单位信托，还不如在证券交易所的挂牌名单上随便扎一根大头钉来选择。还有几个例子能证明这个观点。1970年，在纽约一个2000位机构投资者参加的大会上，投资者们选出的最喜欢的股票是全美学生营销公司（National Student Marketing）的，即当时最流行的股票。在6个月的时间里，这只股票价格从120美元跌到了13美元。第二年，这些投资者再次证明了自己的专业能力，选择航空业为下一年度表现最好的行业，而在市场整体上涨时，航空业的股票跌了50%。

预测股票未来价格主要有两种方法。第一种方法是投资分析师通过把企业运营分解成各个独立的部分来判断企业的前景，这种方法听起来很合理。例如，在分析一家保险公司时，他可能会分别分析人寿保险、车辆保险、住房保险和财产保险等领域的收益和近期增长情况，也可能会按照保险公司所在地区来进一步分解。他需要的一些信息也许管理层不会公开，而

1 亦称“单位投资信托”，信托企业向委托人发行“分单位信托券”，集合众多委托人的资金，投资于多种有价证券的一种信托服务。

管理层公开的很多信息可能并不准确。他还得考虑竞争公司的前景，然后把所有获得的信息再组合起来。然而，组合信息几乎是一项不可能完成的任务，原因有三。首先是人类思维的局限——不能通过海量信息系统地得出正确的结论，分析师会面临信息过载的问题。其次是将在第 19 章中阐述的原因，即分析师不知道如何正确地组合信息。最后，运气在很大程度上也决定了一家企业的命运，我们无法排除这样的现象：无论一家公司多么高效，也会因罢工或总体的经济衰退而表现低迷。无论出于什么原因，使用这种方法的财务顾问的表现都不及市场本身。在 1974 年的一次实验中，36 位投资顾问被要求分别选出自己最看好的 5 只股票时几乎达成了共识。在分析他们最看好的 10 只股票在 1972 ～ 1973 年的走势时却发现，这 5 只股票的跌幅比市场整体跌幅的平均值还要高出 27%。

预测股票未来价格的第二种方法是“图表分析”(chartism)。图表分析可以用于整个股票市场，也可以用于单只股票。股票历史价格形成散点图，分析师从中寻找趋势。他需要找到类似上涨或下跌的“主要趋势”，忽略小的波动。然而遗憾的是，对于图表派来说，数学分析已经证实股票价格的变化是完全随机的，不可能靠历史记录来预测。这个结论劝退了一些图表师，但还有不少人还在坚持做这样的无用功。

公众和有钱的大企业已经知道投资分析师一无是处，为什么仍然根据他们的建议来投资，这实在令人费解。这就像一个医生收了钱，开的药还不如病人随便找一种药来吃。投资分析师与公务员和商人的区别在于，公务员和商人本身的自私和不理性导致了群体的不理性，而投资分析师则是因为随波逐流而失败。他们买入人人在追的股票，卖出无人问津的股票，于是总是棋差一着。

第 6 章　一致性的驱动效应

> 人们不愿意接受他人既有优点也有缺点的可能，而试图把他们看成一个一致的整体。

人们常常会罔顾事实，来维护观点的一致性。上文讨论过的光环效应就是一个例子。如果一个人有某些明显的（可得的）优点，他的其他特征看起来也会更好。在别人眼中，这个人的其他特征被扭曲了，以便和那个值得尊重的优点保持一致。人们不愿意接受他人既有优点也有缺点的可能，而试图把他们看成一致的整体。

即便一个人把其他人或其他对象视为“哪里都好”或“哪里都坏”并没有任何好处，光环效应也依然存在。当然，如果一个人的投入很大，这种寻找一致性的驱动效应就会更加明显。如果一对夫妻正在找房子，他们当然会看几套喜欢的，但更有可能会看几套能买得起的。他们会在每套房子里发现自己喜欢的部分，例如设备齐全的厨房；也会发现自己不喜欢的部分，例如狭小拥挤的餐厅。他们对一套房子某个方面的判断，肯定会受到对其他方面态度的影响（光环效应），大概率也会受到第一印象的影响。最后，经过艰难的思想斗争，他们会选择买下其中一套。找房子要花时间和精力，买房子要花很多钱。为了不感到自己很愚蠢，他们必须给自己的决定找到正当理由。所以买下房子以后，他们往往会夸大之前看到的优点，而尽量不提它的缺点。设备齐全的厨房就是理想的厨房，而狭小拥挤的餐厅现在看起来也变得温馨舒适。拔高这个房子的优点，一部分原因就在于一致性的驱动。大部分人都觉得自己做了理性的决定，特别是在他们曾为此事深思熟虑过的情况下。房子越好，就代表决定越理性。然而，可能还有另一个动机在起作用：如果花错了一大笔钱，会使人非常沮丧，所以买房子的人会无意识地安慰自己做了正确的选择。这当然是不理性的，因为买下一套房子不会让房子本身变得更好或更糟，虽然主观上的确让买房这件事变得更称心。

这些已做出的决定导致的不理性思维已被多次证明，这里举两个例子。实验者给十几岁的女孩看几张唱片，要求她们给每张唱片打分以表示喜爱程度，选出其中比较喜欢的两张，通过再次打分来选择哪一张会成为自己即将收到的礼物。从结果来看，在第二次打分中，她们最终选择的那张唱片得分变得比第一次打分更高，而拒绝的那张得分则比之前更低。

第二个研究来自现实生活。在管理课程将要结束时，学生们参观了他们可能就职的企业，并对最具吸引力的三个可能的工作机会打分。在这一过程中，这些最具吸引力的工作在得分上没有太大差别。等到学生们已经决定选择哪份工作，但还没有入职时，让他们再次打分。最终选择的工作变得比之前更具吸引力，而拒绝的工作的吸引力则显著降低。因为已经做出了决定，这些学生就必须向自己证明这个决定的合理性：没有人喜欢犯错。这两个研究都进一步证明了这种非理性的存在。对于任何没有得到或者得不到的东西，我们都会降低自己对它的评价。这就是更广为人知的“酸葡萄效应”。

虽然通常的发现是，在做出决定之后被选事物的吸引力才会增加，但有证据表明在决定过程中也存在同样的非理性。一些澳大利亚女学生们自愿成为一项实验的受试者，实验是关于令人不适的刺激对思维表现的影响。这些学生要在吃一种很难吃的东西和听一种很难听的噪声之间做出选择。实验者告诉她们这两种刺激都会产生晕眩、头疼和恶心等短期不适反应，并要求她们对每种刺激的不适程度打分。随后，实验者告知其中一组学生在选择前会收到更多关于难吃的东西和噪声可能产生的影响的信息，而不告知另一组学生更多信息。几分钟之后，这些学生再次对两个选项的不适程度打分。得到额外信息的那组学生给出的分数没有变化，没有得到信息的学生给出的分数则发生了巨大的变化：她们最初给两个选项的打分没有多大差别，现在却觉得原本只是略好的那个选项变得更好。实际上，这些受试者随后都选择了分值升高的那个选项，但实验者并没有真的让她们吃难吃的东西或者听难听的噪声，这让她们松了一口气。这个实验表明，在某些情况下，人们在做出决定之前就会提高对某个选项的满意度。这个过程不仅会帮助他们做出艰难的决定，还会帮助他们说服自己：你做出的决定是正确的。

刚买了新车的人可能会吹嘘它的加速能力、机动性和油耗。这种吹嘘通常是一种没有把握的表现。他在试图说服谁呢？心理学家布鲁诺·贝特尔海姆（Bruno Bettelheim）注意到了一种强化某个决定的极端形式。在纳粹集中营里，一些囚犯会担任看守。他们接受了看守令人发指的价值观，穿上破烂的盖世太保[1]制服，模仿他们的行为，甚至帮助他们折磨自己的同伴。他们也许是放弃了所有抵抗的希望，完全遵从这个决定并强化对自身决定的信心，于是开始接受看守的价值观。

人们在做出决定之后感到后悔而不是满意的情况有两种。第一种情况是，有研究者发现，人们在做出决定后的短时间内可能会后悔，质疑决定的正确性。然而，他们接着就会开始高估自己的决定带来的好处，以此来说服自己。第二种情况是，某个决定造成的后果比预想糟糕太多，无法遮掩过去。买房子的人准备搬进去时，发现他未来的家需要一个新屋顶，老屋顶

1 德语 Geheime Staatspolizei 缩写 Gestapo 的音译，意即“国家秘密警察”，该组织是德国法西斯进行残暴统治的工具，希特勒曾利用它在德国国内和占领区进行过大规模的恐怖屠杀。

因木材腐烂而千疮百孔，他无法自欺欺人地给房子强加上想象的优点，也无法说明自己的决定是正确的，就有可能会承认错误并为之感到后悔。

当必须推翻一个决定时，人们常常会在大脑中无所不用其极地放大这个决定的糟糕后果。据我所知，还没有人对此开展过实验研究，但贾尼斯（I. L. Janis）和曼（L. Mann）从詹姆斯·鲍斯韦尔（James Boswell）的日记中找到了一个很好的例子。1792 年，鲍斯韦尔开始与年轻漂亮的女招待路易莎有染。他疯狂地爱上了她，并且忠诚于她，不再像往常一样与爱慕他的人随意发生性关系。他的朋友们不相信路易莎真的像他描述得那样完美。6 个月后，鲍斯韦尔发现自己染上了淋病。路易莎辩解道，她确实曾得过这种病，不过那是遇到他之前很久的事情了，后来已经完全康复了。鲍斯韦尔拒绝相信她，说她是“撒谎的妓女”。他对她的爱变成了恨，辱骂她并离开了她。为了证明“推翻自己错得离谱的决定或态度”是合理的，人们不惜用最难听的词来描述其后果。

另一个策略是直接忘记过去，或远离任何让人想起过去的东西。曾经的恋人会烧掉彼此的照片，很多被配偶抛弃的人无法忍受继续住在一起住过的那间房子里，因为有太多东西让他们想起过去，如电影《南太平洋》（*South Pacific*）中的台词所写的一样：“我要把那个男人从我的头发上洗掉。”抹黑过去显然是一种扭曲事实的不理性行为，而努力忘记过去似乎是一种完全理性的应对方式，除非这种忘记阻碍了你从中吸取教训、不会像大多数人一样重蹈覆辙。

与改变态度相反的做法，是让态度逐渐变得更加极端。人们常常会不知不觉地采取一系列行动，却始终没有停下来做出清醒的决定。很多罪犯都是从轻微犯罪开始逐步升级，最后发展到持械抢劫或谋杀。他们开始犯罪的时候，可能也会被谋杀的想法吓到，但随着犯下的罪行越来越严重，在任何一个时间点上，他们的行为和态度都与上一秒保持基本一致。我们的很多行为都受制于这种不理性的陷落。一个女人买了一个品牌的香水，也许只是因为第一次尝试时心情很好，于是恰好喜欢上了它，买这种香水就变成一种习惯，她不会再去尝试其他品牌并进行比较。

保险推销员则会利用这种人性缺陷，使用“登门槛”（foot-in-the-door）[1]的推销技巧。一旦门打开了，他们就会极力讨好，让房主允许他们进门。成功进门后，他们就会开始介绍保险的种种好处，了解房主的个人情况，然后“惊喜地”发现他们正好有一款为房主量身定制的非常划算的保险。这些不露痕迹的手段，很可能会使得倒霉的房主最后买下一款他不需要也负担不起的保险。除了“登门槛”效应，这个非理性案例还有另一个发挥了更大作用的因素，那就是隐藏着人类大多数非理性行为背后的“尴尬”。房主可能错误地想到这个保险推销

1 指在提出难以被接受的较大要求之前，先提出容易被接受的较小要求，从而诱使个体依从较大要求做出态度或行为改变。

员需要谋生，他已经花了大量的时间，如果还是卖不出去的话会很沮丧，无论如何他看起来是个不错的人。不过一致性依然在起作用：已经开始行动的人，可能会觉得必须继续下去才能证明自己最初的决定是正确的。

有几个实验记录了如何运用“登门槛”效应有效地说服人们去做自己原本可能不会做的事。在一项研究中，实验者请加利福尼亚州的家庭主妇在她们的房子外面竖起一个写着“安全驾驶”的小牌子。几乎所有人都同意了。随后，实验者询问她们和另一组之前没有参加实验的家庭主妇是否同意放一块巨大且难看的“安全驾驶”的牌子。同意放第一块牌子的主妇中，3/4 的人都同意了第二个请求。没有参加第一次实验的主妇中，只有 1/6 允许自己的房子因为这块可怕的牌子变得难看。

在人类历史上，性诱惑可能是最古老但至今仍然最常见的堕落形式。如果双方都享受其中的话，性诱惑是完全理性的。如果是一方被另一方诱导，一步步去做一些起初不愿意去做、事后又会后悔的事，显然是不理性的。

俗话说，得不到的东西最诱人。事实证明这话没错，不过得有人自愿选择承受得到它的艰难过程。在一项贴近现实生活的实验中，实验者询问女性是否愿意参加一个性心理学的讨论。实验者告诉一组女性，为了克服各种害羞的感觉，她们必须先阅读淫秽的文字和对性行为的色情描写，适应这种可能会引起不适的体验。第二组女性则不需要经历这种奇怪的“启蒙仪式”。每次讨论都有伪装受试者的参与，她们会用漫无目的的、保守的、有点让人感到无聊的方式讨论动物的性行为。在听完这些无聊的对话之后，实验者会要求真正的受试者评价这次毫无价值的讨论。与没经历过“启蒙仪式”的女性相比，经历过的女性会觉得这次讨论有趣得多。

在一个更有说服力的研究中，实验者邀请体重超重的女性尝试一种新的减肥疗法，要求她们做各种令人不舒服的事，例如一边录下她们大声朗读童谣的声音，一边回放给她们听。这个过程会使她们结巴和犹豫，很难继续读下去。半数的受试者经历了 5 轮实验，每轮一个小时。另外半数的受试者同样经历了 5 轮，但每轮只有几分钟。一年以后再次测量她们的体重时，第一组付出了更多努力的女性平均减重 7 斤，而第二组只减重 0.3 斤。这种疗法当然是完全没用的，与减重没有任何关系，但付出了更多努力的那一组女性，必须证明自己的努力没有白费，因此会继续坚持减肥。

另一种非理性行为更加极端。为做一件事而有所牺牲（比如金钱、时间或精力）的人，往往会继续做下去，哪怕继续的结果是失大于得，他们也在所不惜。几乎每个人都曾花钱看过烂电影或烂戏剧。人们常常宁愿忍受无聊的折磨，哪怕表演烂到家了，也不愿意中途离开。因此，他们不理性地付出了双重代价，第一重是花了钱，第二重是毫无必要地忍受了一两个小时的无聊。对他们来说，更理性的做法是离开，这样就只需要承受金钱的损失。

这个案例与我们讨论过的其他案例都有所不同，也令人更加不解。即便无法自欺欺人地认为“继续观看的决定是正确的”，人们依然可能会继续观看无聊的表演。他们决心要“值回票价”，这种有意或无意地拒绝止损同样是一种常见的非理性行为。人们不会卖出已经下跌、没有前景的股票，因为那样做会亏钱，哪怕显然继续持有这些股票会亏更多，还不如接受损失而把钱投到别的地方。将军们在自己的战略明显徒劳的情况下也会坚持到底，因此臭名远扬。在第一次世界大战中，凡尔登战役导致了 80 万人死亡，很明显在堑壕战中直接攻击注定会失败，而且攻击方的伤亡会远大于防御方。索姆河战役中，即使前几个小时已经有 57 000 人阵亡，黑格将军依然坚持继续攻击防御设施完备的德军阵地，导致部队伤亡惨重。当然，在这个例子中，受苦的不是黑格将军，而是他的部下。参议员登顿（Senator Denton）在敦促美国参议院继续一项显然不可行的航道工程时说：“终止一项已经投入了 11 亿美元的工程是不合情理的，意味着我们把纳税人的钱花错了地方。”他不愿叫停一项已经投入大量资金的工程，但没有看到，继续这项工程是在更不合情理地浪费金钱。

拒绝放弃一项已经投入了金钱的无用项目，被称为“沉没成本错误”（sunk cost error），即一致性效应的一种极端形式。人们只是不愿承认自己一开始就不应该花那些钱，所以继续投入金钱和精力，不切实际地希望能扭转局面，哪怕这么做显然徒劳无益。在后面的章节中我们将会讨论，产生非理性的最根本原因之一，即我们不愿承认自己的错误，哪怕是只对自己承认。

沉没成本错误还有另一种有趣的表现形式，也有充分的实验记录证明。假设你去剧院看一场戏，到剧院时发现票丢了。你可怜兮兮地恳求检票员，但这位严格的检票员拒绝让你进去。不过因为剧院没有坐满，她提出可以原价再卖给你一张票，票价是 15 英镑。你算了一下，如果再买一张票，等于这场戏花了 30 英镑。你觉得不值，就回家了。实验表明，大多数人都会这么推理，但他们都错了。你已经损失了一开始买票的钱，做什么都无法弥补。因此，在对这场戏好看程度的预期没有改变的情况下，你如果最初花 15 英镑买了票，就会愿意用同样的价格再买一张票。问问自己，如果弄丢的票值 20 英镑，你会不会因此而不再买票。

我们会犯类似沉没成本错误这样的错误，是因为没有认识到过去已经过去，不再重要，未来的得失才更加重要。如果此刻继续一项活动会有损失，不管已经投入了多少，都应该停止。如果此刻开始一项活动会有收益（看到想看的戏剧），就不应该为已经损失了部分投入（丢掉的票）犹豫不决。所有的决定都应该完全基于当下的情况，要着眼未来、忽略过去，除非我们能从过去中吸取教训。我们应该从上面的两个例子中学到两点：一是不要买不好看的戏剧的票，二是把票放在安全的地方，不要放在厨房水槽边。

我们可以认为，上面两种错误都源自一致性效应：在沉没成本错误中，是开始一个活动和继续这个活动的一致性；在它的另一种表现形式中，是停止一个活动和不投入更多金钱或精力的一致性。

非理性还有一种几乎普遍存在的相关形式。假设一个人用每瓶 6 英镑的价格买了几箱干红葡萄酒，5 年后发现价格飞涨，售价高达每瓶 60 英镑。更进一步，假设他的原则是永远不要自己花钱买一瓶超过 10 英镑的酒。看起来，这个人合乎逻辑的做法是卖掉涨价的酒，因为每打开一瓶就意味着他损失了 60 英镑（或者每喝一杯就损失 2 英镑）。然而，事实上，还是有很多人不会卖。他们会告诉自己每瓶酒的成本是当初支付的 6 英镑，尽管喝掉的它们实际要花费现在卖掉它们会得到的钱。这种奇怪的错误在日常生活中随处可见。如果打碎了一个价值 1000 英镑的古董花瓶，但多年前买的时候只花了 1 英镑，人们就没有那么沮丧。然而从货币价值来看，花瓶当下的价值是不变的，都是 1000 英镑。我们很难理解这种非理性，也许是因为为一个商品支付的钱比卖掉它能够得到的钱更具可得性。

还有一种一致性效应的常见现象。人们在被煽动去做令人讨厌或不道德的事时，除非因为这种行为得到了足够多的奖赏，否则他们一定会想出一个理由来说服自己。在一项最早揭示这种现象的研究中，受试者被要求花 20 分钟一排接一排地转动钉子，完成这项乏味的、毫无意义的任务之后，还要告诉下一名受试者（伪装受试者）实验任务非常有趣，鼓励他们参加。作为撒谎的回报，实验者会给一组受试者 1 美元，给另一组受试者 20 美元。所有的受试者都同意撒谎。实验结束后，实验者让他们评价实验任务的有趣程度。得到小额奖励的人给出的评价比得到大额奖励的人要高得多。假设得到 20 美元的人觉得 20 美元已经足以让他们撒一个相当卑鄙的谎，得到 1 美元的人不会这么觉得，因此，他们只能告诉自己实验任务没有实际上那么无聊，以此来减轻说谎的不适感。

在一项后续实验中，伪装受试者拒绝参加实验任务，受试者的谎言并没有发挥作用。结果，不管得到的奖励金额是多是少，受试者对实验无聊程度的打分都是相近的。得到小额奖励的受试者得以为自己开脱，因为他们的谎言没有奏效，也就没有必要把任务的无聊程度说得太轻。有研究表明，如果人们觉得他们别无选择只好撒谎，这种一致性效应就会消失。如果人们被告知撒谎是实验的一部分，他们自愿成为受试者，要对实验负责而必须撒谎，他们对实验无聊程度的评价就不会降低。你如果是被迫做某事，就不需要为这件事找理由。

可以说，这些实验中的受试者并没有被骗，只是不愿让别人觉得自己很愚蠢，才把实验任务的无聊程度评价得很低。有不少研究检验了这种可能性，其中很多研究都用到了“虚拟感应器”（bogus pipeline）这种巧妙装置。实验者在受试者头上贴上电极片，声称会记录下他们的脑电波，且这种记录方式比测谎仪更加准确，一定能看出他们是否说谎。受试者当然还是美国大学生，他们如此不理性地信任着自己的教授，以至于都被这种伎俩哄骗了。不过在大多数实验中，得到小额奖励的人还是比得到大额奖励的人对无聊体验的评价更高，但差异并不显著。这表明了受试者不但骗了自己，也会对实验者撒谎，以此来为自己找理由。

启　示

1. 谨防夸大你所做选择的结果，特别是当这个选择已经花费了你大量的时间、精力或金钱的时候。
2. 不要一步一步地接受你起初并不赞成的观点或行为。
3. 无论你在一个项目上已经投入了多少时间、精力或金钱，如果追加投入没有好处，就要及时止损。
4. 按照一个活动或一件物品此时此刻的价值来判断它的价格，不要管过去。
5. 如果被说服去做令人讨厌的事，不要为了给自己找理由，而降低它的不愉快程度。
6. 永远别让保险推销员站在你家门口。

第 7 章　奖惩的滥用

人们对外部奖励和惩罚的反应并不简单。除非奖惩措施能够永远延续，否则试图通过奖惩来控制一个人的行为的想法是既愚蠢又不理性的。

在上一章的最后，我们证明了因采取令人不愉快的行动而得到微不足道的奖励，或者没有奖励，会使这个行动看起来并不像实际上那么令人讨厌。有人会问，那么大额奖励会对我们关于令人愉快的任务的看法产生什么影响？答案很明确：会贬低该任务在执行任务的人眼中的价值。实验者在幼儿园中挑选一部分对画画表现出兴趣的孩子作为两组受试者，为他们提供同样的文具，鼓励他们画画，对一组孩子说画得好会得到闪亮的证书，而另一组则没有奖励。两周过后，实验者又给孩子们同样的材料，告诉他们可以自己决定要不要画画。得到证书的孩子们画画的兴趣明显减少，另一组孩子则跟之前差别不大。想必孩子们是觉得，如果需要奖励来让他们参与，那么画画本身就没多大意思。

这种实验重复开展了多次，实验对象有孩子也有成年人，实验任务多种多样，从猜谜到担任志愿教师，而实验结果都是一样的。这里举一个来自现实生活情境的例子。8 个学生被分成两组轮流为大学报纸撰写头条新闻，实验者用 12 周时间观察他们的工作。第一组学生每写一个头条就得到 0.5 美元，第二组学生则没有报酬。在实验观察的最后几周，没有报酬的那一组学生写的新闻数量比第一组更多，也比他们自己在前几周写的更多。得到报酬的那一组学生没能表现得更好，可能是金钱奖励贬低了这项工作在他们心中的价值。在另一项研究中，实验者问 1200 位成年人是否愿意在献血车上献血。在不给予金钱奖励的前提下同意献血的人数，比给予 10 美元奖励前提下同意献血的人数多得多。这些发现表明，奖励会贬低任何值得做的活动本身的价值，不仅仅是令人愉快的活动。

也有研究关注奖励对令人不愉快的活动的影响。这类研究大多会使用“代币经济”（token economy）：在一些精神病院和其他类似机构中，医生有时会给表现良好的住院病人发放代币，例如当他们穿着得体、牙齿清洁、吃饭规矩时。代币可以兑换特权，例如看电视或跟护士聊天。这种代币常常能够改善病患的行为，但当他们离开机构、不再有奖励时，行为就会回到原先的状态，并没有变得比机构中没有获得代币奖励的病人更好。

这些实验引出了关于奖励作用的一些根本问题。心理学家和普罗大众都会这样假设：如果希望让人做某事，奖励是最好的方式，无论是给予表扬、糖果还是金钱。从短期来看，这可能没错。事实上，实验一再证明，至少在本身就令人愉快的活动中，获得奖励的人在奖励机制退出之后的表现不如从未获得奖励的人。这个结论与动机心理学理论相悖，后者认为，如果因某项活动而得到奖励，人们就会有更强的意愿参与其中，最终达到没有奖励时也会自主参与的状态。很多心理学的门外汉也有同样的错误想法。

在审视日常生活中奖励措施的非理性使用之前，有必要预先声明：心理学家开展的几乎所有实验都使用了与实验任务本身没有直接联系的奖励，例如金钱或证书。然而，在进行很多学习任务时，有必要让学生知道他哪里做对了、哪里做错了，这种反馈通常来自未经人为干预的环境因素，技术术语被称为“结果获悉”（knowledge of results）。例如，没有人会专门去学怎么扔飞镖，但人们会本能地以某种方式测量自己扔飞镖的力度，观察是扔高了还是扔低了，再相应地调整接下来怎么扔。类似地，一个人在驾驶一辆不熟悉的汽车时，会通过观察汽车被甩离弯道的程度，来确定转弯时的安全速度。

当然，很多技能的结果获悉只能由他人提供，或者如今可以由人写出来的计算机程序提供，例如学习怎么解代数方程时，如果不告诉学生哪里对、哪里错，他们就很难学会。告知对错也会产生两种完全不同的作用，既能够帮助学生知道如何改进自己的表现，也可以理解为对正确做法的表扬和对错误做法的批评，即奖励和惩罚。简而言之，教授一种技能不可能完全脱离奖惩机制。相比较而言，学生如果觉得老师的反馈是在帮助他们改进自己的学习，而不是对他们进行评价，就会学得更好。显然，老师对一项任务的反馈越具体，就越容易被学生视为前一类：具体的反馈比笼统的表扬或批评更有用。

这就引出了一个问题，即在完成这些任务的学生眼中，通过努力学习来让老师或其他任何人满意，是否会贬低学习任务本身的价值。表扬也许确实与金钱等其他奖励形式的作用方式不同，有实验证明，因表现良好而得到表扬不会贬损学习任务本身的价值。表扬与物质奖励相比有两个根本区别。首先，表扬能够内化，即在没有他人在场时，一个人也能因一件事做得好而称赞自己——人们从自己的成就中获得满足感，这很像是一种自我表扬，毕竟没有人会因为完成一个填字游戏就受到表扬或金钱奖励。其次，在很多任务情境中，良好的表现总是会得到朋友、亲属或同事等人的表扬，这类外界的表扬不会像金钱奖励那样随着任务完成突然停止，而是会持续发生。出于这两个原因，表扬可能会产生与其他形式的奖励截然不同的影响。

上面这段有点跑题，但有必要澄清一点：不是所有的奖励手段都会产生反面效果，特别是表扬和内在奖励（自我表扬）。在说明这一点之后，我们才能继续讨论日常生活中不理性使用奖励措施的案例。

物质奖励会降低令人愉快的活动的吸引力，如果停止给予物质奖励，对不那么令人愉快的活动的影响则没有那么大。然而，西方世界的教育和很多其他活动却往往以物质奖励为基础。

针对奖励效果的研究结果质疑了学校里的评分方式。我们应该尽力教育孩子，学习代数或者阅读本身就是很有价值的活动，是帮助他们实现自己人生目标的手段。对世界的好奇和掌控世界的欲望是所有哺乳动物与生俱来的，人类的近亲——猴子和猿类尤甚。做对某件事或感受到某个事物带来的满足感本身就是一种奖励，却总是被行为主义学派忽视。

除表扬之外的外部奖励，对医院、大学和工厂等社会机构都会产生有害影响。大多数公司员工的主要动力都是金钱奖励，不只包括薪资，还包括分红、佣金和计件奖金，这种制度剥夺了工作在员工眼中的趣味。20 世纪 60 年代早期，美国管理学中引入 Y 理论（Theory Y）[1] 时，就有人认识到了这一点。这种理论试图改变工作结构，让员工们因为想要发挥才能、做出良好的表现而产生工作动力。如果可能的话，一份工作的规划与执行应该合二为一，给员工尽可能多的机会参与决策，我

---

1 麦格雷戈 (Douglas McGregor, 1906 — 1964) 提出的一种管理理论。该理论对人性的假设包括：要求工作是人的本性；在正常情况下，人能主动承担责任，实行自我指挥、自我控制；热衷于发挥自己的才能和创造性；大多数人都具有解决组织问题的能力。基于这些假设而提出的管理办法是：为职工安排有意义的工作，鼓励职工参与目标的制定；以启发和诱导来代替命令和服从，用信任代替控制和监督；重视职工的各种需要，并尽可能在实现组织目标过程中予以最大的满足。

们会发现自由选择的行为需要承担的责任比非自由选择的行为更多。遗憾的是，这种管理方式在今天的美国依然十分少见，在英国就更罕见了。这种方式虽然很难甚至不可能被用来组织所有工作，但至少对很多工作是有效的，日本已经有了很多成功案例。这种方式对生产力、效率和士气产生的有益影响也已经在工厂实验中得到了很好的证明，但它依然普遍性地被自满或无知的英国管理者忽视。所有证据都表明，如果想让工人表现良好，就必须让他们为了成就感而工作，传统的“胡萝卜加大棒”模式[1]已经不奏效了。

颁发奖项是人类社会特有的一种奇怪习惯。这里举两个 20 世纪 30 年代的例子，读者也很容易在今天找到它们的影子。一位女校长在晨祷后讲道：“同学们，现在我要宣布一个重要消息。很高兴地告诉大家，西莉亚 · 布拉格沃西获得了年度最长围巾编织奖。大家能一起给她三次振奋的欢呼吗？现在，请西莉亚 · 布拉格沃西上台。”西莉亚红着脸走上讲台，得到一本书作为奖励，却发现她已经有这本书了，或者这本书无聊得根本读不下去。不过无论如何，同学们的欢呼已经使她心满意足。西莉亚的朋友莫妮卡 · 穆恩斯托珀（Monica Moonstopper）是什么感受呢？她织的围巾只比西莉亚的杰作短一厘米多点，如果在测量的时候稍微拽一下，赢的可能就是

1 激励方式中的一种。要使驴子前进，就在它前面放一个胡萝卜并用一根棒子在后面赶它，指同时运用奖励和惩罚两种手段诱使人们做出被要求的行为。

她。她带着满满的嫉妒和失望，躲到卫生间里流泪，错过了上午所有的课。

同时，瑞典国王刚刚给西莉亚的父亲马丁·布拉格沃西教授颁发了科学界最令人梦寐以求的奖项——诺贝尔奖，表彰他“对黑冠蟾蜍的眼睛进行的划时代的研究”。莫妮卡的父亲穆恩斯托珀博士却与奖项失之交臂，他几乎了解普通青蛙眼睛的全部知识，但还是差了一点。在第一次听到消息时，他非常沮丧，扔掉了自己的本生灯[1]。他没办法安慰自己：那一年科研领域选择了蟾蜍而不是青蛙。他痛苦地责怪自己选错了物种。

男校的情况并不比女校好，大部分成年人的机构都是一样。有年度最佳小说奖（更确切说是一组评委认为最佳的小说，其中大多数评委都害怕遭受批评，不敢偏离传统的观点），有最佳新办公建筑奖，年度最佳汽车、最佳戏剧、最佳绘画奖，十几个类别的年度最佳记者奖，年度最富进取精神企业奖，还有年度最佳电影、最佳导演、最佳女演员奖，等等。出于公平起见，还应该颁发年度最佳奖项奖。英国的授勋制度使颁奖制度变得更加复杂，授勋制度不仅有颁奖制度的所有缺点，还会额外地助长趋炎附势的恶习。

上面两个虚构的例子告诉我们，必须区分对获奖者造成的伤害和让其竞争对手产生的失意，两者都是非理性的产物。下

1 德国化学家本生（R.W. Bunsen）的助手为装备海德堡大学化学实验室而发明的用煤气为燃料的加热器具。因其燃烧效率高、产生污染小而多用于实验室中。

一章中的实验证据将会表明，与拥有同等才华却不期待获奖的人相比，努力争取奖项的人更缺乏想象力和灵活性。另外，他们获奖以后通常就不再那么努力工作。没有人研究过诺贝尔奖对于获奖者产生的影响，但在人们印象中，很多诺贝尔奖获得者都有明显的退步，当然在某些情况下必须考虑衰老的因素。一些获奖者变得相当傲慢，转行进入他们完全不能胜任的研究领域；一些获奖者试图解决宏大却没有意义的问题，例如意识的本质；还有一些获奖者投身于宣传维生素 C 包治百病，无论是针对普通感冒还是癌症，都能做到药到病除。遗憾的是，这些例子并不是虚构的。能解释这些现象的可能是，他们觉得获得诺贝尔奖之后，在自己的学科里已经没有什么可做的了。

至于对他们的竞争对手的影响，简直不需要记录。一个人赢，自然会有很多人没有赢。小说家戴维·洛奇（David Lodge）很有发言权，因为他既赢得了惠特布莱德奖小说奖，也担任了布克文学奖的评委。他写道：“奖项终归是不公正或有争议的……今天，某种类型的小说家只要发表小说，就会被公众讨论有可能角逐布克文学奖。因此，如果一本书没有进入获奖短名单，作者就会有挫败感……我个人认为，这种情况给评委和候选人都制造了很多焦虑，实际上是制造了更多的焦虑。”所以，奖项给评委和候选人都带来了痛苦。毫无疑问，西莉亚·布拉格沃西的女校长也一定用了很多个不眠之夜来思考如何衡量围巾的长度。然而，虽然带来了这么多痛苦，奖项和荣誉制度依然未受约束。这种制度是理性的吗？从本书的主题来看，复杂的判断通常都会出错，那么做出更多没那么必要的判断是理性的吗?

我们要区分“授予奖项”和“给予奖励”，前者使人类的不幸雪上加霜，而后者则让一些人能够完成没有奖励就不会去做的有价值的工作。如果觉得应该有一本关于葡萄牙航海历史的权威书籍，那么给有能力并且有需要的作者一笔资助，让他能够参考存放在里斯本或罗德岛的相关手稿，这就很合理。同样，如今的科学研究成本高昂，如果没有研究基金资助机构的支持，能够开展的研究就屈指可数。如第1章所述，由同行来评价一位科学家的研究质量，结果通常会很糟糕，但由于有必要决定谁应该获得资助，我们必须忍受这样糟糕的结果。不过我们不需要依赖奖项，它们百无一用。

如果给予奖励会贬损一个活动对人们的价值，也许有人要问，因做某事而被威胁会遭到惩罚，会不会让人们高估这件事的价值。有充分证据证明，与受到严厉惩罚威胁的孩子相比，在轻微威胁手段诱使下不再捣蛋的孩子，在威胁停止之后也会乖巧很多。还有一些研究考察了孩子们对被禁止玩特定玩具的反应，实验过程中对一些孩子进行轻微惩罚威胁，对另一些孩子进行更严厉的惩罚威胁。结果是，在几乎所有实验中，受到严厉惩罚威胁的孩子对这个玩具的喜爱程度都有所增加。另外，在停止惩罚威胁以后，他们玩这个玩具的时间也会更长。

我们没必要去记录惩罚孩子的行为。不过这里有一个例子，是近年来一位行为心理学家给父母的一些无益的建议："只要稍微动动脑，改变一下手段，就可以解决大多数孩子的睡觉问题。开门关门会有用，开灯或者用上孩子最喜欢的毯子也行。就是说，根据孩子的反应，打开或者关上孩子房间的灯，或者拿走孩子最喜欢的毯子、玩具或泰迪熊，直到他们表现良好为止。"简单地说：

> 狠狠地待你的孩子，
> 打喷嚏就揍他骂他；
> 他知道要这样摆牌子，
> 连谁都要由他怕他。[1]

事实上，针对家庭的研究发现，对孩子的惩罚越少，孩子就会越听话，无论是父母在场的时候还是独处的时候。另外，哭泣时没有人管的孩子，比一哭泣就得到妈妈关心的孩子更爱哭。可以想象，人们（包括孩子）就是这么固执：什么东西越是禁忌，就越想要。不过这一点更有可能的解释是，与对外部奖励做出反应相似的认知因素在起作用。受到轻微惩罚的威胁于是不再做某事的孩子，当威胁停止后还是不会去做，因为这已经成了他的自愿选择。害怕受到严厉惩罚于是不再捣蛋的孩子，会觉得自己的行为受到外部威胁的控制，一旦威胁消失，

1 引自刘易斯·卡罗尔（Lewis Carroll）的《阿丽思漫游奇境记》（*Alice's Adventures in Wonderland*），赵元任译本。

他们就没有理由不继续捣蛋。

这些证据表明，包括年幼的孩子在内，人们对外部奖励和惩罚的反应并不像行为主义者想让我们相信的那样简单。人们会建立自己的内在价值观，这些价值观不受奖惩手段控制，特别是不受与活动本身没有直接联系的奖惩手段的控制。这些价值观的形成是一个复杂而棘手的问题，不过一个人肯定会通过模仿自己尊敬的人的行为来塑造自己的行为。就我们当前讨论的问题而言，只需要记住，除非奖惩措施能够永远延续，否则试图通过奖惩来控制一个人的行为的想法既愚蠢又不理性。

以上两章强调了选择的影响。人们只有在自由决定要采取的行动时，才会更容易接受行为产生的后果；只有在自由地做出选择时，才会更容易满意选择带来的结果。那如果把某件事强加给他们，使他们别无选择，又会怎样？

总的来说，人们更喜欢自己自由选择的事物，而不是强加给他们的事物。一项并不直接涉及奖惩手段的研究，很好地证明了这一效应。研究者向两家公司的员工售卖价值 1 美元的彩票，其中一些员工可以选择自己的彩票号码，另一些则别无选择，只能被动领取彩票。在开奖之前，实验者找到每名受试者，提出要回购彩票。没能自己选择号码的受试者平均要价是 1.96 美元，而自己选择彩票号码的受试者平均要价则是 8.67 美元。实验表明，我们不理性地高估了自己自由选择的事物的价值。

在另一个实验中，实验者给 10 岁左右的孩子发放玩具，允许他们自己挑选并说出各自最想要的玩具。在实验中，实验者会故意说："就是这些玩具。呃，我觉得它们看起来都一样，就给你这个吧。"虽然还是会把他们最想要的那个给他们，但仅仅因为在最后一刻失去了选择的自由，孩子们就算得到了想要的玩具，对它的喜爱程度也会比原先低得多，不如另一组能够真正自由选择的孩子。我们应该重视选择的自由，但仅仅因为一件物品不是自由选择的，就降低对它的评价，这是不理性的。不能自由选择导致事物价值贬损，是人类思维草率性的典型例证。

研究员也针对大学生开展过类似的实验，询问他们最喜欢背诵的诗歌，然后要求半数学生只能背这一首，另外半数则可以改变主意，想背哪首都可以。虽然最后他们都背了自己最喜欢的那首诗，但被允许自己选择的学生积极性更高，对课程的满意度更高，在背诵时的表现也更好。

这些研究得出的结论，对医学界等专业领域都有重要启示。一项有关波士顿医院堕胎女性的研究发现，与自愿选择堕胎的女性相比，被迫堕胎的女性在手术之后患上精神疾病的人数更多。在英国一项关于乳腺癌病患的研究中，一些女性可以与医生进行讨论，自己选择是只切除肿瘤还是切除整个乳房，而另一些女性则由医生代为选择。能够自己选择的女性手术后的焦虑程度和压力程度都更低一些。更令人震惊的是，在 17 位被迫住进养老院的女性中，有 16 位在 10 周内过世；而在

38 位自愿住进养老院的女性中，只有 1 位在 10 周内过世。进入养老院时，她们的健康水平没有很大差别。

正常来说，一个人只有被强迫才会去做不愿做的事。为了保持一致性，人们会相信任何强加的事物肯定都是糟糕的。这么想当然不理性，不过强迫他人顺从也同样不理性，结果通常只会适得其反。

很多读者可能会觉得本章的很多内容过于理想化。遗憾的是，不是所有的工作都能通过重组而变得真正有趣，惩罚的威胁也许是阻止儿童甚至成年人行为不当的唯一方式，如果能否挽救一个病人的生命取决于某种特定的治疗手段，我们就不应该给他们提供其他选项。重要的是要记住，奖励和惩罚都有可能是有害的，而在可能的情况下拥有自由选择的机会是有益的。

1. 如果想让一个人重视一项任务并好好表现，不要提供物质奖励。
2. 如果你是一个管理者，尽可能采取注重参与和平等的管理风格。
3. 如果你想阻止孩子们（几乎也适用于成年人）做某事，试着说服他们，而不是威胁要惩罚他们。
4. 给人们尽可能多的选择自由，特别是在医疗和教育领域。
5. 如果你获得了诺贝尔奖，请拒绝领奖。

第 8 章　内驱力、情绪与压力

强烈情绪会使人忧虑或沉迷，因而无法集中精力进行理性思考或理性决策。

从因为喜爱而过分高估爱人魅力的情人，到因恐惧瘫痪而不敢动弹直到死去的懦夫，每个人都会受强烈的情绪驱动，产生不理性的想法和行为。事实上，情绪很难被定义，而且我们在研究中付出的很多努力也没能使定义变得明晰。大致说来，情绪是一种以特定方式思考和行动的倾向，总是伴随着某些感受。强烈的情绪还会引起生理反应，例如一个人高度兴奋时会心跳加速、口干舌燥。不同的情绪引起的生理反应有多大程度的差异尚有争议，加上有很多没那么典型的边缘案例，相关解释并不能令人满意。害羞是一种情绪吗？好奇是一种情绪吗？我们为什么不把饿和渴也称为情绪？情绪会导致非理性，是因为性嫉妒、抑郁或悲伤等强烈情绪会使人忧虑或沉迷，因而无法集中精力进行理性思考或理性决策。情绪还会扭曲我们看待世界的方式，比如抑郁会使人对未来过度悲观，而得意则会使人过度乐观，这些情绪和羞于启齿的性嫉妒一样，总是毫无依据。很多情绪都会导致恶性循环：外部事件引发悲观的想法，悲观的想法引发低落的情绪，低落的情绪又反过来引发更加悲观的想法。这种恶性循环很常见，不过在讨论由强烈情绪引起的与直觉相悖的影响之前，有必要先讨论一下内驱力。我使用的“内驱力”一词，指代促使我们追求特定目标的内在状态，比如饥饿、野心和贪婪。

即使对同一个人，内驱力的影响也不同。如果我们刚吃了 10 个奶油小面包，无论发现多好吃的牛排，也不太可能再想吃了。另外，内驱力会因为实现特定目标的期待得以加强，也就是我们所说的激励。看到食物会加剧我们的饥饿，遇到合适的伴侣则会激发我们潜伏的性欲。出于道德层面的考虑，我们不方便在实验中激发强烈的情绪，所以我们将要讨论的实验大多是关于内驱力的。这些实验通过调整激励（主要是金钱奖励）的大小来操纵内驱力的强度。我们将会看到，高内驱力、强烈情绪和压力都会对理性产生同样显著的影响。

上一章已经证明，为一个活动提供大额奖励会贬损该活动在活动主体心中的价值，停止奖励之后，活动主体大多会选择退出活动。现在我们来看看期待获得奖励的内驱力对一个人在任务中表现的影响。行为主义者斯金纳（B. F. Skinner）的一小部分追随者们天真地相信，奖励越大，表现就越好。在关于这个问题的一项早期实验中，实验者给 8 岁的孩子看 100 组照片，告诉他们每组照片中都出现了男孩比尔，只是服装和姿势不同，然后问孩子们照片中的哪个人是比尔。实验者每次都会告诉受试者是否答对。一组孩子每答对一次会得到 0.50 美元，另一组孩子得到 0.01 美元，第三组孩子则没有任何金钱激励。没有获得奖励的孩子表现得比获得奖励的两组都要好，而获得高奖励的孩子表现得比获得低奖励的孩子略差。这类实验重复进行过多次，实验对象有儿童也有成年人，实验任务从解谜到写论文各不相同，但实验结果都是一样的。总的来说，激励越高，表现越差，尽管在直觉上，我们可能以为激励越大，人们就会越努力，表现也会越好。这到底是怎么回事？

事实上，奖励对非常简单的任务确实有效，对困难的任务却适得其反。有研究发现，获得奖励的受试者学会 common（普通）或 fall（秋天）等简单词语的速度，比没有获得奖励的受试者要快，而在学 vignette（插图）或 elegy（挽歌）等难度大的词语时，准确性和速度却不如没有获得奖励的受试者。

另一个实验进一步说明了奖励的效果。实验者让受试者回答以下问题："如果你有 3 个空水罐，容量分别是 21 夸脱、127 夸脱和 3 夸脱，只用这些水罐，怎么得到 100 夸脱的水？"答案非常明显：用装满 127 夸脱的水罐去倒满 21 夸脱的水罐，再两次倒满 3 夸脱的水罐，这时候最大的水罐里就剩下 100 夸脱的水。实验给出了一系列类似问题，答案都是用装满的最大的水罐去倒满较小的水罐，再两次倒满最小的水罐。此时获得金钱奖励的受试者与没有任何奖励的受试者表现相当。那么现在关键时刻来了：当在这之后，情况变为只需要用到两个水罐而不需要用到第三个时，得到奖励的受试者反而比没有得到奖励的受试者表现糟糕得多。例如用容量分别是 26 夸脱、100 夸脱和 5 夸脱的水罐得到 52 夸脱的水，只需要两次装满 26 夸脱的水罐，倒到 100 夸脱的水罐里就可以了。这里，表现糟糕的原因是，一个人如果过于努力，就会继续做心里最先想到的事。这种情况下，受试者不停地试图用他们从前面的问题中学到的技巧来解决这个问题，而很难想到解决新问题的新方法。

再举一个日常生活中很常见的过于努力的例子。有人丢了一个钱包，里面有 100 英镑、驾照和他所有的信用卡等。他会失去理智，会在他最先想到的最有可能丢掉钱包的地方反反复复地找来找去。他发疯一样地找，却没有停下来仔细回想最后一次看见钱包到底是什么时候、之后他又去过哪里。对找到钱包的疯狂渴望，使他不可能一一检索自己的记忆，而是执着于最先想到的几个地方。

有研究发现，任何强烈的情绪都不利于慎重权衡不同的选择。奖励的鼓舞或惩罚的威胁会形成刻板思维，阻碍人们找到解决手头任务的做法，即使这种做法可能很常规。在一项研究中，实验者要求受试者在 25 个方格组成的 5 × 5 阵列中，通过按动下移按钮“L”或右移按钮“R”，将左上角的方格里的灯移动到右下角，并告诉一组受试者只有按照特定规律按动按钮才会得到金钱奖励，告诉第二组受试者：他们必须找到能够完成任务的正确规律。规律是以任意次序按动 4 次“L”和 4 次“R”（例如 LRLRLRLR 或 LLLLRRRR）。第一组受试者得到奖励之后，实验者问他们规律是什么，他们给出的都是固定答案，例如 LLLLRRRR。第二组则找到了更普遍的正确规律。有人可能会觉得这个实验结果完全在意料之中，因为一组受试者的实验任务是找到规律，而另一组并不是。不过实验还有第二个阶段：要求获得奖励的那组受试者继续任务，直到找到正确规律，但不再给予奖励。在这个阶段，他们的表现依然比第一阶段中的第二组受试者差得多。这个实验表明，在奖励停止之后，奖励导致的僵化行为会继续存在。

除了高内驱力、强烈情绪之外，各种形式的压力也同样会导致思维的僵化。在一项解变位词的实验中，实验者给受试者看一个单词，然后让他们从 6 个单词中找出哪一个是这个单词的变位词。一些受试者处于电击的压力之下，另一些则没有。与没有压力的一组受试者相比，有压力的受试者在 6 个选项中找出正确答案时会错 4 次，他们没有系统地审视所有选项，答错的概率也高了一倍。很多军事指挥官的僵化思维可能就源于压力，我们将在下面两章中再举几个相应的例子。

压力也会影响记忆力，而记忆力与推理能力密切相关。在一项基于现实生活的实验中，战士们登上一架飞机，学习在紧急情况下如何逃生。在飞机飞行过程中，他们被要求回忆学过的指令。其中一组战士的对讲机是打开的，他们能听到机组成员事先排练好的对话，得知由于机械故障必须弃机逃生。与另一组战士相比，这一组战士基本想不起来学了些什么。另一组战士经历了完全相同的程序，只是没有听到驾驶舱里令人恐慌的对话。

压力、奖励、惩罚和强烈的情绪，都会削弱思维的灵活性，导致非理性的行为，对日常生活产生有害影响。例如，如果管理者承诺工人们按件发放奖励，工人们就会牺牲产品质量来增加产品数量。因此，尽管还有一些英国企业仍在这么做，但如今计件工作已经不像过去那么常见。类似观点也适用于教育领域。奖励会使孩子们选择简单的问题，不去思考一般性原则，而是喜欢固定的解题思路，哪怕作为奖品的只是老师的一句表扬。值得表扬的不是解出了问题，而是掌握了解出问题的一般性规律。直到今天，创造力依然没有得到太多重视，其原因也许正如爱德华·德博诺（Edward de Bono）等人鼓吹的那样，我们错误地认为，制造不同寻常但毫无意义的东西的能力就是创造力。事实上，真正的创造力不是想出一块砖头的100种用途，而是解决新问题、总结一般性规律和建构合理的解释性理论的能力；不是在画布上随机泼洒颜料，而是画出一幅能够以这样或那样的方式打动观赏者的画作的能力。

与其他情绪一样，恐惧也会阻碍理性思考，且这种负面影响更加深远。很多觉得自己可能身患重病的人都会尽量拖延着不去看医生，因为他们不想听到最坏的结果。这么做非常愚蠢，除非你坚信大多数医生都会让你的身体变得更糟而不是更好，当然这么想也不是完全不理性。看医生本身并不会让你患上重病，人们推迟就诊的原因也不是对症状严重程度的无知。美国的一项研究发现，在首次注意到症状后的 3 个月里没有看医生的癌症患者占据了 1/3。事实上，与立刻去看医生的病人相比，推迟就诊的病人更加了解这些症状的严重程度。

人们会推迟听到最坏消息的时间，却等不及要抓住自己想要的东西。即使从长远来看，暂时不做，或者换一种能够带来更大的长期收益而不是更小的短期收益的方式，可能会更加有利，但人们总是冲动行事。抽烟、酗酒、暴食、服用成瘾药物，以及在可能传播艾滋病的情况下依然随意发生性行为等，这些都是明证。

这些例子都与生理性的欲望有关。我们越是放纵，下次想克制就越难。不过练习自我控制很大程度上能减少我们在生活各个方面的冲动。如果你勃然大怒，只是因为妻子晚饭做得晚了，或是当今社会更为常见的，因为你做了晚饭而她回家晚了，下次再有类似事件发生时，你会发现你将更加难以遏制怒火。能够自制或是缺乏自控能力都会形成习惯，我将在最后一章中讨论这个话题。

我们的祖先是过一天算一天。他们努力找到足够的食物和水来维持生命，找到配偶来繁衍生育，养育后代并逃避掠食者的攻击。动物解决这些问题的方式不是思考，而是依赖生存本能，例如逃跑或战斗。当然，一些动物也会为将来打算。他们建了窝，挖了洞，或者在春秋季节长途迁徙以寻找更适宜的气候栖息。不过这些活动都是出于本能的，是与生俱来的，而不是有意识规划的结果。只有人类有能力进行长期规划，但我们从动物祖先那里继承来的对即时满足的渴求，常常会让我们无法动用这种规划能力。

在我们生活的这个有道德约束的时代，一个人不应该总是向即时满足妥协，这一点没有必要反复重申。然而，不考虑即时满足对长期收益的价值就轻易放弃它，也很愚蠢。强调这一点可能更加重要。美国已经变成一个受虐狂的国家，人们花几个小时漫无目的地慢跑，除了最难吃的食物之外什么都不享用，其中没有任何理性的享乐主义计算。就血胆固醇而言，没有充分证据证明我们的饮食会影响血胆固醇水平，却有证据（我将随后讨论这些证据）证明降低胆固醇并不会延长寿命：人们最终会死于癌症而不是心脏病。慢跑者死于车祸、心脏病或抢劫事件的概率很高；几乎可以肯定，快走更安全，也更舒适。这种自我惩罚的倾向，就像总想抓住即时的快乐一样不理性。

人们很容易相信是医生让我们都变成了慢跑者，但有关饮食和极端运动的医学文献大多非常谨慎，实验结果被媒体和用所谓的“健康食品”剥削公众的公司扭曲和炒作到耸人听闻的地步。另外，对长生不老的渴望和随之而来的自虐行为，无疑受到了社会风气的巨大影响，就像衬裙和迷你裙的流行一样。这一切的背后隐藏着人类最普遍、最不理性、最强大的恐惧，即对死亡的恐惧。

内驱力也会影响一个人看待世界的方式，从而产生偏见。在一项验证这一点的实验中，受试者被要求把小臂浸入冰水里，直到不能忍受，然后再去骑健身自行车。接下来，实验者开始给受试者上课，告诉半数受试者拥有健康心脏的人在锻炼之后对极端寒冷的耐受力会有所提高，告诉另外半数受试者如果他们心脏健康的话，锻炼反而会降低这种耐受力。最后再次进行寒冷测试。受试者忍受冰水的时间，都根据自己对心脏健康的理解发生了变化。也就是说，认为锻炼能使心脏健康的人提高耐受力的受试者，把小臂放在冰水里的时间比以前更长；认为耐受力应该有所下降的受试者，则更快地把手臂缩了回来。在询问原因时，只有少数受试者承认自己有意地改变了浸入冰水的时间，而大多数受试者都是在不自觉地这样做。由此可见，拥有健康心脏的渴望会在不知不觉间影响一个人对痛苦的感知。

这个实验结果是“一厢情愿”的一种表现形式。当然，有大量证据证明一厢情愿确实存在，而不只是空洞的术语。与不吸烟的人相比，吸烟者更不愿意相信吸烟有害。在一项研究中，实验者给受试者宣讲咖啡可能引发的疾病，与不喝咖啡的人相比，喝咖啡的人更不愿意相信这些信息。有证据表明，人们会高估自己中彩票的概率，低估自己被抢劫或遭遇车祸的概率。还有很多实验证明了“自利性”偏差，即一个人觉得成功都是自己的功劳，失败都是客观条件的问题："考试太难了""我不喜欢我的新球拍"，诸如此类。有人会说，这种偏差与内驱力无关，只是一种思维错误。一个人为成功做了规划：如果成功了，他就将其归功于自己的规划和能力，因为他早已在心里这样预设；如果失败了，他就会重新思考，既然失败与自己的规划无关，那就只能是客观条件出了问题。这种偏差依然没有得到解决，可能是由于"自尊"和错误思维的共同作用。

虽然情绪本身既不是理性的，也不是非理性的——它客观存在，且难以抑制，但情绪会以很多方式引发非理性行为。一位"狡猾"的心理学家在他两个年幼的儿子身上展开了一项实验，证明了嫉妒有多可怕。他在两个儿子面前摆了两个盘子，向一个盘子里面、旁边分别放三颗、四颗花生；再向另一个盘子里面、旁边放两颗、一颗花生。他分别测试了两个儿子的表现，告诉他们一个人选了一盘花生以后，另一个人可以吃掉这个盘子旁边的花生。小儿子选了有两颗花生的盘子，因为他不希望哥哥得到更多的花生。大儿子选了有三颗花生的盘子。不过结果证明他也并不善良，他打算打弟弟的头，迫使弟弟放弃多出来的花生。你是否认为小儿子的行为是理性的，取决于你是否认为为了满足一种卑鄙的情绪而少吃一颗花生是理性的。

有人可能会认为无聊是一种不愉快但也无害的感受。事实上，无聊正是美国时不时发生毫无目的的枪击案的主要原因，也是导致足球流氓行为和其他放纵行为的部分原因，这些行为都是为了通过危险和混乱制造兴奋来缓解无聊。1973 年，一架 DC-10 飞机以自动驾驶状态飞过新墨西哥城上空。机长和飞行工程师都无事可做。随后驾驶舱飞行记录仪的回放显示，飞行工程师对机长说，他想知道如果拉动一号手动油门的话，自动油门会有什么反应。机长也不知道答案，他警告工程师，引擎正在全速运转，但他还是同意做这个实验。他们的无聊得到短暂的缓解，但右舷发动机很快加速并发生解体，砸碎了一扇窗户，由此产生的减压导致坐在窗口的乘客被推出机舱，从 39 000 英尺的高空坠落。切尔诺贝利事故[1]可能也是由无聊引起的。尽管我们无法根据核电站的残骸确切地重现灾难原因，但有一种说法是操作员出于无聊，未经授权动了控制装置。人们觉得什么都不做其实很难，任何需要在舞台上静止一段时间的演员都能作证。

内驱力和情绪引发非理性行为还有最后一种方式：行为动机相互冲突。一个人既想支配他人，又想被他人喜欢，这两个目标通常是不相容的。虚荣的人也是一样，他们对自己的外表极度自负，事实上他们对任何个人特征都极度自负，因此很难交到朋友。理性行为应该是基于自己的知识，采取最有可能实现目标的方式行事。因此，要想理性行事，就必须确定这些目

---

1 1986 年 4 月 26 日发生在乌克兰境内的切尔诺贝利核电站的核事故，连续的爆炸引发大火，并使大量高能辐射物质散发到大气中，是首例被国际核事件分级表评为第七级事件的特大事故。普里皮亚季城因此被废弃。

标的优先次序，还必须努力审视行动可能产生的所有后果，评估这个行动除了实现即时目标之外还能够实现哪些目标，以及是否会产生令人难以接受的后果。很少有人会慎重思考自己的目标，更不用说慎重思考自己行为可能造成的诸多后果。

“爱”这个词在权威心理学词典中的定义是“一种标准诊断手册尚未承认的精神疾病”。无论定义如何，陷入爱河本身没那么不理性，却会导致不理性行为：求爱的人不会冷静下来权衡对方平时表现出的恶习是否比美德更多，更不会做长远打算。与其他强烈的情绪或内驱力一样，爱让人们的心灵被一个想法占据，无法思考其他任何事情：他们“拒绝精心计算得失”。很多人认为情人的行为浪漫，甚至值得赞赏，但我们可不管这些，我们认为这种行为很难称得上理性。

一位研究情绪的心理学家最近吹嘘道：“关于情绪性的讨论已有几十种不同的理论和数百卷著作，还有数万篇文章正在关注人类情感的方方面面。”这个消息实在令人沮丧，因为心理学家对情绪的了解并不比门外汉多多少。也正因此，本章的后半段几乎没有什么能让读者觉得新颖或惊讶的内容。

1. 在感到压力或有强烈的情绪时，不要做重要决定。
2. 如果你是一位老师，不要出多选题。鼓励你的学生寻找解题的

一般性规律。

3. 要记住，每次冲动行事，都会使下次的冲动更容易发生。
4. 如果感到无聊，要抑制自己寻找刺激的冲动，特别是在开飞机的时候。
5. 问问自己，慢跑和低脂酸奶带来的好处是否真的值得痛苦的付出。

第二部分

有限的思考能力

第 9 章　无视反证

人们往往很难改变已经做出的决定，哪怕有大量证据证明这项决定是错误的。

任何人都非常不情愿改变已经做出的决定，哪怕有大量证据证明这项决定是错误的。这里举一个著名的海军灾难事件——珍珠港事件来加以说明，灾难发生的部分原因就是指挥官不愿考虑反证，也不愿改变态度。下文对珍珠港事件中种种事件的描述主要摘自贾尼斯和曼恩的著作。1941 年夏，美军太平洋舰队总司令金梅尔上将多次收到来自华盛顿政府关于可能与日本发生战争的警告。由于士兵们没有完全准备好应对战争，金梅尔启动了一项训练课程。不过他认为危险并非迫在眉睫，所以没有取消和平时期的上岸休假。结果是，每到周末就有 60 艘美国战舰停靠在珍珠港，夏威夷的飞机场里也密密麻麻地停满了飞机。

金梅尔似乎决心要坚持长期训练策略，而水兵们如果进入全面戒备状态，就会影响训练。11月24日，海军总部警告金梅尔："日军可能会从任意方向发起突然袭击，包括菲律宾和关岛。"金梅尔召集参谋开会，也许是出于服从、从众或者取悦上将的心理，参谋们让他放心。其中一个参谋指出，华盛顿政府的警告里并不包括珍珠港，所以没有危险。虽然这样理解"从任意方向袭击"显然说不通，会议还是决定不需要采取任何进一步的行动。很明显，金梅尔无视证据，坚持自己最初的观点。如果他觉得信息含糊不清，应该要求华盛顿政府进一步说明。另外，他还错误地以为他的高射炮部队正处于全面戒备状态。对此，他只需要拿起电话，就能验证自己的假设是否正确，但他没有这样做。贾尼斯认为，产生这种疏忽的原因是金梅尔不愿承认自己会误判，不愿承认日军会偷袭珍珠港的这个可能。

11月27日和12月3日，他又分别收到了两次警告。第二次警告提到，美国密码学家破译了日本的一条情报，情报要求日本在全世界的大使馆销毁"大部分密电码"。根据人们总是自作聪明地用最有利于证明自己观点的方式解读信息的思维方式，金梅尔和他的参谋抓住"大部分"一词不放：如果日本打算跟美国开战，他们一定会让大使馆销毁所有的密电码。

12月6日，珍珠港事件的前一天，有更多证据表明日军将要偷袭。金梅尔接到紧急命令，要求他销毁所有关于美国太平洋外岛的机密文件。他的首席情报官员也报告，由于几天来都无法截获日军的无线电信号，不能确定日军航空母舰的位置。这些情报让他确信日军将会偷袭，但问题是不知道会偷袭哪里。他的参谋官再次让他放心，认为日军忙于亚洲地区的军事行动，没有足够的军力偷袭珍珠港。

日军偷袭前五小时，两艘美军扫雷舰在珍珠港外发现一艘军舰，他们认为是日军军舰。由于美军没有处于全面戒备状态，他们并未上报这一信息。偷袭前一小时，一艘日军军舰在珍珠港入口沉没。值班军官向所有能够联系上的有关海军军官报告，金梅尔上将也收到了信息，但他没有立即采取行动，而是在等待沉没军舰是否是日军军舰的确认。接着，美军舰队被摧毁。金梅尔上将接受了军事审判并被降职。

金梅尔上将如果提前命令部队进入全面戒备状态，也许就能保住大部分舰队官兵；如果全面进行雷达监控，就能及时发现日军飞机并采取行动，日军军舰事件也会得到及时上报。而且，他们也会有适当的防空防御，舰队不会整个周末都停留在珍珠港。当然，金梅尔也有理由不采取全面戒备措施，毕竟维持空中侦察会用光他们本就短缺的燃油，还会打乱他的训练计划。不过他至少可以采取部分措施，例如实施全面防空和雷达监控、疏散部分船只、取消周末休假、要求将日军的任何行动立即上报到总部等。贾尼斯和曼恩认为，金梅尔处在急于否认威胁存在的状态之中，只能看到坐以待毙和全面戒备两个极端选项。如我们所见，压力之下常会产生这种僵化的思维模式。

各行各业普遍存在不愿改变自己观点的现象。医生们就算明显错了，也不会改变诊断结果；内政大臣多年来拒绝重审冤案错案，导致了严重的不公正；科学家们始终坚持自己的理论，哪怕它们已经被推翻。即便是诺贝尔奖获得者莱纳斯·鲍林（Linus Pauling），在反证出现后的很长时间里，都依然坚信大量服用维生素 C 能治疗从普通感冒到癌症的一切疾病。大多数企业管理者更注重固守传统而不是做出正确决定，这也是效率低下的一部分原因。

我的个人经历也能证明。在我还很年轻的时候，我曾针对一个著名的金酒品牌开展常规的购买意愿调查。我采访了英国各地的人，通过他们对酒瓶和标签的反馈意见来确定产品的“品牌形象”，并向酿酒公司的人口头汇报了研究结果。公司总经理是个爱说大话的苏格兰人，当我说到他赞同的内容时，他就会转向他的同事，很大声地说：“萨瑟兰博士非常聪明，他说得很对。”而如果我的调查结果与他的观点不同，他就会说：“胡说八道，纯粹是胡说八道。”从他对我的调查成果的反应来看，我根本没有必要开展这个调查。他好像无法理解购买者和他自己对那款产品的认识可能存在差异，但他必须卖金酒给这些人。一句话，无论证据如何，他都固执地坚持自己的观点。

接下来我将开始阐述，为什么人们如此执拗地坚持自己的看法，即便这些看法已经被证明是错的。这种倾向非常普遍，以至于会影响我们看或听的方式。举个例子，看看下面这三行字。

PARIS（巴黎）

IN THE（的）

THE SPRING（的春天）

很多读者一开始不会注意到其中有个错误，只是因为没有想过会看到两个 THE 连在一起，就直接误读成 PARIS IN THE SPRING（巴黎的春天）。

在这个例子中，我们不自觉地固守先前的认知。不过我们不必过多纠结于这个例子，因为非理性只针对有意识的思考或随意行为（voluntary action）[1]，而无关乎洞察力。有人可能会觉得，人们不愿意改变认知，不过是因为不想承认自己错了。道歉很难，哪怕是只对自己承认错误都会有损一个人的自尊。在很多人看来，特别是在政客的眼中，厚着脸皮找一些烂到家的证据来支持自己的观点，也比承认自己犯了错要好受得多。这些因素无疑都在起作用，不过人们不改变观点还有其他更隐秘的原因，我将在本章中分析其中两个：第一，即使在不涉及声望或自尊的情况下，持有某种观点的人也会竭尽全力拒绝任何可能推翻它的证据；第二，如果发现了与自己观点相左的证据，人们会拒绝相信。

请看下面这个数列：“2、4、6”。这个数列按一定规律排

1 心理学术语，指自觉的有预定目的并经过意志努力而做出的行为 。

列，你需要找出其中的规律。你可以再选择几组类似的数列，实验者会告诉你这些数列是否符合同样的规律。如果你确信自己找到了规律，要说出是什么规律，实验者会告诉你这个规律是否正确。如果不对的话，你就需要再选择其他的类似数列继续尝试，直到再次觉得自己找到了正确规律。

在完成这个任务时，大多数人选的第一组都是像“14、16、18”这样的数列；被告知“符合规律”后，又会选择几组像“100、102、104”这样的数列。假设他们开始觉得规律是“以 2 递增的偶数”，因为选择的每一组数列都被告知“符合规律”，他们就会说出这个规律，结果却被告知规律不对。经过深思熟虑，他们决定试一试不同的规律，比如“以 2 递增的任意三个数”，于是选择“15、17、19”，结果被告知也符合规律，但却被告知假定的规律还是不对。他们可能会继续尝试更多不同的规律，例如任意一组以 2 递增或递减的数列。他们试了“11、9、7”，被告知“不符合规律”。只有少数受试者最终找到了正确规律，即“任意三个递增的数字”，例如“2、90、100”“1、2、3”或者“1、4、1000”。

为什么找到这个简单的规律这么难？主要原因是人们试图证明现有的假设是正确的，他们只会选择符合假设规律的例子，而不去看不符合这个规律的例子。正如哲学家卡尔·波普尔（Karl Popper）所述，没有一个广义性假设能够被完全证实，因为总会遇到一些不符合假设的特例。正如我们前文提过的著名案例“所有天鹅都是白色的”，直到人们在澳大利亚发现了黑天鹅，“所有天鹅都是白色的”这个推论才被推翻。

因此，要证明一个有可能正确的规律，就必须尝试去证伪，可是人们并不会这么做。这一点很重要，但甚至很多科学家都不理解。无论我们研究了多少个案例，都有可能在某个时刻遇到一个反例。除了那些在数量有限的情况下都可以判断正伪的问题，例如“我办公室里所有的椅子都是黑色的”，没有任何假设能够仅通过逻辑推理证实。虽然永远不能证明一个广义性假设，我们依然可以对它的有效性抱有信心，只是信心的多少应该取决于我们尝试去推翻它的努力程度。在上文例子中，要推翻“以 2 递增的三个数”这个规律，选择符合这个规律的数列没有意义，而必须选择类似“8、11、17”这样的三个数，如果发现这个数列也符合实验者的规律，我们就能知道我们做的假设是不对的。

很多受试者在得知现有的规律不对时，都只是替换成了同一个规律的不同形式。这个事实证明了消除一个错误假设的难度。我曾用这个问题问过英国一位最著名的生物学家，他提出的规律是“任意三个数等差递增”。我告诉他答错了，他说：“好吧，那肯定就是任意三个数，从最后一个数开始，等差递减。”这跟前面的回答其实是相同的。有些受试者会尝试相同的错误规律多达四次才最终放弃，即便他们已经选择了几组足以反驳这个规律的数列。他们犯了这里讨论的第二个错误，即否认反证的存在或否认反证的相关。

彼得·沃森（Peter Wason）在英国最先就这个问题进行了

研究，随后又围绕同一主题进一步开展了一项同样极具开创性的实验。他给受试者展示四张卡片，每张卡片都是一面写着数字，一面写着字母。卡片的正面可能是这样的：

A　　D　　3　　7

如果用每张卡片正面的字母或数字来指代它，那么翻开哪张或者哪些卡片才能证明“一张卡片的正面是 A 的话，背面是 3”这个规律是正确的？先想想你会选哪张或者哪些卡片，再继续往下读。实际上，大多数人都选了卡片 A 和卡片 3。现在我们来看看，要证明这个规律为真，翻开哪张或者哪些卡片才是理性的。

卡片 A：选这张卡片显然是对的。如果它的背面不是 3，我们就可以推翻这个规律。如果它的背面是 3，这个规律就进一步得到了证实。不过要记住，没有一个规律能够被完全证实。

卡片 D：不选这张卡片是对的。就题中规律而言，这张卡片的背面是什么都无所谓。

卡片 3：这张卡片就好玩了。很多人都选了它，不过他们都错了。无论这张卡片背面是什么字母，A、B 或者 Z，题中规律都可能为真。要记住，规律是卡片 A 背面是 3，而不是卡片 3 背面是 A。所以无论这张卡片的背面是不是A，题中规律都有可能是对的。因为这张卡片背面的字母不影响规律的真假，选这张卡片就没有意义。

卡片7：很少有人选这张卡片，但它其实很关键。如果这张卡片的背面是A，我们就可以推翻“卡片A背面是3”的规律。

这两个巧妙的实验都表明，人们倾向于证实现有的假设，实际上却应该尝试去证伪它。我们不可能确切地证实一个规律，但只要观察到一个例外，就可以轻易推翻它。在第一个实验中，受试者选择符合他们当前假设的三个数字；在第二个实验中，他们没有选那张可能会推翻当前假设的卡片7，而是选那张可能符合当前假设的卡片3。这些实验重复进行了多次，得到的基本结论基本相同。实验中使用了不同的实验任务，其中一次要求受试者找出一款游戏中射击不同形状、不同亮度的目标会产生的结果，他们还是没有尝试推翻自己关于射击效果影响因素的既有假设。

有人会问，人们在这些实验任务中的表现有没有可能改善？例如，在选取数列时，提前告诉他们要聚焦于推翻当前规律，他们的表现会不会有所改善？结果好坏参半，在一些实验中表现会略好一些，在另一些实验中则不然。即使受试者获得了可以推翻自己假设的信息，他们也会继续坚持自己的假设。

有趣的是，如果实验者告诉受试者有两个互斥的规律

DAX 和 MED，DAX 代表规律“任意三个数字组成的递增数列”，MED 代表规律“任意三个数字组成的非递增数列”时，他们在“2、4、6”实验中的表现就会好得多。如果不告诉他们选的三个数字对不对，而是告诉他们这三个数字符合 DAX 规律还是 MED 规律，由于受试者必须找到两个规律，他们就不再执着于一个规律，从而会选择不同的数列，每个数列都会推翻两个规律中的一个，他们找到答案的速度就快得多。这个实验表明，试图推翻一个假设时，要带着不止一个假设。我将在后文中再回到这个主题。

读到这里，或许应该提醒读者，翻卡片任务的结果有一种不同的解释，同样说明了人们的非理性思维。实验中的规律是，卡片 A 的背面是 3。因此，A 和 3 就进入了受试者的大脑，当他们必须选卡片时，也许因可得性错误而只选这两张卡片。乔纳森·埃文斯（Jonathan St Evans）用四张卡片进行的研究在一定程度上验证了这个解释的正确性。实验中的规律是“如果一张卡片正面为 A，背面不会是 3”。受试者依然倾向于选择 A 和 3 朝上的卡片，不过对于新的规律，他们的选择是正确的。如果卡片 A 的背面是 3，他们就推翻了这个规律；如果卡片 3 的背面是 A，他们也同样推翻了这个规律。选择卡片 D 和卡片 7 则无法获得有效信息，因为无论卡片的背面是什么，这个规律都可能为真也可能为假。于是出现了另一种形式的非理性：人们不是基于逻辑推理来选择卡片，而是受到需要检验的规律中出现的数字和字母的影响。这再次证明了可得性错误。所以，在最初的实验中没有选对卡片，可能要归因于可得性错误，以及没有去寻找推翻假设的证据。

还有很多其他实验表明，人们不会试着去推翻摆在自己面前的假设。在一个实验中，实验者让一些受试者去访问伪装受试者，来确定他是不是一个外向的人，而让另一些受试者去确定他是不是一个内向的人。这两组受试者问伪装受试者的问题都符合给他们的假设。例如，拿到外向假设的受试者会问："你喜欢去派对吗？"而另一组受试者则会问："你讨厌吵闹的派对吗？"在这两种情况下，肯定的回答都会证实他们的假设。

像"2、4、6"数列实验一样，在日常生活中，我们也会强烈抵触发现可能会推翻自己观点的证据。有研究表明，人们倾向于与跟自己看待事物方式一致的人交往。如果你觉得自己还不错，那么你就会毫不意外地想跟同样觉得你不错的人互动。还有一项研究表明，觉得自己不好的美国大学生，更愿意与同样自卑的人而不是自视甚高的人做室友。我们希望证实自己对自己的看法，哪怕是负面的看法。

现实生活中还有很多其他例子能证明这个倾向。一个政党的支持者只会参加这个党派的会议，不会让自己接触到反对派的观点；人们会买支持自己政党的报纸，而不会买支持对立方的报纸。从市场调查来看，拥有某品牌汽车的人，只会看有关这个品牌的广告和信息，忽视其他品牌的几乎一切信息。说到拒绝接受不想听到的消息，一项研究表明，被诊断为癌症的人中有 20% 都拒绝相信该诊断。

当然，人们也不是从来不去寻找与自己观点相悖的证据，而例外情况又恰恰证明了另一个规律：他们总是出于其他原因去寻找这样的证据。一项关于美国大学生抵制对越作战征兵的这个真实研究记录了这样一个案例。研究根据是否愿意签署反战声明把大学生分成两组。反战声明中有这样的内容："良知不允许我们参与这场战争。因此，我们在此宣告我们的决心，只要美国还在与越南交战，我们就拒绝入伍。"研究分别评估了签署声明和没有签署声明的大学生对阅读到鼓励或抵制签名的材料的期待程度。签署声明的大学生中，选择阅读鼓励或抵制签名材料的几乎一样多。在接受采访时，他们给出了这样做的两个理由。首先，他们想知道父母等人会用什么理由来反对他们的决定，以做好准备去反驳。其次，一些大学生想知道避免服役的最好办法，例如出于道义而拒服兵役、找一份像教师这样的工作以免于服役，或是移民离开美国。请注意，在做出拒服兵役这样的重大决定之后，他们还面临着更多的决定。阅读抵制征兵的材料，是这个重大决定的后续行动，而不是为了证实自己的决定是否正确。当然，当态度非常不坚定，并且可以在没有损失的情况下改变一个没那么重要的决定时，人们也会为了证伪而寻求反证。不过，人们通常还是会避免接触任何可能推翻自己认识的证据，固守自己的看法，这方面的证据可是压倒性的。

我们证明了无意识地维护自己观点的两种方式，即拒绝寻找反证，以及在看到反证时拒绝相信或拒绝采取行动。金梅尔上将同时犯了这两个错误，他没有从华盛顿政府寻求证据以澄清模糊的信息，并且拒绝相信沉没在珍珠港外的军舰属于日军。

1. 寻找与自己的认知相反的证据。
2. 试着引入彼此对立的假设。
3. 要特别认真地把与你认知相冲突的一切证据纳入考虑。
4. 要记住，没有人永远正确，却有人从未正确过。

第 10 章　先入之见对证据的扭曲

人类总是用这种有效却有害的先入为主思维，确保原本观点的权威始终不可侵犯。

拒绝寻找反证和拒绝相信反证，只是不理性地维护自己观点的其中两种方式，还有一种常见的方式是扭曲证据。扭曲证据这一点可以用阿纳姆战役的惨败来说明，它是英国军队在第二次世界大战中遭受的最没有必要的灾难之一。在战争中，很多将军似乎更想要个人荣誉，而不是赢得战争，蒙哥马利（Montgomery）将军也不例外。由于部队被困在荷兰南部一个湿冷的乡村，他想出了一个计划，指派空降兵降落到阿纳姆，在德军炸毁横跨莱茵河的阿纳姆大桥之前抢占它。他命令空降兵守住那座桥，直到英国陆军第三十军接管。正如诺曼·迪克森（Norman Dixon）等人所述，这个计划一开始就行不通，原因如下。第一，要执行这个计划，蒙哥马利首先要夺取安特卫普，这是个不起眼但很重要的行动。他没有这么做，因为他想最先跨过莱茵河，结果让德军得以从荷兰北部逃脱、参与到阿纳姆的防御中。第二，要到达阿纳姆，第三十军必须穿过一条毫无遮挡的道路，道路两侧是沼泽和坦克根本无法通行的水道。另外，这条道路非常狭窄，一次只能通过一辆坦克，一旦被炸毁的桥梁或敌军堵塞，就会严重耽误第三十军的行进。事实上，第三十军在 9 天后都没有抵达阿纳姆，而蒙哥马利的计划只给了他们两天时间。第三，也是最重要的一点，整个行动要想成功的关键在于，阿纳姆附近不能有德军主力，这样空降兵才能有机会在遭到攻击之前完成集结。雪上加霜的是，英军没有足够的无线电设备，英国九月如期而至的大雾也延误了首批空降部队的增援。

蒙哥马利的这个计划，往好了说是有风险，往坏了说就是蠢透了，他没有考虑表明计划注定会失败的更多信息。他从盟军最高统帅部获知，此前位置不明的两个德军装甲师正驻扎在空降地点附近。由于情报不符合他的计划，他认为这份情报很“荒谬”，因此拒绝相信。他的参谋也支持他的愚蠢行为，参谋们当然有这么做的理由。当一个情报官把空降点的德军坦克照片拿给参谋官布朗宁（Browning）将军时，他说：“不用担心……这些坦克可能根本就不能用。”这是典型的扭曲证据使之符合自己观点的行为。布朗宁甚至让医生对这位情报官给出过度劳累、需要休假的建议，以此摆脱这个不利消息。

英军和德军在战争中都很英勇。不过如我们所知，第三十军没能及时抵达阿纳姆，而英国空降师在损失 3/4 的伞兵后最终放弃了。做事后诸葛亮当然很容易，但在阿纳姆的例子中，并不需要料事如神的能力，只是应该有一些先见之明。

蒙哥马利将军与金梅尔上将的行为何其相似，他们都固执地坚持自己的决定，拒绝接受或故意扭曲与之相冲突的信息。他们的下属们也都表现出支持上级决定或服从多数人态度的相似倾向。

本章将关注这种扭曲与自己观点不一致的证据的倾向。弗朗西斯·培根（Francis Bacon）爵士很早就发现了这个现象，他写道：

> 一旦采纳了一种观点，人类的认识就会利用其他一切事物来支持和证实这种观点。即使相反的观点有更多、更有分量的例证，也会被区别对待、被忽视/被轻视、被搁置或被拒绝。人类总是用这种有效却有害的先入为主思维，确保原本观点的权威始终不可侵犯。

一项与培根观点一致的巧妙研究表明，在评估证据时，既有的认知会导致极大的偏见。实验者捏造了四个关于死刑对谋杀率影响的看似可信的研究，告诉受试者这些研究数据都是真实的，并要求他们阅读。实验者将四个研究分为两组，其中一组对比了美国各州引入死刑前后的谋杀案数量，第一个研究数据表明死刑是一种震慑，引入死刑之后，某个州的谋杀率有所下降；第二个研究结论相反，谋杀率有所上升。另一组研究则对比了特定时间段中引入死刑和没有引入死刑的各州的谋杀率。数据同样也经过处理，第一个研究表明死刑发挥了震慑作用，第二个则相反。由于两组研究分别对比了同一州不同时间的谋杀率和同一时间不同州的谋杀率，我将它们分别称为继发（successive）研究和并发（concurrent）研究。显然，无论是继发研究还是并发研究，其证据都能够被推翻。随着时间的推移，死刑之外的很多因素都会影响同一个州的谋杀率，例如麻醉药品用量增加等。同样地，由于各州情况不同，死刑之外的很多因素都会影响不同州的谋杀率，毕竟一个谋杀率居高不下的州可能早已引入死刑。总之，这四个所谓的“真实”研究都存在严重漏洞。

实验者们选取立场坚定的受试者，他们要么坚决支持死刑，要么坚决反对死刑。实验者首先让受试者阅读其中一组研究，包含一个继发研究一个并发研究；一个证明死刑是有效的，另一个则证明死刑无效。实验者精心地进行了平衡，让一部分受试者读到一个支持死刑的并发研究和一个反对死刑的继发研究；让另一部分则读到一个反对死刑的并发研究和一个支持死刑的继发研究。

在阅读下面的实验结果时请记住，每组受试者读到的是完全相同的“研究”报告。实验有三个主要发现：第一，受试者无论支持死刑还是反对死刑，都会认为符合自己观点的那个研究比另一个“更有说服力”，也“做得更好”。而且，他们会发现另一个研究的明显缺陷，却意识不到与自己观点一致的研究有什么问题。

第二，在阅读完第一个研究报告之后，实验者测量了受试者对死刑态度的强烈程度。如果报告与他们的观点一致，他们的态度就会变得更加强烈；如果与他们的观点不一致，态度就不会发生变化。人们只会接受与自己观点一致的证据。

第三，在阅读完两个研究报告之后，受试者的观点不仅没有改变，反而更加坚定。支持死刑的人更加支持死刑，反对死刑的人则更加反对死刑。这个研究结果表明，如果同时面对两个同样有力或同样无力，却在观点上截然相反的证据，我们会用完全不同的标准来评估它们。另外，支持性证据会强化我们的观点；反证会被忽视，不会改变我们的观点。

即使是一个与自身利益无关的态度，同样根深蒂固，在面对堆积如山的反证时也会毫不动摇。在美国的另一项实验中，实验者给受试者看 25 封自杀遗书，告诉他们其中一些是出自自杀者之手的真实遗书，另一些则是假的。受试者的任务是找出哪些是真实的。他们每读完一封遗书，就要做出判断，由实验者告知判断是否正确。事实上，所有遗书都是实验者伪造的。实验者告诉半数受试者他们的判断非常正确，告诉另外半数他们的判断非常糟糕。随后，实验者向受试者进行了完整的情况说明，告诉他们这些遗书是伪造的，以及实验中的对错毫无意义。最后，实验者要求受试者填写一张问卷，预测自己未来再参加除存在真实遗书其他条件都相同的实验时的表现情况。在实验中受到肯定的受试者对自己表现的预测准确率比受到否定的受试者要高得多。

这一实验的另一个变体实验表明，这样的结果并不是因为受试者多么在意自己的成功或失败。该实验中，实验者安排一批伪装受试者重复上述实验，对遗书的真假做出判断，由实验者判定答案是否正确，而新的真正的受试者旁观了这一过程，并被要求对伪装受试者的表现进行评分。最后，实验者同样对伪装受试者给出了说明，遗书都是伪造的，整个实验都是骗人的，对错毫无意义。令人惊讶的是，哪怕是听完实验者的说明之后，这些旁观者依然坚持自己对伪装受试者表现好坏的最初判断。第二组受试者被要求在对伪装受试者的表现进行评分前，参加一个有关无视反证、坚持固有认识的漫长讨论。这次讨论确实在很大程度上削弱了上述效应，不过依然有一些受试者表现出认同“实验结果”的倾向，即认为被实验者告知表现得更好的受试者，在下次任务中的表现会比被告知表现不好的受试者更好。这个实验表明，人们的原始观点很难改变，无论这个观点是关于自己的还是关于别人的。

很多类似的实验都能证实上述研究结论。例如，受试者被告知有两个装着球的篮子，其中一个篮子里 60% 是红球，40% 是黑球；另一个篮子里 40% 是红球，60% 是黑球。实验要求受试者选择一个篮子，并通过从中取球来判断是哪个篮子，取出的球要再放回去。经过几轮取球之后，受试者被要求做出面前的篮子是哪一个的假设，之后再取两次球，连续取出一个红球和一个黑球会让他们更加确定自己的假设。我们来分析一下，如果受试者假设自己拿到的是红球占60%的那个篮子，再连续取出一个红球和一个黑球，会使他们更加坚定自己的假设；同样地，如果受试者假设自己拿到的是黑球占60%的那个篮子，再连续取出一个红球和一个黑球，这样也会使他们更加坚定自己的假设。显然，从两个篮子中连续取出一个红球和一个黑球的概率是相同的，并不能说明面前的是哪个篮子。这个例子再次说明，人们会朝着支持自己观点的方向去解读完全中立的证据。

这些实验得出了一个足以令人信服的结论——坚持己见不仅是为了维护自尊。这些受试者已经知道所有的自杀遗书都是伪造的，仍坚持自己对他人分辨自杀遗书能力的判断，其中能有什么情感投入呢？因此，坚持错误观点的原因中，起码有一部分应该是与情感无关的思维因素。

如果在压倒性的反证面前，人们都不愿改变对分辨自杀遗书真假这样的小事的看法，那么如果要改变对重要事物根深蒂固的态度时，他们就只会更加抵触。例如，保守主义者和共和党拥护者们支持的一系列政策既有区别又有重合，重合部分包括自由市场，小政府主义，促进个体自足，为贫困户、病患和老年人提供最低保障，降低税收，等等。这些观点经过个体长时间的发展和完善，就会让人形成一种惯性模式。我用了“发展”而不是“思考”，是因为多数情况下，这些观点的变化是完全不理性的，例如受到社会地位和亲近之人的观点的影响。

对证实现有假设的渴望甚至会影响人们的记忆。在一个实验中，受试者阅读了关于一位女性的详细描述。两天之后，一组受试者需评估这位女性是否适合从事房地产公司的房屋中介工作，同时另一组受试者需评估这位女性能否做好研究型图书馆员工作，并给出能够证明自己观点的理由。在多数人看来，房屋中介是个外向型的职业，而图书馆员更适合内向的人。因此第一组受试者从最初的描述文本中回忆起更多有关她外向特征的内容，而第二组受试者能想起来的则主要是她的内向特征。也就是说，受试者能够记得与自己假设相符的那些特征。当然，外向和内向都会从正反两方面影响这位女性与每种岗位的契合度。

本章和上一章都表明了人们坚持自己的既有假设的顽固程度，哪怕没有理由再坚持下去。对此，我列出了四个原因，每个原因都有实验证据支持。第一，人们总是避免接触可能会推翻自己观点的证据。第二，在得到与自己观点相反的证据时，他们通常拒绝相信。第三，既有观点会使人们扭曲对新证据的解读方式。第四，人们会选择性地记住与自己观点相符的事物。当然，可能还有第五个原因，即想要维护自己的自尊。不过就算把这些因素全部综合起来，也不足以解释在自杀遗书的变体实验中受试者对自己判断的坚持。实验已经尽可能地强调了反证（受试者得到的有关自己表现好坏的信息完全没有意义）；受试者不可能无视或拒绝相信自杀遗书都是伪造的这一事实；这些反证无法支持受试者的既有观点；受试者不可能记不起反证；改变对伪装受试者关于遗书真伪判断能力的判断，好像也不会伤害受试者自己的自尊。

此外，还有第六个非常独特的原因，即我们善于为事件或现象“发明”解释。例如，如果告诉一位女性她在对这些自杀遗书做出判断的过程中表现得非常好，她就会开始思考自己为什么可以做好。她熟悉最近自杀的一位著名小说家的作品、她兼职救生员助理、她与父母和朋友的“坦诚”关系，这些都可能使她在一项需要社会敏感性的任务中表现得很好。

然而，表现不好的女性则会觉得是因为自己从来没见过自杀，从来没读过自杀遗书，不可能能够区分这些遗书的真假。即使实验最后进行了情况说明，受试者还是会执着于自己“发明”的解释，并因此认定自己特别擅长或特别不擅长这项任务。

有证据证明，在日常对话中解释现象十分常见。在一项研究中，有 15% 的评论都在试图做出解释。更重要的是，实验证明，人们会轻而易举地利用过去发生的一切为后来做出的行为编造解释。实验者向受试者提供了一名男性的传记，让受试者通过这名男性的过去来解释他后来的行为和选择。例如，让他们解释他自杀、肇事逃逸、加入和平队[1]或成为政治家的原因。传记中记录了一个事件，即这名男性在年轻时加入了海军。要解释他为什么成为政治家的受试者认为，加入海军是合群以及愿意为国家服务的表现。要解释这个男人为什么自杀的受试者则认为加入海军意味着他想逃离家人和朋友，以此来惩罚他们。因为自杀是对生活的逃离，是对亲密朋友和亲人的惩罚行为。当受试者做出解释之后，实验者提出，如果以上四个假设事件尚未真正发生，请这些受试者们预测这些事件未来会发生在这个男人身上的概率。不用说，每名受试者都认为，从传记来看，他们自己做出过解释的事件发生的概率最大。

还有一个实验更加明确地证明了人们不理性地坚持自身观点，可能是因为不愿放弃一个为解释自己观点而编造出来的好故事。实验者给受试者讲了两个消防员的故事，其中一个在事业上很成功，另一个很失败；告诉其中半数受试者，事业成功的消防员十分愿意冒险，失败的则不然；告诉另外半数受试者，事业失败的消防员十分愿意冒险，成功的则不然；然后告诉受试者们这两个消防员都是虚构的，现实中并不存在。但在询问受试者时，受试者依然会用得到的虚假信息来进行推论。如果他们得知的是事业成功的消防员十分愿意冒险，那么他们就会觉得在招聘消防员时应该将冒险意愿考虑在内。如果

1 美国政府为在发展中国家推行其外交政策而组建的组织，由具有专业技能的志愿者组成。基本目标是“促进世界和平和友谊”“帮助所在国满足对专业人才的需求”。

进一步要求一些受试者解释冒险和成为优秀（或不合格）消防员的关系，他们的想法受到故事的影响就会更加显著，因为他们被迫要解释得更详细，所以对一开始形成的错误观点也更加坚定。

因此，如果告诉人们一件事是真的，他们就会一厢情愿地虚构出貌似合理的解释。即使再告诉他们这些信息都是假的，他们也会继续相信下去。在做出解释方面，我们聪明过了头，因而失去了理性。只要听听政客们似是而非的论调，我们就能知道人们会怎样狡诈地扭曲证据来证明自己的观点。然而，正是因为编造出来的解释太过严丝合缝，我们才舍不得放弃。蒙哥马利将军无疑就编出了天衣无缝的理由，相信自己的战役计划一定会成功，所以才不肯轻易放弃。

1. 不要扭曲新的证据。要认真思考能否用这个证据推翻你的观点，而不是支持你的观点。
2. 要警惕自己的记忆，也许你只能想起符合你当下观点的东西。
3. 要记住，在新的证据出现时改变想法是强大的表现，而不是软弱的象征。
4. 要小心被自己编造出来的用于支持自己观点的证据所影响。
5. 不要学希腊人为逃避坏消息杀掉信使，或是强迫他休病假。

第 11 章 错误关联

除非观察结果能转化为数字，否则我们几乎没有能力判断事件之间的相关性。

在科学空前繁荣的今天，为什么还盛行着顺势疗法（homeopathy）、自然疗法（naturopathy）、生物动力学（biodynamics）、草药疗法（herbalism）、放射疗法（radionics）和饮食学（dietetics）这些未经科学证明的江湖疗法？还有精神分析学，尽管所有证据都表明精神分析技术毫无价值，精神分析学家依然存在。大多数精神分析学家应该都是诚实的人，他们为什么会继续相信自己的治疗是有用的？理由很多。第一，他们接受了长期的、花费很大的，通常还非常痛苦的精神分析培训。如我们所见，为了证明这一切经历是值得的，他们必须相信精神分析是有用的。第二，病人通常会自行好转，分析师当然会认为这是他的功劳。第三，很多经历了治疗却变得更糟的病人中止了治疗，而分析师会用“这些病人终究会好起来”安慰自己。第四，分析师没有保存或认真查阅病人的病历。第五，分析师无法接触到病人接受其他治疗的记录，或者病人根本就没有接受过任何其他治疗，所以分析师无法判断自己的治疗更好还是更差。最后一点，如果病人没有好转的迹象，分析师可能会认为这是病人自己的问题，因为他们没有配合——据我所知，这种情况常常发生。

这是错误归因和错误关联的一个极端例证。精神分析技术并没有什么用，分析本身很少能够真的改善精神健康，虽然一个善于共情的分析师有时也可能提供一些帮助。在分析师的大脑中，一定有大量无意识的合理化的过程。不过就我们正在进行的讨论而言，我更想强调的是他没有寻找与自己的患者病情相似而没有寻求精神分析治疗的病人的信息进行对比。大多数神经症都是自限性疾病，特别是最常见的抑郁：无论是否接受治疗，病人都有可能自愈。有关精神分析和安慰疗法[1]效果的对照研究表明，两者没有太大差别，安慰疗法的效果有时甚至会更好。

本章我们将关注人们在两个不同事件之间建立联系时所犯的错误，有关因果逻辑的错误将在后面的章节中再讨论。精神分析师错误地把自己的治疗和病人的好转联系起来。在两个事

1 即接待病人、聆听病人的问题，对其表示支持，但不进行任何真正意义上的治疗。——原注

件之间建立错误的联系是一个普遍存在的问题，被称为“错误关联”（illusory correlation）。

假设一位内科医生正在研究一种特定疾病。这种疾病会显现出某些症状，但所有这些症状也都可能出现在其他疾病中：在刚接诊时，既有的症状不足以确诊这种特定疾病，但他觉得其中某种症状非常有诊断意义。为了证明这种症状确实与这种疾病有特殊的关联，他记录了所有表现出这种症状的患者。假设100名患者中有80名最终确诊了这种疾病，有20名没有。由于表现出症状的人中患病的人数是没有患病的人数的4倍，他得出了结论，认为该症状对于诊断这种疾病而言虽然不是完美指标，但也是个不错的指标。他的结论靠谱吗？答案是否定的。他向一位统计学家朋友讲述了自己的发现，统计学家不以为然地指出，只观察了表现出该症状的病人并不能得出这样的结论：医生必须对比表现出症状且患上这种疾病的频率和没有表现出症状却患病的频率。医生回去翻看自己的记录，发现没有表现出症状的50名患者中最终确诊的有40个，没有确诊的有10个。他意识到自己的愚不可及，并认为这次的发现一定能够证实自己的结论，毕竟有症状且患病的患者人数（80人）是没有症状但患病的患者人数（40人）的两倍。他又错了。仔细看看表11.1，他就会知道原因。显然，有症状且患病的患者比例（100人中有80人）与没有症状但患病的患者比例（50人中有40人）相同（4/5）。因此，该症状跟这种疾病相关性较小。

表 11.1

	患病	未患病	总计
有症状	80	20	100
无症状	40	10	50

一般而言，判断两个事件（事件 A 和事件 B）的相关性时，除非分别考虑了事件 A、事件 B 出现、未出现的所有 4 种情况，否则不能得出任何结论。这四种情况是：

- 事件 A 和事件 B 都出现
- 事件 A 出现，事件 B 未出现
- 事件 B 出现，事件 A 未出现
- 事件 A 和事件 B 都未出现

要理解这 4 种情况，最便捷的方式是在一个“2 × 2 表格”中分别列出它们出现的频率。医生犯错的原因是忽略了反面情况。第一次，他没有考虑那些没有症状的病人，即忽略了表中的最后一行。第二次，他没有考虑那些既没有症状也没有患病的病人，即表 11.1 最后一行第三列中的数字。

我将进一步证明，即使在专业人士中，这种忽略反面情况的现象也很常见，其原因可能是犯了可得性错误。一个事件的发生比没有发生给人留下的印象更加深刻（可得性）：相比有症状、患病，或既有症状又患病的病人，既没有症状也没有患病的病人更容易被忽视。

很多实验表明，人们无法正确判断两个事物是否相关。其中一个实验要求护士们翻阅 100 张写有病例病情的卡片。这些病人都可以归入上面讨论过的 4 类，每类病人的数量如表 11.2 所示。

表 11.2　100 个病人的症状和疾病发生数据

		疾病	
		有	无
症状	有	37	33
	无	17	13

仔细观察这张表，我们就会发现该症状显然和这种疾病相关性很小：无论是否表现出症状，病人患上这种疾病的比例都差不多。然而，翻阅了卡片的护士中，有 85% 认为表现出该症状就能够确诊这种疾病。这再次表明，在这类任务中，人们倾向于关注肯定性的信息：护士们对 37 个既表现出症状又患病的病人印象更深刻。

记者们尤其容易犯考虑不全面的错误。美国《周刊报道》（*The Week*）杂志的一篇报道提到，傍晚因车祸丧生的人数是早晨的 4 倍，所以开车的人在傍晚 7 点遭遇车祸身亡的概率是早晨 7 点的 4 倍。这个结论简直漏洞百出：忽视了反面情况，即在早晨和傍晚开车平安归来的人数。事实上，早晨上路的车是傍晚的 4 倍。如果把这一点考虑进去，那么每个人在一天中的任何时间开车上路面对的风险都是一样的。英国消费者杂志《什么值得买》（*Which?*）从“英国公路事故统计中，1/6 的人死于酒驾引发的事故”得出了“酒驾致死”的结论：除非知道酒驾的比例，否则这一结论无法成立。还有，《独立报》（*The Independent*）的一位高层认为：“铁路比公路安全。一周内死于公路交通事故的人数，比一年里死于铁路交通事故的人数还要多。”这个结论可能没错，不过从它的前提我们却无法得出：应该比较两种交通方式每位乘客单位距离的死亡率。在这三份报道中，没有死亡的司机和乘客这类反面情况同样被忽视了。这样的例子不计其数。我们完全可以说，媒体草率建立事件之间的联系并将其大肆宣传的行为，给公众提供了反面教材。

上文论述了人们在解读同时发生的两个事件时会错误建立关联的主要原因是考虑不全面。然而在现实生活中，一组事件很少被像表格一样清晰地展示出来。要理性判断两个事件的关联，就要收集上述 4 种情况的例子，而这些例子的出现往往毫无规律，并且通常间隔很久。想想要判断蓝眼睛的人是不是比棕眼睛的人更纯真有多困难，由于没有人能在大脑中随时计数，所以只能通过表格等方式认真记录。

洛伦 · 查普曼（Loren Chapman）和简 · 查普曼（Jean Chapman）夫妇在威斯康星州开展了一系列杰出的研究，证明了没有系统地汇总上述数据之前人类判断的非理性。其中部分原因是，在判断事件相关性时，人们几乎总是会带有先入之见，而这些先入之见会扭曲他们对观察结果的解读。

这些实验用到了投射测验（projective test）[1]。据说投射测验能够揭示一个人，通常是精神错乱的人不愿公开承认的特征。他们要么羞于承认自己的这些特征，要么如弗洛伊德的理论所述，一直压抑着这些特征而不自知。最广为人知的投射实验是罗夏墨迹测验，实验要求患者说出在一系列复杂的墨迹中看到了什么。这里展示了一个墨迹。

患者可能会把这个墨迹看成一个怪兽，或者一个像蝙蝠一样的女人。他们也可能只看到了这个墨迹的某些部分，例如把中间部分看成臀部很大的男人，把外面部分看成被斩首的胸部很大的女人。

---

1 人格测量方法之一。采用一些意义多样的刺激，如墨渍、无结构的图片等，让受试者在不受限制的条件下作出反应。为减少伪装，受试者通常不知测验的目的，心理学家根据自己的理论假设对受试者的反应作出解释。

使用罗夏墨迹测验的心理学家和精神病学家声称，能够根据一个人对不同墨迹的本能反应判断他是不是同性恋或偏执狂、有没有自杀倾向等。据说，在答案中提到直肠或臀部、女性服装、性器官，或是看到一个不确定性别（“我觉得这可能是个男人，也可能是个女人”）或性别混乱（“腰部以下像男人，腰部以上像女人”）的人，都可以被诊断为同性恋。一类特定的答案（例如与“肛门”相关的答案）就是一种“指征”（sign）。然而，更为严谨的研究表明，同性恋和异性恋给出上述5个指征的频率并无显著差别。事实上，和其他投射测验一样，罗夏墨迹测验作为诊断工具几乎毫无价值，但至今仍被广泛应用。有人估计，每年进行罗夏墨迹测验的有600万人次，这真是心理学家们不理性的一个绝佳例证。

查普曼夫妇开始研究，为什么即使有严谨的明确反证，临床心理医生依然相信人们在这个测验中的反应能够体现他们的某些特征。他们集中研究了关于同性恋的诊断。首先，他们向心理医生发放了一份问卷，收集心理医生认为与同性恋特征最为密切相关的指征。被提及最多的选项与已知的5个指征相符，即肛门、女性服装、性器官、不确定性别的人和性别混乱的人。虽然同性恋者做出这些回答的频率并不比异性恋者高，心理医生依然坚信自己在临床经验中发现了这些指征与同性恋的关联。

很明显，这些指征只是在罗夏墨迹测验中我们天真地期待同性恋者会有的回答。在我们的大脑中，它们每一个都可能跟同性恋有关。为了证明这一点，查普曼夫妇列出了一个清单，其中包括上述5个答案和其他80个临床医生认为不能用于诊断同性恋的答案。他们找来30多个本科生，要求他们评估这85个答案在自己心目中与同性恋的相关性，并选出相关性最高的答案。这些本科生当然没有任何临床经验，却选择了与临床心理医生相同的5个答案。这个研究结果表明，心理医生从自己的临床经验中什么也没有得到，他们只是受到错误的先入之见的影响。

出乎意料的是，在给出的墨迹中，同性恋者把墨迹看成一头怪兽，或者其他半人半动物的东西的频率确实比异性恋者略高。所以，查普曼夫妇将这两类答案称为诊断同性恋的“有效指征”，上文中的5个答案则是“无效指征”。

在进一步的实验中，实验者给另一组本科生看30张卡片，每张卡片上都有一个罗夏墨迹、一个病人对该墨迹做出的指征，以及他的两种精神障碍。当然这些都是虚构的，但实验者告诉受试者这些卡片描述的都是真实的病例。每名受试者都会看到包括同性恋在内的一共4种完全不同的精神障碍问题和5个不同的指征，其中包括1个无效指征、2个有效指征和2个中性指征（例如食物或植物）。上文中的5个答案也将作为无效指征被展示给不同的受试者。指征和精神障碍是随机配对的，因此每张卡片上的指征和精神障碍之间都没有任何联系。实验者给受试者的书面指示如下：

> 我将给你看30张墨迹测验卡片，每次只看一张。在每张墨迹上，都附有一位病人对这个墨迹测验做出的回答，以及他的两种主要的精神障碍。也就是说，你会看到30个病例。现在我来告诉你我想让你做什么。请仔细观察每个墨迹和每位病人对自己看到的东西的描述，并审视该病人的两种严重精神障碍。等所有人都看完所有卡片之后，我会给你一张问卷，问你患有不同精神障碍的病人分别看到了什么。

等受试者看完卡片之后，实验者问他们同性恋者最常做出的回答。这些本科生错误地认为，与其他指征相比，那5个无效指征与同性恋特征出现在同一张卡片上的频率更高，产生了"错误关联"。

查普曼夫妇的下一个实验结果令人更加震惊和沮丧。他们又给本科生们看了30张卡片，不过这次包括两个有效指征（与同性恋真的有关的指征，即"怪兽"和"半人半动物"），而且它们总是与同性恋特征匹配在一起，但学生们依然很少注意到这种关联。只有17%的学生觉得这两个指征最常与同性恋一起出现，有50%的学生选择了无效指征，即他们心目中而非实际上与同性恋最相关的指征。

在进一步讨论这些发现之前，应该指出，查普曼夫妇还开展了第二轮类似的实验，也得到了完全相同的结果。在这些实验中，他们采取了一种不同的投射测验，即"画人测验"。该测试要求病人画一个人，然后由心理学家进行解读。心理学家相信画画能揭示人的某些特征——你跑去问一个门外汉，他也会这么认为。例如，偏执症患者会画眼睛扭曲的人；依赖症患者会突出嘴部，或者更爱画女人和儿童；性无能患者会画强壮的男人；等等。事实上，这些关联已被一再证明并不存在。据我们所知，通过画人来了解一个人性格的方方面面是完全不可能的。不过和罗夏墨迹测验一样，心理学家使用画人测验已经长达 40 年，很多不理性的心理学家至今还在使用。

查普曼夫妇实验的惊人发现，证明人们很难对两个同时发生的事件之间的相关性做出理性判断。有人可能会觉得，是受试者对那 5 个无效指征的预设，使他们忽略了同性恋和有效指征之间的完美关联。可是当查普曼夫妇继续推进实验，不再提供误导性的无效指征时，即使有效指征和同性恋特征总是同时出现在同一张卡片上，受试者也依然很难发现两者的关联。

这个结果实在出人意料，意味着除非把观察结果用数字的形式呈现出来，否则我们几乎没有能力判断事件之间的相关性。带着先入之见进行判断，就会受到它的巨大影响，可是即使没有先入之见，我们也看不到这些一旦转换成数字就会无比明显的关联。另外，在上面的实验中，实验条件几乎是理想的。每名受试者可以用一分钟的时间看卡片，没有时间压力。实验时长只有半个小时，也没有记忆负担。任何一名受试者只需要看 5 个指征和 4 种情绪问题，应该很容易发现有效指征和同性恋特征之间的关联才对。将此实验与精神医生或心理学家试图确定哪些症状与哪种精神障碍匹配的诊断任务相比较，后者可能更有压力。从罗夏墨迹测验到确定预测的精神障碍是否存在可能需要几周时间。最后，罗夏墨迹的指征比 5 个要多得多，对应的精神障碍也更加复杂。

查普曼夫妇的实验结果无疑对我们的日常生活也有所启发。蓝眼睛和纯真之间是真的相关，还是蓝眼睛让我们想起新生婴儿的眼睛、蓝天或风平浪静的大海？红头发的人是真的容易生气，还是红色是火的颜色，所以让我们想到了愤怒？更重要的是，如果想支持或反对“犹太人贪婪”或“黑人懒惰”这种刻板印象，我们就必须非常细致地观察，并详尽地记录，这些观察和记录中还必须包括非犹太人和非黑人种族的随机样本。

查普曼夫妇的受试者犯的错误如此低级，你可能会觉得自己永远也不会犯这样的错误。如果当真如此，那你就是一个例外。有研究发现，欧洲 85% 的大公司都犯了这样的错误——在人事选拔中雇用了笔迹学家，并为此付出了沉重的代价。在美国，包括大多数银行在内的 3000 家公司也雇用了笔迹学家。相信一个人的笔迹能反映他的性格，难道不是再自然不过的吗？这种想法可能的确自然而然，却大错特错。对笔迹学研究的一份综述得出结论，笔迹学家对性格评估的有效性“几乎为零”。在一项实验中，实验者给一位笔迹学“专家”展示了大量的笔迹，其中有些人的笔迹出现了不止一次。这位笔迹学家对相同笔迹的不同样本，给出了截然不同且毫不相关的评论。

笔迹学并不比碰运气强多少，但由于它听起来可信，或者由于它有点不同寻常，所以骗过了大部分欧洲大企业的管理人员。虽然没有记录表明有多少商人在通过看茶叶算命的方式做出重大决定，不过看茶叶和看笔迹的理性程度并无区别。

即使不受先入之见的影响，我们也几乎不可能发现两个事件之间的正确关联，除非有详尽的记录。例如，想想医学界花了多少年才揭示出抽烟和肺癌的关系。这个案例特别有说服力，因为我们会很自然地认为，吸烟会损害人的肺部，但几个世纪以来，一直没有人提出两者的联系，直到多尔（Doll）和皮托（Peto）收集了详尽的数据。

现在，我已经分析了“错误关联”的三个原因：所有概率都以数字出现时没有注意到反面情况，被先入之见误导，以及即使没有被先入之见误导，但因我们的大脑没有能力同时处理多个数据而没能发现真正的关联。下面还有两个更深层次的原因，第一个主要是对一个人性格的判断。

在观察一群人的时候，我们会格外注意这群人中与众不同的成员，例如在一群男人中的一个女人，或是在一群白人中的一个黑人，反之亦然。这没有什么不理性的。然而，如果给受试者看这些人群互动的录像带或幻灯片，他们评价那个与众不同的人及其言行的措辞会比评价其他人更极端，对他的判断也比对其他人的判断更加正面或更加负面。如果同一个人出现在他的同类人群中间，即使仍然以原先的方式行事，受试者也不会对其有极端判断。

最后，建立关联时还有一种相似却更极端的非理性错误。如果两组事物中各有一个异类，对这两组事物进行两两配对时，人们通常会错误地认为这两个异类应该匹配在一起。洛伦·查普曼最先证明了这种非理性，他给受试者展示了下面几组单词：

- shy–coin
- man–dark
- trousers–book
- clock–carpet

请注意，除了两个双音节词[1]之外，每组都是单音节词。受试者会误以为这两个不一样的词（双音节词）配对的频率比它们实际配对的频率要高。

戴维·汉密尔顿（David Hamilton）对这一发现进行了后续研究。他告诉受试者，他们看到的幻灯片是关于两个不同群体A和B的信息。每张幻灯片上都有一个人的姓名、他所属的群体和对他的一句话陈述。例如："约翰，A群体成员，游说邻居为慈善募捐。""鲍勃，B群体成员，发脾气并打了与他争辩的邻居。"其中A组人数比B组人数多，褒义的陈述比贬

1 由两个音节构成的词，一般认为一个元音或者一个双元音为一个音节。在该实验中，两个双音节词分别是trousers和carpet。

义的多，不过每个群体中的褒贬陈述比例相同。因此，从陈述本身来看，受试者没有理由对一个群体整体的评价比对另一个群体更高。事实上，当问受试者对两个群体的看法时，他们会觉得 B 群体比 A 群体更糟糕，并且错误地将贬义陈述更多地分给 B 群体。他们将不一样的（贬义的）陈述跟人数更少的群体关联起来，因为这些陈述和这个群体在他们看来都更加显眼。如果褒义陈述比贬义陈述少，也会得到相似的结果：这次人数更少的群体得到的评价会更好。考虑到这两个群体几乎没有什么区别，仅仅是贴了 A 群体和 B 群体的标签，且 A 组人数更多一点，这样的研究结论实在令人震惊。如第 4 章所述，这在某种程度上解释了带有偏见的刻板印象产生的原因。如黑人、犹太人等少数群体比多数群体更显眼（更少见），而不良驾驶、吝啬、懒惰等坏行为也比正常行为更显眼。因此，哪怕少数群体的成员并不比多数群体的成员做的坏事更多，还是会存在将坏行为与少数群体联系起来的错误倾向。

刚刚描述的这两种效应，即夸大一个与众不同的人的特征，以及把少见的特征与少数群体相关联，是解释我们很难建立正确关联的更深层次的原因。当然，它们也是非理性思维更进一步的例证。

启示

1. 要判断一个事件与另一个事件是否相关，永远不要只在大脑中留下它们同时发生的记忆，而要写下所有四种可能性。
2. 要记住，只有当A与B同时出现的频率比A单独出现时更高，A才和B相关。
3. 要特别注意反面情况。
4. 要小心，不要因为你的先入之见，或因为某些事物与众不同，就把它们联系在一起。
5. 躲开任何让你进行罗夏墨迹测验的心理学家或精神科医生，他根本就不知道自己在做什么。

第 12 章 医学中的错误关联

无论医生们是否承认，大多数医学诊断都依赖概率，只是概率并不一定都以数字形式出现。

在戴维·埃迪对医生们检测乳腺癌时所犯错误的令人震惊的描述中，错误解读不同事件同时发生的概率，可能会导致严重后果。在介绍他的研究之前，有必要先引入“条件概率”（conditional probability）这个概念，即已知某一事件为真，那么另一事件也为真的概率。例如，假设一个人总是带着一把伞，可能因为他讨厌被淋湿，也可能因为他是个老派的绅士。很显然，如果下雨的话，他带雨伞的概率就是 1.0（确定性），因为不管下不下雨，他总是带着伞。现在来看看另一个不同的概率，即上述概率的逆概率——他带着伞而又恰好下雨的概率。我们假设有 1/5 的概率会下雨，那么这个概率就只有 0.2。

要搞清楚，除了某些特殊情况，逆概率与原始概率是不相等的，这一点非常重要。我们将会看到，很多医疗从业者误以为逆概率就是原始概率，最后造成了伤害。相比“如果 Y（带着伞）发生，X（下雨）发生的概率”，“在 Y 的条件下 X 的概率”的表述更常见，数学家则会简写为“P（X|Y）”。条件概率也能从上一章中的 2×2 表格中推导出来。

埃迪讨论的是乳腺 X 线摄影（mammography），这是一种用于检测乳腺癌的 X 线检查。与其他大多数 X 线检查一样，乳腺 X 线摄影结果无法直接得出确切的诊断结论。医学研究者会评估特定检查的精准程度并发表研究成果，供需要使用这种检查的医生参考。其中一个结论是，如果一位女性患有乳腺癌，她的 X 线检查结果呈阳性（即患有癌症）的概率就是 0.92；换句话说，平均每 100 个患有乳腺癌的女性中，有 92 个女性的乳腺 X 线摄影结果会呈阳性。埃迪还发现，没有患乳腺癌的女性，检查结果为阴性的概率是 0.88。这个数字在不同的研究中略有差异，取决于 X 线检查设备的状况、放射医师的技术等。你可能会想，为什么要这样评估诊断结论：面对乳腺 X 线摄影结果，医生需要知道的不是一个患有癌症的女性检查结果为阳性的概率，而是一个检查结果为阳性的女性患有癌症的概率，以及一个检查结果为阴性的女性未患癌症的概率。下文将会讲到，这两个概率具有不确定性，定期体检的女性患有癌症的概率，会比表现出症状后被医生要求做检查的女性患有癌症的概率低得多。相较而言，它们的逆概率，即癌症患者检查结果为阳性的概率和非癌症患者检查结果为阴性的概率更具确定性。因此，医学教科书和期刊会通过引用逆概率的方式间接得出相应的原始概率。

遗憾的是，很多医生分不清原始概率与逆概率。最近在美国进行的一项调研表明，95% 的医生认为，一个患有乳腺癌的病人检查结果为阳性的概率是 0.92，可以等同于检查结果为阳性的病人患有乳腺癌的概率是 0.92。这就大错特错了。实际上，如果检查结果为阳性，病人患有乳腺癌的真正概率可能会低至 0.01，也就是说，100 个病人中只有 1 个，而不是 10 个里就有 9 个。接受调研的医生中，有 95% 都犯了基本的思维错误，即本章第一段中描述的，认为逆概率等于原始概率。

我们可以用戴维·埃迪的两个表格来说明这个问题。表 12.1 是 1000 位体检异常的女性的乳腺 X 线摄影结果，基于某些身体症状，医生觉得她们可能患上了癌症。表 12.2 是 1000 位定期体检的女性的检查结果。这两个表格都统计了检查结果为阳性和阴性的女性患有或并未患有乳腺癌的数量。对比得知，两个表格中患有癌症的女性检查结果为阳性的概率大致相当（表 12.1 为 0.92，即 80 人中有 74 人患有癌症；表 12.2 为 1.0，但由于表 12.2 中只有 1 人患有癌症，因此不能获得精确的概率估测），未患癌症的女性检查结果为阴性的概率都是 0.88（表 12.1 是 920 人中有 810 人，表 12.2 是 999 人中有 879 人）。它们的逆概率却有显著差异。表 12.1 中检查结果为阳性的女性患有癌症的概率是 0.4（184 人中有 74 人），表 12.2 中这个概率则不到 0.01（121 人中只有 1 人）。同样地，也可以推算出检查结果为阴性的女性患有癌症的概率，在表 12.1 中为 0.01，在表 12.2 中则是零。

表 12.1　1000 位体检结果异常的女性患有癌症的情况和 X 线检查结果

	患有癌症	未患癌症	总计
乳腺 X 线摄影结果为阳性	74	110	184
乳腺 X 线摄影结果为阴性	6	810	816
总计	80	920	1000

条件概率如下：

在患有癌症的条件下乳腺 X 线摄影结果为阳性的概率：74/80=0.92

在未患癌症的条件下乳腺 X 线摄影结果为阴性的概率：810/920=0.88

在乳腺 X 线摄影结果为阳性的条件下患有癌症的概率：74/184=0.40

在乳腺 X 线摄影结果为阴性的条件下患有癌症的概率：6/816=0.01

表 12.2　1000 个没有症状的女性患有癌症的情况和 X 线检查结果

	患有癌症	未患癌症	总计
乳腺 X 线摄影结果为阳性	1	120	121
乳腺 X 线摄影结果为阴性	0	879	879
总计	1	999	1000

条件概率如下：

在患有癌症的条件下乳腺 X 线摄影结果为阳性的概率：1/1=1

在未患癌症的条件下乳腺 X 线摄影结果为阴性的概率：879/999=0.88

在乳腺 X 线摄影结果为阳性的条件下患有癌症的概率：1/121=0.01

在乳腺 X 线摄影结果为阴性的条件下患有癌症的概率：0/879=0.00

这两个表格得出的概率之所以不同，是因为研究对象患有癌症的原始概率不同。显然，如果一位女性已经表现出某些症状（表 12.1），患有癌症的概率就很大，正确诊断为癌症的比例也就比定期体检筛查要高，所以检查结果为阳性且确诊癌症的概率在表 12.1 和表 12.2 中分别为 40% 和 1%，差异十分明显。然而，正如我们看到的，很多医生会对这两个概率产生错误理解，认为检查结果为阳性的女性患有癌症的概率是 92%，而检查结果为阴性的女性未患癌症的概率是 88%。

埃迪援引了大量医学书籍和期刊，证明医生们总是会混淆原始概率和逆概率的区别。其中有引自知名医学期刊《妇产科杂志》（*Journal of Gynaecology and Obstetrics*）的一段话："第一，已确诊乳腺癌的女性中大约有 1/5 的 X 线检查结果没有发现任何恶性病变（也就是说，在患有癌症的条件下 X 线检查结果为阴性的概率是 0.2）。第二，如果因为 X 线检查结果为阴性，就推迟乳房活检，那么有 1/5 的可能耽误了诊疗。"这位作者就混淆了原始概率和逆概率。令人震惊的是，他不仅是位医生，还是位研究人员，却也觉得这两个概率是一样的。另一位作者研究了进行常规体检的女性的患癌情况，说道："检查结果为阴性的女性中只有 85% 并未患癌，剩下的 15% 也许是医生看错了检查结果，也许是乳房 X 线没能检查出异常，后者的概率要大得多。也就是说，X 线检查结果正常的女性中，有 15% 得到的安全感是虚假的。很难衡量这种虚假安全感对她们造成的伤害……"这位作者弄错了未患癌症且检查结果为阴性的概率和患有癌症但检查结果为阴性的概率之间的关系。如果他的计算没错，那么接受 X 线检查的 1 万名女性中，就有 1500 名带着虚假的安全感离开——然而他错了。根据埃迪的计算，进行常规体检的 1000 名女性中，检查结果为阴性但患有癌症的只有 1 名。这种可能导致误诊的推理错误，使得一些内科医生认为根本不应该开展常规体检。

无论医生们是否承认，大多数医学诊断都依赖概率，只是概率并不一定都以数字形式出现。一个医生对乳房肿块的判断可以是：极大概率是良性的、很可能是良性的、也许是恶性的、很可能是恶性的，或者极大概率是恶性的。他判断的依据是曾经有多少与眼前这个病例相似的病例最终确诊了癌症，以及医学教材和期刊中关于当前症状是否可以用于诊断癌症的结论。如果怀疑病人患有乳腺癌，他就会进行X线检查，再进行乳房活检。乳房活检是一种令人痛苦的外科手术，需要全身麻醉。全身麻醉的致死率是2/1000，还会造成其他严重后果。

如果医生是理性的，他该怎样决定是否进行乳房活检呢？进行乳房活检会有风险，但对乳腺癌置之不理也会有风险。如果患癌风险是1/1 000 000，没有哪位患者会接受乳房活检，也没有哪位医生会推荐乳房活检，但如果患癌风险是1/2，可能所有患者都会去做乳房活检。那么患者们选择不做乳房活检的概率分界值（cut-off probability），应该就在1/1 000 000和1/2之间。事实上，埃迪的实验显示，如果患癌的概率低于1/6，就会有超过30%的患者拒绝活检。理论上，在医生最大限度地告知病人所有可以告知的信息之后，病人才能决定是否进行活检，但医生们常常不想这么做。这也是一种奇怪的不理性行为，因为我们会看到，病人得到的信息越多，手术就越容易成功。这些信息应该包括确诊癌症的概率、进行乳房活检的可能后果，还有患有癌症却没有进行活检的后果等。那么，如果医生根据 X 线检查结果对一个病人是否患有乳腺癌做出的概率估测大错特错，就会有大量病人要遭受毫无必要的活检。

医生们应该把乳腺 X 线摄影结果和是否表现出身体症状等各种其他证据结合起来考虑。然而，从医学期刊上各种混乱的表述来看，很多医生都做不到这一点。这里摘录著名期刊《手术档案》（*Archive of Surgery*）中很有代表性的一段："病人表现出乳腺癌相关症状，但没有多发肿块或'显性病变'……在这种情况下，X 线检查对于外科医生和内科医生来说利大于弊，因为这种检查是验证式的。如果临床经验是良性的，X 线检查能够确认结果并增强医生的信心。然而，这并不应该改变他进一步做活检的最初诊疗意见。"换句话说就是，如果乳腺 X 线摄影显示结果是阳性，就应该继续进行活检；如果是阴性，就应该直接忽略，并继续进行活检。就像埃迪从医学文献中找到的诸多例子一样，这样的推理完全是混乱无理的，无视了检查结果为阴性的人患癌概率其实微乎其微这个事实。埃迪还举了很多这样的例子，例如《手术档案》中还提到："推迟对 X 线检查结果为阴性且临床经验认为是良性的病变进行活检，在根治乳腺癌方面是一种退步。"埃迪指出，如果我们假设"临床经验认为的良性"意味着只有 5% 的患癌概率，那么X线检查的阴性结果就能将患癌风险降低到大约1%。这时，医生就应该建议病人留院观察，而不是让她去做活检。

需要强调的是，医学大多数时候都在应对不确定性，其中诊断结果尤其不确定，这就引出了我的最后两个观点。第一，要做出精确的诊断，必须努力将不确定的主观感受转化为数学概率，计算出每种可能症状背后的患病概率，当然还要考虑年龄、种族和性别等会影响患病概率的变量。一些医生不懂基本的概率理论，所以不会这么做。例如，埃迪也提到："很明显，年轻女性患有恶性肿瘤的人数较少，但不该以此影响对个体病例的判断。"我将在后文证明，规范地使用概率能够极大地提高医生诊断的准确率。

第二，虽然众所周知，直觉推理的准确性不尽如人意（见第19章），很多医生还是对统计不感兴趣。他们认同要针对个体病例进行治疗，却看不到自己对这个病例的诊断意见只是基于其他类似病例的诊断结果。埃迪从另一本医学教材中引用了一段话："当一个还没有确诊的病人找医生问诊时，在确诊之前，无论是病人还是医生，都不知道他所患的疾病是否罕见。统计方法只能用于成千上万的总体。个体患上罕见病或是没有患罕见病的概率，与医生对这一病人做出的诊断结论完全无关。"作者显然没有意识到，如果一种疾病十分罕见，病人患上这种疾病的概率肯定比较小。

我已经列举了不少错误，还应该再加上一个：50岁以下的定期进行乳腺癌检查的女性，因癌症死亡的人数比未定期进行检查的女性要多。一项针对5万名加拿大女性的研究最先发现了这样的结果。其原因很复杂，不过很可能是由于X线只能发现明显的原发性肿瘤[1]，而很难检查出更微小的继发性肿瘤。切除乳腺肿瘤后进行的化疗，又破坏了免疫系统应对继发性肿瘤的能力。因此，英国不再推荐 50 岁以下的女性进行乳腺癌相关的常规体检（在美国是 40 岁以下）。这并不是说此前的做法就是不理性的，那样做是基于我们当时的所知，就当时的认知来说是理性的。学海无涯，理性决定并不是总能得到最好的结果。

可惜，医生们会产生"错误关联"的可不只是两个事件的条件概率。例如，客观证据表明大面积胃溃疡确诊为恶性的概率比小面积胃溃疡更大，但在询问 9 位放射科医生时，其中 7 位都觉得小面积胃溃疡更有可能是恶性的。

另外，医生们对自己的诊断结果都盲目自信。一项研究表明，在确诊为肺炎的病例中，医生们认为自己有 88% 的准确率，但结果只有 22% 的人真的患有肺炎。这样的误诊当然会对病人有害，但似乎无法避免。盲目自信同样对病人有害，会导致医生们不去寻找进一步的证据，或是在面对更多的证据时也不愿修改诊断结果，但实际并非无法避免。约翰·包罗斯（John Paulos）提到了两位华盛顿大学博士的发现，医生对手术和用药风险的评估常常错得离谱，误差通常有十倍百倍之多。在一段时间内使用的任何医疗程序，其风险都是一定的，

1 由于器官自身的病变导致的肿瘤。随着肿瘤的不断生长，肿瘤细胞会通过血液、淋巴液转移到远离肿瘤的其他部位生成新的肿瘤，这样形成的肿瘤叫继发性肿瘤，也叫转移性肿瘤、次生肿瘤。

因此不能成为错到这种程度的借口。

最后，有大量证据表明，告知任何正在接受治疗的病人接下来可能会发生什么，都是有益的。例如，一项研究将因腹部手术住院的病人随机分成两组。在手术开始前，告知第一组病人详细的信息，包括手术时长、手术后醒来是什么情况、将会感受到怎样的疼痛等等。第二组病人没有得到任何信息，只有标准的医疗程序。后来，得到手术详细信息的病人对疼痛的抱怨更少，需要的镇静剂更少，恢复得也更快，出院时间比另一组病人平均早 3 天。一个病人如果提前知道会经历什么，就会做好准备。他不会因手术而难过，不会后悔接受治疗的决定，不会怨恨医院工作人员误导了他，也不会因为感到不舒服就怀疑手术出了问题。然而，除了少数例外情况，医生们完全无视过去 30 年间有关这个话题的研究。最近，一个外科医生和我谈论他的一位同事时是这么说的:“嗯，是的，我们很喜欢他，他不会浪费时间跟病人说话。”无论是出于傲慢、无知还是想要节省不该节省的时间，被谈论的这位医生对待病人的态度绝对是不理性的。

就像每个人在日常生活中都会犯错一样，医生们在自己的工作中也会犯错。有的读者可能因此而对自己的智商有了更多信心，但对任何需要去看医生的人来说，这都不是一件好事。公平地说，应该补充一点，医生们并不比其他任何人更无能，只是他们的错误会对病人造成明显的伤害，所以更具可得性罢了。

1. 如果你是医生，学习一点基础的概率理论。
2. 如果你是病人，记得给你的医生出个简单的概率理论测试题。
3. 为了不把医学研究搞得更糟，建议没有掌握统计、概率理论和实验设计知识的人不要成为医学期刊的编辑，哪怕这样会导致期刊数量大幅减少。

第13章 错误归因

人们会因先入之见而在两个并没有因果关系的相关事件中推断出错误的因果关系，也会在有可能存在因果关系的情况下，错误地把结果当成原因。

导致“错误关联”的五个原因，同样会导致错误归因，因为找到正确因果关系的第一步就是发现两个事件之间的联系。在建立联系时，人们常常会错误地把看起来类似的东西联系在一起，例如在罗夏墨迹测验中关于同性恋的五个无效指征。这种谬误在推理原因时表现得尤其突出。直到18世纪末，医生们还在学习“药效形象说”（doctrine of signatures），用一位医生的话说，这一理论认为用于治疗某种疾病的药物往往“具有与治疗这种疾病相关的、明显的、突出的外部特征……狐狸的肺一定对哮喘有特别的疗效，因为狐狸的呼吸功能特别强大。姜黄是鲜亮的黄色，表明它能够治疗黄疸……小花紫草（*Lithospermum officinale*）的种子光滑而坚硬，是治疗结石类疾病的象征……”。约翰 · 斯图尔特 · 穆勒（John Stuart Mill）最先证明了这种谬误，即“‘现象产生的条件必须与现象本身相似’是一种偏见”。在原始文化中，这种谬误更加常见。正如人类学家埃文斯–普理查德（Evans-Pritchard）所指出的，阿赞德人（Azande）[1] 相信鸡粪能治疗皮癣，因为它们看起来很像，而烧焦的猴子头骨能治疗癫痫，因为猴子的动作跟人类癫痫发作时的样子一模一样。

这些例子都是尼斯贝特和罗斯观点的延伸。他们认为，整个精神分析过程都包含着这种原始的思维方式。成年后嘴部的种种行为，例如抽烟、接吻以及不停说话，是口欲期固着 [2] 的表现；吝啬或攒钱是因为肛欲期时憋住粪便的欲望没有得到满足，诸如此类。直到今天，这种谬误也还在继续，只不过表现为其他方式。例如，顺势疗法认为适量服药能够治愈疾病，而健康人过量服用这种药物则会患上相应的疾病。现代科学取得的伟大成功，很大程度上要归功于实验数据的谨慎记录，使之避免了研究发现的错误关联，也使得科学家们不再相信看起来

1 主要生活在刚果、中非共和国、南苏丹等地区的人种，属尼格罗人种，用阿赞德语。

2 “口欲期”是指一岁前，此阶段婴儿处于一种完全不自立的状态，依赖母亲等养育者生活。精神分析学认为，一个人如果自主行为在成长过程中受到父母过多压抑，就会在心理上退回到“口欲期”，并称此现象为“口欲期固着”。

相似的东西之间存在因果关系，尽管很多人在日常判断中仍继续着这种错误。

不过，即便是科学家也会搞错原因。医学研究领域近来有个例子能够作为这种归因错误的例证。众所周知，血胆固醇水平比较高的人容易患动脉硬化性心脏病。于是人们会自然而然地认为，摄入的胆固醇越多，得心脏病的概率就越大。一项研究发现，不同国家的饱和脂肪摄入量确实与心脏病发病率相关，但进一步的研究发现，两者之间的联系并没有那么紧密。此外，我们很难把饱和脂肪摄入量和其他已知的心脏病诱因（例如锻炼等有益因素，或是压力等有害因素）区分开来。尽管如此，很多人还是会减少奶制品和动物脂肪的摄入，在美国这种注重健康的国家尤甚。一些针对个体的研究试图揭示胆固醇摄入是否会影响血胆固醇水平，例如要求志愿受试者在一段时间内每天喝 4 品脱牛奶，但他们的血胆固醇水平并没有受到影响。英国医学研究理事会（Medical Research Council，MRC）资助的两项独立研究的结果进一步质疑了胆固醇的摄入会损害心脏的假设。第一项研究发现，不喝牛奶的人的心脏病发病率是每天喝 1 品脱以上牛奶的人的 10 倍。第二项研究则发现，食用人造黄油的人的心脏病发病率是食用天然黄油的人的 2 倍。事实上，有充足的理由能够说明一个人的血胆固醇水平不受饮食的影响。首先，肝脏生产的胆固醇是正常摄入量的 3 ～ 4 倍。其次，身体本身就会调节血液中的胆固醇含量，无论我们吃什么，胆固醇水平都不会明显变化。虽然会有一些倒霉的人，由于胆固醇水平过高而很可能在年轻时死于心脏病。我们并不清楚导致血胆固醇升高的真正原因，我们只知道，通过药物降低胆固醇水平虽然可能会降低心脏病发病率，但并不能延长寿命，人们反而会死于癌症。没有确切证据表明胆固醇摄入会影响血胆固醇水平，我们却妄下结论，吓到了很多人。这个问题当然比我描述得复杂得多，不过却是"吃什么就会得什么"的归因错误的一个明证。

你可能会想，医学领域怎么会有这么多错误的理论。原因很有趣，我们可以通过某种性格特征的人特别容易得心脏病这个理论的演变过程来加以说明。已知 A 型性格的人总是野心勃勃、时不我待、积极进取。1955 年左右，首次有报告认为这种性格特征的人有得心脏病的风险。如果用支持这种相关性的研究文章的数量，除以反对数量，我们会发现得出的比值相当大。不过近年来这一比值逐渐减小，目前持两种观点的文章数量已基本持平。为什么会这样呢？起初，人们认为这一发现既新颖又有趣，所以支持这一发现的文章容易发表。反对者们则要么没有提交自己的研究结果，要么因文章缺乏关注而被退稿。如上一章所述，每个人都倾向于忽略反面情况。不过一旦 A 型性格的人容易得心脏病的假设被广泛接受，质疑该假设的文章就会得到关注，陆续开始发表。直到今天，该假设的科学性依然不得而知。不发表反对观点也许是理性的，毕竟知名学术期刊真正感兴趣的是靠科学家们的论文赚钱（科学家对期刊的贡献几乎都是无偿的），而不是推动科学的进步。这使得错误结论有了可乘之机。

在归因时人们还会犯一种常见错误，即在几个可能相关的选项中挑出最明显（可得性）的那个。这个问题长期困扰着流行病学领域，比如下面这个案例。20 世纪 30 年代，一家美国医学期刊发表了一篇危言耸听的文章，认为新英格兰地区、明尼苏达州和威斯康星州的癌症发病率远高于美国南部各州。癌症在英国和瑞士也很普遍，但在日本很少见。由于癌症高发的这些地区的牛奶摄入量比其他地区大得多，那篇文章便得出结论，认为牛奶是致癌原因之一。这个结论听起来似乎有道理，其实是错误的。在喝牛奶较多的地区，人们生活相对富足，寿命也相对更长，而喝牛奶较少的地区则相对贫困。当时，日本女性的预期寿命比英国女性短 12 年。由于癌症主要是一种老年病，更长寿的地区癌症发病率更高也就不足为奇。罪魁祸首是衰老，而不是牛奶。

政治家也会有意无意地犯与流行病学家同样的错误。例如，撒切尔政府急于削减学生补贴，反复强调上大学会提高赚钱能力。不可否认，大学毕业生的人均收入确实更高，但这样的因果推理却毫无道理。相较于大学教育，智商高于平均值；意志比他人更加坚定；父母身居高位、属于中上阶层，能够帮助他们获得好工作，这些因素显然更可能带来高收入。因此，我们并不能证明大学教育和随后的高收入之间的因果关系，英国教育部长们反复强调这种因果关系，只能说明英国的教育体系并没有成功教会他们如何思考。

上面我们讨论的两个案例属于，人们因先入之见而在两个并没有因果关系的相关事件中推断出了错误的因果关系。还有一种错误，即在有可能存在因果关系的情况下，错误地把结果当成了原因。这种错误通常也是由于先入之见影响了判断。这里举两个例子。

一个例子摘自精神分析师克里斯托弗·博拉斯（Christopher Bollas）所著的一本书，他在书中写道："我所见过或负责治疗过的药物成瘾者，都是精神上的孤儿。"他认为吸毒者都"在孩童时期感到过深深的孤独和寂寞"。即使不是精神分析师，任何普通人也能够想象到药物成瘾者的父母一定会十分难过，无法理解孩子，并因此疏远孩子。换句话说，可能是孩子药物成瘾导致了父母的疏远，而不像博拉斯所述，是父母的疏远导致了孩子的药物成瘾。博拉斯虔诚地相信精神分析，正是这种先入之见使他对其他更为理性的解释视而不见。

另一个例子来自临床心理学。有研究发现，喜欢自己心理医生的精神障碍患者比不喜欢自己心理医生的患者恢复得更快。该研究因此得出结论，患者对心理医生的喜爱是治疗的一个重要因素。当然，我们也可以认为：有所好转的患者会更容易喜欢帮助了他们的心理医生，而不见好转或恢复很慢的患者则不喜欢他们的心理医生。

这些例子表明，两个事件同时发生，并不足以证明两者存在因果关系。为了避免上述错误，有必要引入解释因果关系的一般性理论。回到肺癌和抽烟的例子，抽烟者的肺癌发病率比不抽烟的人要高得多，所以两者无疑是强相关的。然而，20世纪最伟大的统计学家之一费希尔（R. A. Fisher）认为这种相关性只是遗传机制的结果，即引起抽烟嗜好和引发肺癌的基因是相同的。从其他证据来看，费希尔的结论并不能使人接受。人们已经发现，抽烟会降低肺纤毛的摆动频率，烟草中含有致癌物焦油，而且戒烟者，例如医生的肺癌发病率有所下降。最后一个论据比较容易辩解，如果戒烟者比抽烟者肺癌发病率更低，费希尔可以反驳说正是不显著的遗传因素使他们戒了烟。不过遗传因素的影响如果“不显著”，也就不会引发肺癌那么严重的后果。我们很难相信，基因让人成为医生，所以医生中戒烟的人更多，戒烟的医生患肺癌的风险有所降低这一点，会是证明抽烟和肺癌之间存在因果关系的有力证据。这里还要补充一点，即使面对这么多证据，费希尔和后来的汉斯·艾森克（Hans Eysenck）依然坚持抽烟不会引发肺癌。不过这种坚持并不像表面看上去的那么不理性，他们可能是得到了烟草制造商常务委员会的支持。

医学领域在判断不同治疗手段是否有效时犯的错误，恰恰证明在没有任何理论支撑的情况下，人们会有编造两个事件之间的关联来推出因果关系的倾向。比如，弥尔（P. E. Meehl）说过：“我们用维生素、透热疗法[1]、口服脊髓灰质炎减毒活疫

---

1 将电感应热量或高频电磁电流用于物理治疗和外科手术的一种疗法。

苗、高乳制品饮食法、碘化钾、硫酸氢奎宁来治疗多发性硬化患者，现在又用上了组胺。”我们曾经徒劳地用甲唑醇和胰岛素这两种会引起惊厥的药物来治疗精神病患者和抑郁症患者；或者使用脑叶切除术切除他们大块的脑组织，把他们变成植物人；还持续多年给幼儿服用甘汞作为牙粉，这种含汞物质会永久性损伤神经系统。医疗手段几乎像女装一样，成了时尚的奴隶。在 20 世纪 50 年代中期，医生普遍会不管三七二十一地切除儿童的扁桃体。纽约的一项研究观察了 1000 名 11 岁儿童，发现 61% 已经被切除了扁桃体。在剩下 39% 的儿童中，45% 被医生建议应该切除扁桃体。带剩余 55% 的儿童去看其他医生，又有 46% 被建议应该切除扁桃体。换句话说，医生们相信切除患病的扁桃体对儿童有益，但他们从来不知道应该怎样识别扁桃体是否患病。

医生们当然不比其他任何人更不理性，只是他们面对的是人体这个人类已知最复杂的对象，人体会患的疾病也同样复杂。如上文所述，很多心理学家都同样毫无依据地对自己的诊断和种种值得质疑的心理治疗手段的效果怀有错误的信心。今天的医学已经发展得更加理性，可能有效的治疗手段不再被医生凭感觉广泛传播，而是需要经过对照实验系统研究之后才向公众发布。

因果推理中还有三种奇怪的现象也值得一提。第一种是人们在从原因推出结果时比从结果推出原因更有信心。当问受试者“蓝眼睛女孩有个蓝眼睛妈妈”和“蓝眼睛妈妈有个蓝眼睛女儿”哪个事件的概率更大时，超过 3/4 的人都选择了后者。因为有因才有果看起来更合理，人们通常会错误地认为由因推果比由果推因更具说服力。

第二种现象是，结果的性质会严重影响对原因的推导，起码当动因（agent）是个活生生的人时是这样。一个事件的结果越引人注目，我们就越有可能把结果归因于这个动因。在一项研究中，实验者告诉一组受试者有个人把车停在斜坡上，他下车之后，车子顺着斜坡滑动，撞到一个消防栓；告诉另一组受试者同样的故事，只不过车撞到的是一位行人，导致他受伤了。相比第一组受试者，也就是听到车只是撞到消防栓的那些人，第二组受试者在听到故事中有人受伤后，认为司机应该承担的责任更大。这样的结果完全不理性，因为两种情况下司机的行为并无差别。幼儿也会犯同样的错，他们分不清不小心打碎果酱瓶和因为生气把果酱瓶摔在地上的差别，他们只知道一个行为后果的严重性，而不是行为本身的严重性。

第三点现象是，有证据表明，如果一个人伤害到我们自己而不是伤害到我们的一位朋友，我们会更有可能要求他负责；如果一个人伤害到我们的一位朋友而不是一个陌生人，我们也会更有可能要求他负责。一个行为的后果越明显（可得性），我们就越会觉得行为人应该负责。这个行为后果附带的情感价值，会强化我们心中对行为及其后果的因果关系判断。

在继续讲下去之前，我们必须仔细审视我们对一个事件原因的认知。如果你打开一盏灯，你会很自然地认为按下开关是灯亮的原因，但其实还有很多需要考虑的条件，这些条件都可能是灯亮的原因，例如，电线必须接触良好，灯泡也不能坏掉。如果灯泡烧坏了，我们换上了一个新灯泡，那么在按下开关时，也会认为换了新灯泡才是灯亮的原因。很多事件都有多个原因。一辆车翻了，可能是因为司机开得太快、路面结冰，也可能是因为路上有个急转弯。在一个事件可能的原因中，我们往往会选择不常见的或我们最感兴趣的那个来作为原因。

一个人的行为可能是由性格引起，也可能是由他所处的情境引发。例如，如果一个人生气，我们可以这样解释：他是一个特别容易被激怒的人（他的性格），或是被逼得忍无可忍（他的处境）。虽然性格和处境对他的行为都有影响，但就像电灯的例子一样，我们应该归结于那个更为异常的原因。如果他异常容易暴躁，那么就是性格原因；如果他平时很冷静，那么让他生气的就是处境。在现实中推导诱发行为的原因时，人们会犯严重的系统性错误。想想米尔格拉姆让他的受试者对陌生人进行可能会致死的电击实验。你如果只知道一个叫山姆的人把电击加到了最高，可能会猜想他这么做的原因是他是一个异常残暴冷酷的人。当了解到米尔格拉姆的受试者大部分都使用了最高程度的电击时，你应该修改自己的判断，认为山姆这么做也没什么奇怪，他这么做是因为他处在了不同寻常的情境。然而，人们并不会这样思考。在一项实验中，受试者被告知米尔格拉姆实验的参与者们有 65% 都使用了最高程度的电击。再见到山姆时，受试者们还是会觉得他是个特别残暴冷酷的人。这种把一个人的行为归结于他的性格而不是处境的错误倾向十分常见。包括上述实验在内的很多实验都表明，人们在判断一个行为的原因时，会受到他在类似情境中是否总是这么做的影响（山姆总是这么残暴吗？），却不管他人在同样处境中是否也会这么做，而后者才是做出正确判断的关键。

下面这个研究就是忽略情境因素的极端例证。受试者观察了两个人的互动，一个人出测验题，另一个人作答。出题人当然知道所有问题的答案，作答人却不一定知道。模拟测验结束后，几乎所有的受试者都觉得出题人比答题人更博学、更聪明。他们忽略了情境：任何出题人都能选择自己知道答案而答题人答不上来的问题。

这种将他人的行为归结于性格特征或人格特质而非所处情境的普遍倾向，被称为“基本归因错误”（fundamental attribution error）。产生这种错误的原因有两个。首先，一个人在特定情境中的行为十分显眼（可得性），而其他人在同样情境中会怎么做却没那么容易被关注。其次，人们通常会认为，一个人的行为与其本身性格的关联度比与他所处情境的关联度更高。已有几个实验证明了第二个因素的影响。如果这个因素确实存在，那么和他人通过观察做出的判断相比，一个人对自己的判断更不容易犯基本归因错误：因为人们常常会忽略自己，而更容易看到自己所处的情境。在一项研究中，实验者把一部分受试者分成每两人一组，让他们相互了解。其他受试者作为观察者能听到两人的对话，却只能看到其中一人。对话结束之后，实验者让所有进行对话的受试者评价自己表现的紧张程度、友好程度、健谈程度和在对话中的主导程度，让所有观察者也对这些指标打分。几乎在每个指标中，观察者给出的分数都比受试者自己更高。不过给受试者看自己表现的录像带回放之后，他们会改变对自己的评价，给出的分数甚至比观察者还要高。这个实验有力地证明：相比评价他人的行为，我们会更少地用性格因素解释自己的行为，原因之一只是我们常常会忽略自己的行为。

把他人的行为归结为性格因素的现象十分普遍，却并不理性。这种做法可能会导致我们不合理地指责他人。巴伦（Baron）举了一个假想的例子。假设一家公司重要岗位的候选人在面试时提前到达并被邀请共进午餐。他可能会紧张得手足无措，雇主可能会因此拒绝录用他，丝毫不考虑其他申请者在面对这种共进午餐的尴尬情境时又会有怎样的表现。

性格特征没有我们想象的那么重要，还有一个原因：性格特征不像大多数人以为的那么稳定。同样一个人，可能在一个处境中诚实，在另一个处境中不诚实；有时易怒，有时冷静；有时贪婪，有时节制；等等。此外，有证据表明，人们以为很多性格特征会相互调和，其实不然。以儿童为例，在拒绝作弊和延迟满足，例如当场拒绝一块巧克力以换取几小时后的五块巧克力，两者之间并无关联。

很多研究反复证明了性格特征有多靠不住，这里再举一例。在面试过程中，用被设计为能够诱导内向反应的问题询问一组受试者，例如：“你不喜欢吵闹的聚会的哪些方面？”用被设计为能够诱导外向反应的问题询问另一组受试者，例如：“如果你想活跃聚会的气氛，要怎么做？”随后要求他们分别与伪装受试者对话，第二组受试者的表现会比第一组更外向。例如，他们会更快地与伪装受试者展开对话，把自己的椅子搬得离他更近。要是问几个问题就能改变我们以为的应该比较稳定的性格特征（外向还是内向），那么真正发生重大变化的情境对人们性格的影响又会有多大呢？

从自身经验出发，大多数人无疑会觉得性格特征具有一致性。鉴于本书第 4 章最后给出的 9 个原因，这种错误想法的产生可能是因为人们已经形成了对他人的刻板印象，高估了他人行为的一致性：对他人的性格特点形成大致的总体认知，能省却大量费力的思考。一旦形成对某人的判断，人们可能就只会注意到此人与这个判断相符的行为（“错误关联”）。要确定一个人是极其易怒还是无比冷静，不能只记录他的行为，还要记录其他人的行为，以及这个人和其他人所处的情境。基于以上原因，形成关于自己的快速判断也许会更有趣，花费的时间也会更少。

对人类行为的错误归因可不是小事。在多数美国政客看来，俄罗斯人制造核武器是有意谋求世界主宰地位，但他们这样做也可能是出于对自身处境的考虑，需要应对美国的核扩散。如果一个学生成绩不好，我们要想想是因为他的个人特质（例如懒惰）还是因为他的处境，比如失去挚友，或至爱的祖母辞世。并非所有行为都能归因于处境，我有的学生有 10 个“祖母”，她们的死亡率之高令人无比痛心，不过总体上我们还是很容易忽视处境因素。

在判断他人的性格特征时，我们还会犯一个错误，即高估他人和我们的相似程度。一项实验要求受试者举着一块写着“忏悔”的大牌子在校园里游走，有的受试者同意了，有的没有。在同意这么做的受试者当中，大多数都觉得别人也会同意。在不同意这么做的受试者中，大多数也都觉得别人也不会同意。对于他人与自己相似的这种认知产生的原因还没有得到共识，可得性错误是可能的一个原因。相比于性格，我们的行为对我们来说更具可得性，所以在评判他人时，我们首先想到的就是我们处于他们的情境中时会怎么做，这就是我们判断的基础。错误地觉得他人像自己，不禁让人联想到被称为“投射”（projection）的精神分析防御机制。弗洛伊德认为，如果一个人具有不讨人喜欢的特征，例如吝啬，那么这个人就会倾向于从别人身上也找到这个特征，并且自欺欺人地认为自己没那么异于常人。虽然据我所知，没有证据能证明这种说法，不过它可能有一定的道理。无论是用隐秘的力比多还是用可得性错误来解释，这种“投射”都可看成非理性的又一个例证。

在本书中，我列举了人们为自己的行为和态度错误归因的例子。人们会从众，会夸大自己已有大量投入的任何东西的价值，会受光环效应影响，会扭曲证据使之符合自己的观念，却很难认识到引发自己行为和态度的真正原因。

人们还会搞错影响自己心情和情绪的因素。在一项著名的实验中，实验者给受试者注射会让人产生兴奋的肾上腺素，告诉一些受试者注射的是维生素，不会立即起效；告诉另一些受试者注射了兴奋剂。随后，实验者让受试者坐在一个到处都是伪装受试者的屋子里，这些伪装受试者有的极其兴奋、吹爆气球、大叫大笑，有的极具攻击性，反复侮辱真正的受试者。受伪装受试者表现的影响，大多数受试者都开始变得更开心或更生气。不过重要的是，以为自己注射了维生素的受试者比另一组受试者的情绪变化大得多。他们不知道自己变得兴奋是因为注射了药物，只能告诉自己是因为受到了周围人的影响，所以比另一组受试者更生气或更开心。还有很多实验也同样表明，我们无法准确判断影响自己情绪的因素。实验者让男性受试者骑几分钟健身自行车，然后给他们看裸体女性的图片，并让他们对图片性刺激程度进行打分，他们给出的分数要比那些没有经过自行车环节引起生理兴奋的受试者更高。

这种现象与我们为包括自己在内的任何人的行为或感受找到合理借口的能力有关。我们想要向自己解释影响自己情绪的因素，不过常常大错特错。无论是考试还是恋爱，人们都会给自己的失败找借口。当人们因嫉妒而做出恶意举动时，有几个人能意识到自己行为的真正原因呢？我曾经历过一次抑郁，并且确信产生抑郁的原因是害怕旁边的树会压倒我的房子。我必须得给抑郁找个理由。不过当抑郁消失之后，那些树也变得不再可怕。弗洛伊德说得对，自欺欺人无处不在。他的错误在于将自欺欺人归因于力比多，即深层次的性冲动。

人们没有能力找到自己失败的真正原因，最有说服力的证据是哈佛大学的一项现实生活研究。实验要求女性写两个月的日记，记录每天开心或不开心的程度。另外，她们还得从一些预先设定好的选项中选出可能会影响自己情绪的原因，包括天气、健康状况、性行为、月经周期和前一晚的睡眠深度等。日记交上来以后，研究者对它们进行了数学分析，试图找出这些因素与不同情绪的相关性。例如，如果发现前一晚睡眠质量很好的受试者第二天普遍心情很好，或是情况正好相反，研究者就会认为情绪和睡眠质量完全相关。如果发现受试者前一晚的睡眠质量和第二天的心情完全不相关，研究者就会认为睡眠不会影响心情。

记录结束后，研究者又让女性就这些预设因素对她们心情的影响程度进行评分。出人意料的是，她们打分的结果与客观数学分析揭示的结果大不相同。在数学分析中，处于一周中的哪一天对心情的影响似乎非常显著，例如“星期天，讨厌的星期天”，而睡眠质量则影响甚微。然而，这些女性的评分显示他们认为对心情最重要的影响因素是睡眠，星期几则相对没那么重要。此外，每名受试者对这些因素的打分和客观分析得出的结论之间也不存在相关性。事实上，一位女性的心情受星期几或天气的影响越大，她就越觉得这些因素的影响不显著。简而言之，人们根本就判断不出影响自己心情和情绪的原因。

1. 如果一个事件的原因和结果很相似，要怀疑对它的任何解释，哪怕是最高权威做出的解释。
2. 要怀疑一切流行病学研究结论，除非有更可靠的证据支持。
3. 想想除了你最先想到的原因，一个事件是否还有其他原因。
4. 想想你最终确定的原因和结果是否和你最初的想法正好相反。
5. 要怀疑一切因果关系，除非有足够的理论能够解释它。
6. 要记住，在大多数情况下，从结果推出原因和从原因推出结果一样合理。
7. 在判定是否为一个行为负责时，不要被行为结果的严重程度影响。
8. 在认为某人应该为一个行为负责之前，先想想其他人在相同处境中会怎么做。
9. 不要觉得别人都跟你一样。
10. 顺从自己的喜好。

第 14 章 错误解读证据

在很多情况下，最有可能得出正确结论的理性思维一定是基于数字计算。

我们已经看到，人们会扭曲证据使之符合自己的观点。本章将继续论述，即便没有先入之见，人们还是会用相当系统性的方式错误地解读证据。

这里有两个简单的问题。第一个问题，想想扔 6 次硬币分别出现下面三种结果的概率。其中 H 代表正面，T 代表背面。

1. TTTTTT
2. TTTHHH
3. THHTTH

问问自己这三种结果哪种出现的概率最大。大多数人会选择 THHTTH，而事实上三种结果的概率相同。出现这样的错误，是因为前两种结果包含了一定的顺序，看起来不像是随机的，且扔硬币时很少连续扔出正面或背面，于是人们就会不假思索地推理，扔硬币时无序的结果比有序的结果更多，出现的概率更大。实际上，这样的推理是错误的，原因是没有想到第三种是一个特定的无序结果，不会比其他任何有序结果更容易发生。假设硬币本身没有偏差，每扔一次结果为正面或背面的概率都是 1/2，那么任何指定结果出现的概率都一样，都是 1/64。

这是“代表性”（representativeness）偏差的一个例子。由于扔硬币时出现正面或背面的结果经常是随机的，我们又不能轻易区分出打乱顺序的不同组合，就会觉得第三种结果能够代表普遍情况，而前两种不能，因此觉得第三种结果出现的概率更高。

现在来看第二个问题，实验者告诉你“我在伦敦住所的隔壁邻居是个教授，他喜欢写诗，有些害羞，个子很矮”，然后问你他更有可能教授汉学还是心理学。大多数人都会答错，觉得这个邻居更有可能是个汉学方面的教授，但正确答案是心理学。虽然对他的描述很符合汉学教授的特点，但在英国，心理学教授的人数可比汉学教授多得多。的确，从事汉学研究的教授太少了，心理学教授中害羞、写诗又是小个子的人应该比汉学教授中符合这些特点的人要多得多。只因为问题中的描述更能代表汉学教授这个群体，我们就会不假思索地断定他是个汉学教授，而不管这个学科的教授人数到底有多么少。

根据一个人在多大程度上能够典型代表一个特定群体来进行判断，会导致更加严重的错误。实验者向受试者简要描述一些人，例如："琳达今年 31 岁，单身，外向，非常聪明。作为一名哲学专业的学生，她非常关注歧视问题和社会公正等议题，也参加了反核武器游行。"然后，实验者让受试者把有关琳达的下列陈述按照真实性排序，每名受试者对这些陈述的排序各有不同：

a. 琳达是一位小学老师。

b. 琳达在书店工作，上瑜伽课。

c. 琳达积极参加女权运动。

d. 琳达是一位精神病学社会工作者。

e. 琳达是女选民联盟成员。

f. 琳达是一位银行柜员。

g. 琳达是一位保险经纪人。

h. 琳达是一位积极参加女权运动的银行柜员。

不用说，受试者觉得琳达是一位女权主义者（陈述 c）的概率远高于银行柜员（陈述 f）。在判断琳达是一位积极参加女权运动的银行柜员（陈述 h）的概率时，他们觉得比她只是一位银行柜员的概率要高。这个判断是不可能对的，因为显然，只是银行柜员的女性人数要比既是银行柜员也是女权主义者的女性人数多。产生这种错误的原因是，实验者对琳达的描述符合典型（代表性）的女权主义者的特征，陈述 h 中至少有一半内容与给出的描述相符。琳达可能是女权主义者的事实，使受试者不理性地提高了琳达同时属于女权主义者和银行柜员两个类型的概率。用更专业的表述来说，受试者在计算过程中取了两种概率的平均数，而不是把两种概率相乘。如果琳达是一位女权主义者的概率是 0.7，是一位银行柜员的概率是 0.1，那么她既是女权主义者又是银行柜员的概率就是 0.07 而不是 0.4。在面对这个问题时，哪怕是有一定概率理论或统计基础的人，例如心理学或教育学专业的学生，都会犯同样的错误，就连医生和企业管培生也一样。

这种错误会产生如下影响。如果告诉一个人一些非常不可信的事，再告诉他一些看似非常可信的事，他相信前者为真的概率就会更大。然而，不可信的事情，即不可能发生的事情，并不会因为与一些十分可信的事放在一起而变得可能发生。事实上，只要引入了额外要素，无论这些要素为真的概率有多高，所有要素同时为真的概率几乎都会下降。这种情况完全能够印证上面的实验：引入可信的要素，以提高对不可信要素的信心。得手的骗子和很多律师都会用这样的伎俩。不过应该补充说明，其中还有一种机制在起作用。

我们如果从一个人那里听到了一些可信的陈述，可能会认为他诚实，于是开始相信他没那么可信的陈述。广告公司滥用这种花招，进一步想出一些广告语；有医院买他们产品的人可能会相信，不会买他们产品的人则不然。例如，一款叫“不错不错”（Yup-Yup）的狗粮的广告语是“狗就像人一样”，很多爱狗的人都会相信这一点，并继续相信广告商说的这款狗粮能够“让狗毛更闪亮，让狗狗更自信”等，不养狗的人则大多不以为然。“狗就像人一样”的广告语会产生两个方面的影响。第一，爱狗的人会觉得广告商说出了他们不为大众所认同的心声，很理解他们，因此很可信。第二，让广告商和爱狗的人成为一个群体，产生本书前面讲过的内群体忠诚效应，会使他们购买这款狗粮的概率更高。简言之，养狗的人受到广告语的误导，既认为广告商敏锐而可信，又认为广告商跟自己同属于一个内群体，于是会竞相购买这款狗粮。

有研究发现了与此相关的另一种令人意想不到的错误。实验中的受试者是攻读社会工作专业的研究生，实验者给他们提供一个假想客户的信息，暗示他们这个客户可能有某种特殊的情绪问题。如果描述是客户“有性虐待幻想”，社会工作者就会觉得他会虐待儿童。如果描述是客户“有性虐待幻想，在空闲时间修理旧车，曾有过逃学经历”，他们就会觉得他虐待儿童的概率大幅降低。显然，这些额外信息与他的性癖好毫无关系，但社会工作者会被这部分常规信息误导，觉得这个人不是性变态。这种错误可能是在思考过程中形成的，也可能是在无意识中出现的。事实上，据我们所知，虐待儿童的人也可能会像其他人一样修理旧车。我们想到了在修旧车的人里，只有很小一部分会虐待儿童；却没有想到不修旧车的人当中虐待儿童的人的比例也同样很低。这再次证明了第 11 章中讨论的忽视反面情况的现象。总之，引入无关信息，会干扰我们从一件事推理出另一件事的能力。

我们已经讨论了三种错误：由于某事物具有某类别的典型特征，不管这个类别的规模有多大，就认为其一定属于这个类别；由于部分描述为真，就倾向于相信整体描述为真；如果一个人在某些不相关的方面是正常的，就倾向于减少对他不正常方面的质疑。产生这些错误的原因是我们受到了代表性偏差的影响。如果这个事物具有代表性，我们就会忽略其真正的可能性或概率。未经特殊训练的人没有能力处理好概率问题，来自现实生活的一个案例证明了这一点。英国每年有 30 万人死于心脏病、5.5 万人死于肺癌。大量抽烟会使一个人死于心脏病的概率增加大约 1 倍、死于肺癌的概率增加大约 10 倍。于是，大多数人会认为抽烟更有可能引发肺癌而不是心脏病。无论是在英国还是世界其他国家，政府的禁烟宣传几乎都基于这一假设，但这个假设本身就是错的。如果把心脏病的高发病率考虑进来，那么每有一个抽烟的人死于肺癌，就有两个以上抽烟的人死于自发性冠心病。下面这个简单的计算（为简单起见，假设成年人口中有半数人抽烟）展示了我们得出结论的过程。由于抽烟会使患上致命的心脏病的风险增加一倍，每年死于心脏病的 30 万人中应该有 20 万烟民和 10 万非烟民。其中大量抽烟导致的死亡增加人数应该是 10 万人。同样地，每年死于肺癌的 5.5 万人中有 5 万烟民和 0.5 万非烟民，其中大量抽烟导致增加的死亡人数应该是 4.5 万人。因此得出结论，死于心脏病的烟民大约是死于肺癌的烟民的 2 倍。

能否理解这些数字运算并不重要。重要的是认识到，在得到关于一个事件概率的新信息时，必须结合该事件原本的概率，即基本比率或先验概率去考虑。18 世纪上半叶，英国数学家托马斯·贝叶斯（Thomas Bayes）[1]首次提出了如何计算这些概率的数学定理。这个定理很古老，却常常被错误使用，而这种错误普遍存在于医生、律师、高管和将军之中。

实验研究一再证明了这一点，其中最著名的实验如下：实验者告诉受试者一座城市有两家出租车公司，蓝车公司拥有 85% 的市场份额，绿车公司拥有另外的 15%。有辆车肇事逃逸了，证人说在她印象中是一辆绿车。通过测试，发现在事故发生时的灯光条件下，证人正确说出出租车颜色的概率是 0.8，有 0.2 的概率会看错。问题是，事故中的出租车是蓝色的概率更大，还是绿色的概率更大。在实验中，大部分受试者都会说“绿色”，他们错了。虽然这位女性的判断很可能是正确的，但蓝车比绿车要多得多。肇事车是蓝车但被她误认成绿车的概率是 0.85 × 0.2=0.17。肇事车是绿车且被她正确认出概率

1 18 世纪英国神学家、数学家、数理统计学家、哲学家，概率论理论创始人，贝叶斯统计的创立者，“归纳地”运用数学概率，“从特殊推论一般、从样本推论全体”的第一人。

是 0.15×0.8=0.12（这些数字加起来不到 1.0，因为还存在她认为自己看到了“蓝车”的情况）。也就是说，肇事车是辆绿车的概率仅有 0.4。受试者的错误在于过度关注事件的新证据（这位女性的判断），而忽视了事件的基本比率（绿车出现的频率）。

还有一个来自现实生活的关于测谎仪的有趣例证，反映了美国企业未能正确使用基本比率导致的错误。从华盛顿到尼克松，美国总统都表现出对测谎的重视，测谎仪的使用比英国要频繁得多。测谎仪的工作原理是测量皮肤的导电率、呼吸的频率、声音的音调等在紧张或激动时会升高的指标，以此判断受试者是否说谎。测谎过程中，测试者会提出各种无关紧要的问题，在其中夹杂一些带有一定引导性的问题，例如：“你昨天抢劫了大通曼哈顿银行（Chase Manhattan Bank）吗？”假设受试者心虚，回答这些问题时测谎仪的指标就会升高。事实上，很多原因都会导致激动，例如害怕或被审问，因此测谎仪并不完美。直到被测谎仪判定为犯有盗窃罪的人后来因为他人的招认而免除罪责时，人们才意识到测谎仪也会出错。尽管如此，美国公司依然普遍使用测谎仪来侦查员工的偷窃行为。

现在假设测谎仪的成功率是 90%（事实上肯定没有这么高），也就是说无辜的人当中有 1/10 测谎结果是其有盗窃行为，而有罪的人当中有 1/10 测谎结果是其没有盗窃行为（现实中这两个比例不可能相等）。被测谎仪判定有罪的员工会被公司开除。表面看来，每成功地找出 9 人，只会冤枉 1 人，对公司的管理者来说是可以接受的（当然对很多普通员工来说则不能）。不过这个推理是错误的。不偷东西的员工应该比偷东西的员工多得多。假设一家公司有 1000 名员工，一年里有 1% 的人（10 人）从公司偷东西，99% 的人（990 人）没有。所有员工都接受测谎，偷东西的人中被抓到的有 9 人（90%），但没偷东西的 990 人中，却有 99 人（10%）被冤枉。因此，用测谎仪每抓住一个偷东西的人，就会冤枉将近 10 个无辜的人。一旦引入“基本比率”，我们就会发现无辜的人付出的代价比有罪的人更大。

应该说，使用测谎仪的方式可以更巧妙。例如，如果丢了一台台式计算机，我们可以给有嫌疑的人看几台不同型号的计算机，只有偷了那台计算机的人才知道具体是哪一款，才会在测谎时对这个型号的计算机做出反应。理论上，这样无辜的人就不会因为面对测谎仪时过于紧张而被判定为有罪。然而，我们很少使用这些巧妙的方法，即使用了，也依然会存在概率错误。由于无辜的人比有罪的人多得多，测谎仪发现的有罪的人就可能比无辜的人少。可是哪怕存在这样那样的问题，美国很多州依然还在使用测谎仪。

在解读医学检查结果时，如果不考虑基本比率，后果将会十分严重。如第 12 章所述，这就是很多医生没能正确使用乳腺 X 线摄影的原因。这里再举一例。哈佛医学院可能是世界上最负盛名的医学院，如果问那里的师生，某种疾病的发病率是 1‰，而检查结果为阳性但并未患有这种疾病的概率是 5%，那么病人检查结果是阳性且真的患有这种疾病的概率是多少。60 名医务人员中，大约半数回答说 95%。只有 11 个人给出了正确的答案，即 2%。显然，高智商的人也会犯低级错误。

即使在不需要计算的情况下，概率也会难倒我们。这里再引用一个医学领域的例子。实验者问受试者："一位病人患有脐炎的概率是 0.8，Z 线检查结果为阳性就可确诊；检查结果如果为阴性，则仍有 0.6 的患病概率。治疗脐炎会很难受，对一个没有得脐炎的人使用治疗手段，跟对一位得了脐炎的患者不管不顾似乎一样糟糕。如果 Z 线检查是你能用的唯一的检查方法，你会怎么做？"

很多受试者都认为应该进行检查。事实上却不然。即使检查结果是阴性的，病人患有脐炎的概率（起码是 0.6）还是比未患脐炎的概率更高，显然，无论检查结果如何，所有病人都应该接受脐炎治疗。巴伦讲了一个医生的故事，他已经知道唯一的治疗手段就是休息，却依然想要在病人的背上进行昂贵的计算机轴向断层扫描（CAT 扫描）。他说自己"想证实初诊印象"，但这种想要获得无用真相的热情，可能会产生不必要的治疗痛苦而伤害病人的身体，或者产生过于昂贵的治疗费用而浪费病人的钱。你当然可以觉得这个故事还不够有说服力，那就再想想 20 世纪 90 年代英国皇家放射科医生和麻醉师学会发布的一份报告，该报告认为英国每年有 250 人死于毫无必要的 X 线检查。除非一种检查的结果会影响治疗手段，否则就不应该使用。

还有一个问题，不需要任何概率知识就能解决。已知有三张卡片，第一张卡片两面都是白脸，第二张两面都是红脸，第三张一面是红脸一面是白脸。把其中一张放在桌子上展示给你看，朝上的一面是红脸。这张卡片两面都是红脸的概率有多大呢？先试着回答这个问题，再继续往下看。大部分人（包括我自己）第一次的回答都是 1/2，这张卡片显然不是那张两面都是白脸的卡片，所以肯定是其他两张中的一张，要么两面都是红脸，要么是一面红脸一面白脸。大家都错了。我们能看到的那个红脸可以是三个红脸中的任何一个。它可能是一面红脸一面白脸的那张卡片上红脸的那一面，或者是两面都是红脸的那张卡片的任何一面。从这三种可能性出发，有两种可能背面是红脸，一种可能背面是白脸。因此，另一面是红脸的概率是 2/3，而不是 1/2。为什么我们会犯这种错误，原因还不清楚。也许是可能的卡片数量（两张）比可能有的红脸数量（三个）更具可得性。

可以说，与结果以某种概率出现相比，在结果确定时我们收集各种证据的能力更为突出。于是，本章开头提到的代表性偏差就显得无足轻重。然而，几乎所有重要决定都包含某些不确定因素。例如，一个将军试图决定哪种战略成功的概率更大、一个医生试图从一组症状中推断病人的疾病，或一个陪审团需要在大量互相矛盾的证据中决定被告是否有罪。在进入现实生活的案例之前，有必要评论一下统计数据的应用。

大多数人要么只有有限的统计知识，要么根本没有。对很多人来说，“统计”是个贬义词。大家都听过“什么都能用统计证明”这样的论调，这是由于统计方法被滥用了。事实上，贬低统计不过是无知者用来维护自尊的手段而已。很多读者都觉得，不能指望人们了解统计或基本的概率理论，但我们每个人大多数时候都在用直觉进行统计判断，而我们的直觉错误会带来灾难性的后果。虽然很多人都算不清前文的计算题，但只要认识到必须考虑基本比率，判断就会因此变得理性一点，哪怕没能算出准确答案，也离真相更近了一步。不需要学习任何正规的统计学或概率理论，就能了解组合概率的基本方法，认识到如第 11 章所述的在两个事件之间建立关联的条件，肯定是有可能的。不过后面我们将会讲到，在很多情况下，最有可能得出正确结论的理性思维一定基于数字计算，正如庞加莱（Poincaré）所述，“数学语言表达的思想总是明晰且精确”。

下面两个实验进一步证明，人们对简单统计推理缺乏直观理解。实验者告诉受试者一个小镇上有两家医院，一家大医院有妇产科，平均每天出生 40 个新生儿，另一家小医院平均每天出生 15 个新生儿，在一年的时间里，出生的男孩和女孩数量差不多，然后让受试者计算并回答两家医院中新生儿有 60% 是男孩的天数，哪个更多。大部分受试者都认为没有区别。事实上，小医院新生儿有 60% 是男孩的天数大约是大医院的 2 倍。这里有个重要的规律：当不同事件以特定概率发生时，事件之间的组合方式越多，每个事件发生的实际频率就会越接近其真实概率。为了更好地弄清这个规律，我们可以假设扔 4 次硬币，结果的正反面共有 16 种组合方式（即 4 个 2 相乘）。其中只有一种结果是 4 次都是正面朝上，所以得到 100% 正面的概率就是 1/16。现在假设扔 10 次硬币，于是有了 1024 种可能的组合方式，10 次都是正面朝上的组合只有一种，因此概率就降低为不到 1/1000。为了讨论方便，我选择了极端的情况，即 100% 都是正面。事实上，选择任何一种组合，例如 75% 正面朝上，结果也是一样。扔硬币的次数越少，出现全部正面朝上的结果的概率就越大。样本越大，事件出现的频率就会越接近真实概率，这就是“大数定律”（law of large numbers）。大数定律对所有人都有所启发，包括壁球运动员。正如丹尼尔·卡尼曼（Daniel Kahneman）和阿莫斯·特沃斯基（Amos Tversky）所指出的，壁球运动一局要么是 9 分，要么是 15 分，更容易赢下 15 分一局的比赛的运动员则更优秀。

第二个错误推理的例子是由于忽视了大数定律。实验者让受试者想象一个桶里装着红球和白球，其中 2/3 的球是一种颜色，1/3 的球是另一种颜色；然后让 A 从中拿出 5 个球，其中 4 个是红色；让 B 拿出 20 个球，其中 12 个是红色。这时，实验者让受试者判断 A 和 B 谁会对桶里有 2/3 的球是红色更有信心。大部分人觉得 A 应该更有信心，因为他拿出的红球比例更大。他们又错了。由于大数定律，B 的样本更大，他猜桶中里有 2/3 的红球的概率应该是 A 的 2 倍。

在基于从大量事件（总体）中选择有限数量的事件（样

本）的信息得出结论时，了解样本统计非常重要。民意调查通过仔细计算这些样本，来揭示民众的投票意向。调查者可以提前决定需要从总体中选择多大规模的样本，把结果的误差控制在一个选定的、较小的固定概率范围内，比如，20 次里有 19 次误差都精确到 1% 以内。当然，也有一些不受民意调查者控制的因素，会导致相当大的误差，例如受访者会撒谎，或者会在投票前改变意向等。

有很多实验证明了不考虑样本规模产生的错误。一项实验中，实验者给一组美国学生展示一张几十位高年级学生对不同课程的打分表，让另一组学生与两三个刚上过这些课的高年级学生相遇，并且得到他们对这些课程的口头评分以及几句简短的解释。结果显示，这些学生在选课时，受面对面交流的影响要比表格大得多。可见，可得性错误经常会扭曲我们的判断，使我们忘记样本规模的重要性。跟几个没那么具有代表性的高年级学生交流，比阅读从很多高年级学生那里获取的干巴巴的数据，更能给人留下深刻印象。

尼斯贝特和罗斯指出，这种错误在美国的司法系统中也随处可见。美国最高法院在进行裁决时很少援引谋杀率统计数据，不管这些州有没有废除死刑，而总是基于少数历史案例。这让人想起烟民们经常说的“我爸爸活了 99，他每天都抽 100 支烟”和酒鬼们经常说的“我爷爷每天早饭都喝一瓶酒，他从来没有生过病”。此类事件随处可见。用来劝他人抽烟或喝酒根本无害的这些例子足够引人注目，所以总是具有可得性。然而，重要的不是这些可能是特例也可能不是的单个案例，而是抽烟或喝酒致死或致病的概率。只有通过检视大规模的有代表性的烟民或喝酒者的样本，我们才能计算出这个概率。

所以，非理性判断的产生常常是由于过度关注小样本，而这些小样本得出的结论可能并不典型。此外，哪怕样本足够大，也可能需要足够的谨慎来确保样本不出现偏差。我自己就曾是这种错误的受害者。伦敦伯爵宫的一个酒吧里，澳大利亚男人通常吵闹而热情，女人则健壮而高挑。在英国媒体的描述中，澳大利亚男人也总是略显粗俗，戴着装饰着软木塞的帽子，以至于在第一次到悉尼，发现没有任何一顶帽子上有软木塞，且无论男人还是女人都非常礼貌温和时，我惊讶极了。显然，我在伦敦见到的样本是有偏差的，并不能代表大多数澳大利亚人。当然，也有可能这个国家就是把粗鲁的人都送出去，把其他人留在了国内。

一些实验有力地证明了我们总是忽略样本的代表性。实验者给受试者看了一段对狱警的采访录影，狱警是实验者伪装的。其中半数受试者看到的是一个把囚犯当成动物的毫无人性、不可救药的狱警，另外半数受试者则看到一个认为囚犯可以洗心革面、有人性的狱警。实验者将这两组受试者都分成三部分，告诉第一部分受试者他们看到的狱警很典型，告诉第二部分受试者他们看到的狱警只是特例，对第三部分受试者则什么也没说。实验结果表明，这个狱警的典型性几乎没有影响受试者对录像带所反映的监狱服务的看法。看到和善狱警的受试者大多认为狱警们会公正对待囚犯，关心他们的福利。看到残暴狱警的受试者则持相反观点。所以，即使告诉人们要注意一个令人印象深刻的案例可能并不典型，他们还是会觉得这个案例具有代表性，并基于这个案例来对更大的总体（狱警）做出判断。基于小样本或偏见样本的判断，会极大地固化我们已有的非理性认识，如前面几章所述，这也是刻板印象偏见的成因之一。

然而，对样本规模和样本代表性缺乏敏感度的不只是个体，应该比个体更了解统计和概率的群体也同样如此。有个令人印象深刻的例子:《文学摘要》（*Literary Digest*）根据邮局发出的调查问卷预测，罗斯福将在 1937 年的大选中以极大的差距落败。事实上，只有 23% 的人寄回了问卷，他们往往是生活最优越的美国公民。正如约翰·包罗斯所述，人们对雪儿·海蒂（Shere Hite）这样的专栏作家报道的出轨人数毫无信心，因为出轨的人会公然撒谎，也比没有出轨的人更有可能阅读她的专栏，更有可能给出回复。

英国主要的消费者群体总是看不到样本规模的重要性。他们对比不同品牌的产品数据，用不同的方式进行打分，却不提他们到底评测了多少种产品，常常让人强烈地感觉他们只测试了一种。随后，他们开始根据一系列标准评价每种产品。例如，他们对 43 种不同的真空吸尘器进行了评测，评价了每款产品的灰尘吸入率、纤维吸入率、吸尘袋堵塞概率、吸尘袋袋满指示器、吸尘管堵塞概率、吸力、排气装置中的灰尘量、噪声和持久性等。他们没有想到的是，同款产品在这些指标上的差异，可能与不同产品之间的差异同样显著。他们选择的“最佳产品”，可能不过像抽中奖而已。在对不同型号的汽车进行评测时也会有概率错误的可能，因为汽车极其复杂，某个部位的小故障就会导致很多意想不到的后果，同一厂商、同一型号的两辆汽车的表现也会有所不同。所有这些例子中，只测试一个或几个样品，是不能就不同产品之间的性能差异得出任何结论的。

启　示

1. 不要只依据“看起来”做判断。如果一个事物看起来更像 X 而不是 Y，但 Y 的数量比 X 多得多，它还是更有可能是 Y。
2. 要记住，由两个或多个信息组成的陈述为真的概率，比只有一个信息的陈述为真的概率要低。
3. 要小心，不要因为知道一个陈述部分为真，就相信陈述整体为真。
4. 要记住，如果已知在 Y 的条件下 X 的概率，要计算 X 的真实概率（例如，如果一个目击者说一辆出租车好像是绿色的，计算该车实际为绿的概率），必须引入基本比率（绿车出现的频率）。
5. 要记住，与大样本相比，从小样本观察到的某个特征或事件的频率，可能比总体中的频率偏差更大。不要相信小样本。

6. 要警惕偏见样本。

7. 不要相信消费杂志。

第 15 章　易变的决定

> 人们的反应不仅取决于信息本身，还会受到信息表述方式的影响。

在赌局中被问到准备下多大的赌注时，人们常常反复无常。为了证明这一点，我们需要首先界定赌博的“预期价值”（expected value），即如果你多次下注，那么每赌一次预期会赢或输的金额。例如，如果有人给你 10 英镑的概率是 0.4，你给他 5 英镑的概率是 0.6，那么每赌 10 次他就会付你 4 次 10 英镑，而你要付给他 6 次 5 英镑。因此，赌过 10 次以后，你会赢 40 英镑，输 30 英镑，净赚 10 英镑。计算每赌一次的预期价值，就要用净赚的 10 英镑除以投注次数 10 次，答案是 1 英镑。这种计算方法十分烦琐。另一种计算方法是用赢的金额与赢的概率的乘积，减去输的金额与输的概率的乘积，即 10 英

镑 × 0.4 – 5 英镑 × 0.6=1 英镑。

很明显，不可能每赌一次就刚好赢 1 英镑，因为每次要么赢 10 英镑要么输 5 英镑。预期价值是基于多次赌博中最有可能的结果计算出的，根据上一章讨论过的大数定律，样本中的赌博次数足够多时就可以忽略运气成分。你可以说预期价值与单次赌注无关，因为这一把你可能会走运地带走 10 英镑。不过这个论点站不住脚：你不知道自己会不会赢，在这个例子中，你输的概率还更大。即使你这次只赌一把，但人生就是无数次的赌博，如果想最大程度地实现自己的目标，你最好确保你进行的一直都是预期价值最高的赌博，因为这会尽可能减少运气成分的影响，从而最大限度满足你的需求（我将在下一章中阐述，预期价值不一定以货币形式表示）。因此，期望价值的计算规则就是将可能的收益乘以其发生概率，减去可能的损失乘以其发生概率。当然，结果可能是一个负数，那么这将是一场不理性的赌局，你很可能赔本。

现在，我开始讨论人们在决定接受哪种赌局时会不理性。现实中，人们通常会在胜率不利于自己时下注。一个人不能接受用 10 英镑去赌扔硬币这种有一半成功概率的事，却会开心地把钱花在彩票或抽奖上，而后者的预期价值在去掉组织成本和发起者抽成之后大概率是一个负数。假设赌注是 1 英镑，奖金是 50 万英镑，赢的概率是百万分之一，那么彩票的预期价值就是 50 便士减去 1 英镑，也就是负 50 便士。换句话说，如果你多次参与彩票或类似的活动，那么平均每次要输掉 50 便士。为什么人们会沉迷于这种明显不理性的赌局呢？可能是被奖金的规模吸引，觉得相比如此大额的奖金，参与成本简直微乎其微。奖金的额度使他们在大脑中忽略了赢的概率有多小。如果参与者的目标是赚钱，那这种赌注无疑是不理性的。如果参与者认为赢得 50 万英镑的念想带来的期待与乐趣值 50 便士，那么这个赌注就变得理性了。

然而，投注决定的易变性却不可能是理性的。受心情的影响，同样的赌注可能今天还能够被接受，明天就不能被接受了，这很正常。然而更有趣的是，人们可以通过不同的话术，诱导一个人接受或拒绝同样的赌注。在一个实验中，大多数受试者选择接受有 0.2 的概率赢得 45 英镑（预期价值为 9 英镑），而不是有 0.25 的概率赢得 30 英镑（预期价值为 7.5 英镑）。这个决定当然是理性的。不过，如果将赌局分为两轮，受试者就会做出不同的选择。如果在赌完第一轮以后，受试者有 0.75 的概率被淘汰而一无所获，有 0.25 的概率赢得 30 英镑，并进入下一轮。第二轮中则有 0.8 的概率赢得 45 英镑，当然也可以见好就收，拿走已得到的 30 英镑。看看表 15.1，你也许能更好地理解。受试者被要求必须在赌第一轮之前决定如果进到第二轮会做怎样的选择。大部分人会选择选项 B，如果进入第二轮，就拿走确定的 30 英镑。事实上在第二轮赌局中选项 A 与选项 B 的预期价值与第一轮是一样的，如表 15.1 所示。因为玩家只有 0.25 的概率进入第二轮，选项 A 的预期价值是 $0.25 \times 0.8 \times 45 = 9$ 英镑，选项 B 则是 $0.25 \times 1.0 \times 30 = 7.5$ 英镑。

为什么受试者的行为如此不一致呢？可能是他们对通过第一轮就一定能赢得 30 英镑的确定性说法更加心动。

表 15.1

	进入第二轮的概率	赢的概率	赢的金额	预期价值
第一轮				
选项 A	N/A	0.2	45 英镑	9 英镑
选项 B	N/A	0.25	30 英镑	7.5 英镑
第二轮				
选项 A	0.25	0.8	45 英镑	9 英镑
选项 B	0.25	1.0	30 英镑	7.5 英镑

很多实验进一步表明，人们会不理性地受到确定性的影响。在其中一个实验中，受试者获知有一种新病毒，预计会感染 20% 的人。接种疫苗会有不良反应，但不会致死。一组受试者被告知这种疫苗对半数感染者有效，另一组受试者被告知这种病毒有两种毒株，每一种都会感染 10% 的人，疫苗只对其中一种毒株有效。请注意，在两种情况中疫苗能够起到作用的概率相同（都是 50%），只是用两种不同的方式描述了相同的问题而已，但第二组受试者中愿意接种疫苗的人数却远多于第一组受试者，因为第二组受试者受到疫苗能有效预防第一种

毒株的确定性的影响，就像上一个实验的受试者受到只要通过第一轮就能拿到 30 英镑的确定性的影响一样。在一个非常简单的研究中，受试者被要求在有 0.99 的概率赢得 100 弗罗林和有 0.5 的概率赢得 250 弗罗林之间做出选择。即使第二个选项的预期价值更高（125 弗罗林，第一个选项只有 99 弗罗林），大多数人还是会选择第一个，因为第一个赌局中的收益几乎是确定的，虽然也不是完全确定。

事实上，人们很难用概率去衡量输赢的可能性。一个来自日常生活的例子表明，人们在排查故障时往往会过度关注故障出现的概率，却忽略排查故障的成本。假设一个车库修理工遇到一辆发动机无法启动的汽车，汽车的故障可能出现在插头、电线、配电器等部件上。根据以往经验，修理工清楚每个部件出故障的概率和检查每个部件可能需要的时间。那么，他应该首先从哪个部件入手？显然，这个问题的答案取决于检查每个部件需要的时间和每个部件出故障的概率。一个部件出故障的概率越高，优先检查这个部件就越合理。然而同样地，检查一个部件需要的时间越短，优先检查这个部件也越合理。换句话说，找到一个故障的预期时间，由某个部件出故障的概率和检查这个部件需要的时间共同决定，就像赌注的预期价值由赢的金额和赢的概率共同决定一样。然而，有证据表明，在排查故障时，人们倾向于相信概率而不是时间。也许他们真正在乎的是要找到故障，所以更关注找出故障的概率，而不是需要花费的时间。这种行为很耗时，也不理性。因此人们期待所有的故障排查相关部门能够计算出对各部位进行检查的最优次序，并把这一信息交给实际开展排查工作的人。遗憾的是，几乎没有人这么做，这再次证明了群体不理性的存在。

下面的实验呈现了概率对人们来说多么难以理解。实验者给受试者看一些黑色和红色的卡片，从中随机选取一部分作为特定色卡，告知实验者只要对特定色卡说“是”并对其余色卡说“否”就会赚到钱。受试者对特定色卡中 80% 是黑色，20% 是红色的比例信息并不知晓。受试者如果想使获奖概率最大化，就应该总是对黑卡说“是”而对红卡说“否”，这样至少有 80% 的概率可以拿到奖励。实际结果却是，受试者拿到奖励的平均概率只有 68%。不过受试者的行为也许并没有看上去那么不理性，因为他们可能一直在试图找到奖励规则。

下面的例子表明，人们会因表述的不同而对同一事件做出不一致的决定。实验者告诉受试者爆发了一种罕见疾病，疾病可能导致 600 人丧生，对抗这种疾病的方案有两种，但不能同时使用。每种方案的结果都是已知的，如下所示：

方案 A：一定能救 200 人

方案 B：有 0.33 的概率能救 600 人

如果这样表述，大部分受试者都会选择方案 A，可能是由于他们不想冒挽救不了任何人的风险。

实验者用不同的表述方式问了另一组受试者同样的问题：

方案 A：一定会死 400 人

方案 B：有 0.67 的概率会死 600 人

如果这样表述，大部分受试者会选择方案 B，可能是因为 200 人的死亡人数差异不足以熄灭能挽救所有人的 0.33 的希望。

两种表述方式中，方案 A 和方案 B 在本质上都是完全一样的。唯一的区别在于，一种表述围绕收益（得救人数）而另一种表述围绕损失（死亡人数），但受试者的选择却发生了改变。之所以会这样，是因为人们更愿意冒风险去避免损失，而不是获取收益。想想你在下面的情境中会做出怎样的选择，就能理解这一点：

情境 1（获取收益）

方案 A：确定会得到 50 英镑

方案 B：有 0.5 的概率会得到 100 英镑

情境 2（避免损失）

方案 A：确定会损失 50 英镑

方案 B：有 0.5 的概率会损失 100 英镑，有 0.5 的概率什么都不会失去大多数受试者在情境 1 中选择了方案 A，在情境 2 中选择了方案 B。相比冒着失去 50 英镑的风险去争取 100 英镑的收益，他们更愿意冒着再多失去 50 英镑的风险去避免原本 50 英镑的损失。因此，人们在获取收益时倾向于规避风险（情境 1），在避免损失时却更倾向于接受风险（情境 2）。

如果换成两种治疗疾病的方案，我们也能得出这个一般性结论。当表述的是避免损失（死亡）而不是获取收益（得救）时，大多数受试者会选择看起来风险更高的方案。然而，因为表述方式的不同就改变对某一问题的决定，肯定是不理性的，但目前我们仍然无法确定人们为什么会这么做，也许是因为在获取收益的表述中，确切的收益能够带来满足感，而更大但更不确切的收益带来的额外满足，不足以抵消万一赌输就会一无所获的失望，于是人们更愿意规避风险，即使有后悔的可能。在避免损失的表述中，承担确切的损失只会令人沮丧，因此如果有任何机会避免损失及这种沮丧情绪，人们可能会愿意冒更大的风险试一试。避免损失的美好可能，弥补了万一赌输也许会损失更多也更令人沮丧的糟糕后果。因表述方式不同而改变自己对同一个问题的决定，这种行为很难说是理性的，但跟一个正被情绪控制的人谈理性，也是没有意义的。

人们可能觉得，一定的损失比同等的收益更重要，所以与获得收益相比，人们愿意承担更大的风险去避免损失。下面的实验就是明证。实验者送给一些受试者每人一个价值大约 5 美元的马克杯，问如果可以自己定价，他们能够接受的价格是多少；再给另一些没有得到杯子的受试者看这个杯子，问他们愿意花多少钱购买。卖家的平均定价是 9 美元，而买家的平均出价只有 3.5 美元。人们不愿意放弃自己拥有的东西，除非放手时的价格高于得到时支付的价格。

需要特别注意的是，一个日常生活中随处可见的例子——买保险，表明了人们在面对损失时其实也没那么愿意承担风险，有时候承担一定的损失只是为了避免更大的损失，也就是说，行为方式会与上文描述恰恰相反。就预期价值而言，买保险算不上是理性的赌局，由于保险公司还会从中抽成，保险的投入远大于预期损失，即发生损失的概率乘以损失的金额。然而，在大多数情况下，投保是理性的。如果房子失火或车被撞坏会毁掉一个人的生活，那么花费相对小额的保险金来防范这些灾难就是理性的。

一般情况下，我们可能会愿意为避免自己的损失而去承担风险，但不愿意替他人去冒这个险。已知对绝经后女性使用雌激素补充疗法能够显著降低她们因骨质疏松导致骨折，甚至危及生命的风险。然而这种疗法又有可能导致极少数女性患上子宫癌。尽管医学研究者通过严谨的计算发现，雌激素补充疗法救治的女性人数远多于因诱发子宫癌而最终丧生的女性人数，仍有很多医生不愿意使用这种疗法。他们可能觉得如果使用雌激素补充疗法，就要为少数患子宫癌而死的女性负责，但骨折是由自然原因引起的，并不是医生的责任。即使是现在，孕激素和雌激素结合使用可以降低患癌风险这一事实已被广泛接受，很多医生还是不会这么做：过去的传统很难根除，特别是那些不好的传统。

还有一种非理性的思维错误，也会导致这种前后不一致。在做出预测时，人们会忽略眼前证据中较微小的差异，而去关注相对显著的差异。在一项研究中，实验者让受试者在五名申请者中选出最应该被大学优先录取的那个人。他们看到的数据如表 15.2 所示，该表对五名申请者的智商、情绪稳定性和社交能力分别进行了打分。显然，智商是预测一个人能否学业有成的最佳指标，但表中不同申请者的智商得分差异很小，另外两个变量的得分差异却很大。于是，受试者根据差异大的两个变量认为 A 优于 B，B 优于 C，C 优于 D，D 优于 E。当被问到在 A 和 E 中如何选择时，由于这两名申请者的智商得分差异很大，受试者又更倾向于选择 E。这样的选择结果明显前后不一致：如果 A 优于 B，B 优于 C，C 优于 D，D 优于 E，E 又优于 A，逻辑上是不成立的。前面四次选择意味着受试者认为 A 最好、E 最差。然而直接对比 A 和 E 的时候，受试者又觉得 E 比 A 好。

表 15.2

申请者	智商	情绪稳定性	社交能力
A	69	84	75

续　表

申请者	智商	情绪稳定性	社交能力
B	72	78	65
C	75	72	55
D	78	66	45
E	81	60	35

你可能会觉得这个实验经过了巧妙的设计，目的就在于迷惑受试者，使其做出自相矛盾的选择，这样想当然没错。然而，在现实生活中，忽视微小差异确实很有可能会给我们带来风险。在做出决定时，无论是选择职业、住房还是汽车，不同选项之间肯定不只在三个指标上有所差别。大量的微小差异相加，很有可能产生比显著差异更大的影响。

顺便说一下，有证据表明，我们也会忽略极低的概率。如果告诉美国司机每次上路因事故丧生的概率是 0.000 002 5，只有 10% 的司机会系上安全带；告诉他们基于这个概率可以算出，每位司机因事故丧生的概率是 0.01，就有 39% 的司机会系上安全带。这再次证明，人们做何选择经常取决于问题的表述方式。

再举最后一个实验以阐释另一种形式的不一致。实验者给受试者两个选项：

选项 A：赢 2 美元的概率是 29/36

选项 B：赢 9 美元的概率是 7/36

选项 A 的预期价值是 1.61 美元，选项 B 的是 1.75 美元，两个选项的差异不大。事实上，当被问到更愿意接受哪个赌注时，大部分受试者都选了选项 A。当被问到愿意分别为这两个赌注投入多少钱时，受试者却对选项 B 出价更高，例如，愿意为选项 A 投入 1.25 美元，愿意为选项 B 投入 2.1 美元。为什么受试者更愿意接受选项 A，却愿意投入更多的钱去赌选项 B 呢？也许是可得性错误再一次起了作用。当被问到更愿意接受哪个赌注时，受试者想着赢，对比两个选项之后选择了获胜概率更高的选项 A；当被问到愿意分别为这两个赌注投入多少钱时，受试者关注的是每赌一次赢得的收益，因此选择了预期价值更高的选项 B。

本节结束前，我再举几个来自现实生活的例子，这些例子说明了人们之所以做出前后不一致决定的不理性行为，可能是因为受到了所处情境的影响。假设一个人想买一款冰箱，这款冰箱的定价略高于 200 英镑。他和妻子一起去了商店，发现冰箱的价格是 210 英镑。妻子告诉他，几千米外有家商店只要 205 英镑。他觉得路程来回很麻烦，就在一开始的这家店里买下了冰箱。当天下午，这对夫妻在另一家商店选中了一款价值 15 英镑的收音机。妻子买东西的经验显然更丰富，说同款收音机在几千米外的商店只要 10 英镑。于是他们开车去远处那家商店买下了收音机。这种行为极其普遍，却完全不理性。两种情况中，去第二家商店买东西节省的成本都是 5 英镑；但是否值得为省这 5 英镑花费时间、精力和汽油，并不取决于能够节省下来的具体钱数，而是取决于节省的钱占应付价格的百分比。虽然上面的例子是虚构的，但这种现象已经在实验研究中得到了一再证明。可以说，人们愿意为了省一笔钱付出多少努力，取决于他们所处的情境。

有人认为，正是由于这个原因，英国和美国汽车价格的折扣数字才会被单独标注出来。一辆汽车标价 12 000 英镑（更可能标价 11 999 英镑）或是 11 500 英镑可能看起来差别不大，但如果把折扣 500 英镑单独标注，单看 500 英镑，人们就会注意到这个很大的数目。这当然对大多数人都很奏效，人们可能会因此觉得自己省了一大笔钱。另外，期望也非常重要。你如果看到一辆车标价 11 500 英镑，可能会认为自己以合理的价格买下了这辆车；如果看到一辆同样的车标价 12 000 英镑，并且单独标注了 500 英镑的折扣，可能会觉得自己省了一笔。无论折扣有多低，很少有人能抗拒打折的诱惑。

最后一个例子。人们如果以不同的数字形式接收到同样的信息，也会做出不同的、不一致的决定。假设你抽烟，一个医生告诉你抽烟会使你未来 20 年的死亡概率增加 30%，你可能会考虑戒烟。如果这个医生换一种方式来表述风险，告诉你抽烟会使你未来 20 年死亡的概率从 1% 增加到 1.3%，你还会戒烟吗？这个例子再次表明，人们的反应不仅取决于信息本身，还会受到信息表述方式的影响。

下面这组研究表明，即使没有数字，人们从相同信息中得出的结论也能被很轻易地左右。在一个经典的实验中，伊丽莎白·洛夫特斯（Elizabeth Loftus）给受试者看一段车祸的录像带，然后问一组受试者："两车相撞时，车速大约有多快？"问另一组受试者："两车相碰时，车速大约有多快？"第一组受试者给出的平均车速是每小时66千米，第二组是每小时55千米。一周以后，再问受试者是否注意到车祸现场有玻璃碎片。第一组受试者中错误地回答有玻璃碎片的人数是第二组的两倍之多：车速很快的这个暗示导致受试者产生了现场有玻璃碎片的错觉。

洛夫特斯继续她的实验，给其他受试者看另一段车祸的录像带，这次有行人被撞倒，一辆绿色的车经过却没有停下；然后问一组受试者是否有一辆蓝色的车经过，受试者受到影响，会把绿色的车错记成蓝色。通过在问题中不经意的引导，洛夫特斯甚至能让受试者虚构出事故现场并不存在的一座农舍。受试者会顺着她的暗示往下说，这不仅仅是出于试图取悦实验者，因为即便在回答正确能得到大额奖励（可以通过录像带来检查回答是否正确）的情况下，他们还是会犯同样的错误。

暗示的力量当然不是个新概念，但这个实验是对其的有力证明。这些实验结果不仅表明人们会不自觉地、不理性地受到提问方式的影响，还质疑了司法体系中抗辩式诉讼的理性程度：审判结果很可能取决于双方律师的提问技巧。

还有一种错误，也会影响人们估测一个特定对象最可能的数量，或在一定范围内最可能的价值。实验者问受试者非洲国家在联合国中的比例是多少，在回答前先给他们一个初始参考值，要求他们判断这个参考值比实际比例更高还是更低。初始参考值为10%的受试者最终的平均估测值是25%，而初始参考值为65%的受试者最终的平均估测值是45%。这些受试者的估测都与初始参考值很接近，这种行为非常不合理，因为他们看到的初始参考值是完全随机的，他们也知道这个数字对所要估测的真实比例没有任何影响。在一项类似的实验中，实验者首先让一组受试者评估土耳其人口多于500万的概率，让另一组受试者评估该国人口少于6500万的概率，随后要求两组受试者估测土耳其的实际人口。他们给出的估测值完全不同，分别是1700万和3500万。这再次表明，他们不愿意太过偏离给出的初始参考值。

人们在量表中选择一个点来表明自己的态度时，也会产生类似的错误。很多实验都证明了这种错误会导致问卷收集的数据极不准确。例如，通过同一份问卷调查两组受试者一周内头疼的次数。一组受试者要从1～5、6～10、11～15这样的数字区间中选，另一组受试者可选择的数字区间则是1～3、4～6、7～9等。结果是，第一组受试者记录的头疼次数比第二组要多得多。此外，几乎所有人都受到量表中最大值和最小值的影响，倾向于选择接近中间值的数字。所以，如果让人们从 0 ～ 15 的数字区间中选择他们每周刷几次牙，答案会比从 0 ～ 40 的数字区间中选择时要低得多。面对一个有最大值和最小值的量表，人们倾向于选择靠近中间值的数字，而不管对错。

政府机构和广告公司会利用这种人性缺点，编造有误导性的统计数据。如果仅从下面量表中人们勾选出的结果，就声称大多数人对撒切尔夫人或布什总统很满意，显然是毫无意义的。

不满意　　满意　　非常满意　　极其满意

→

人们会倾向于在量表中间的两个选项中勾选一个。

这种现象被称为“锚定效应”（anchoring effect）。在选择一个数字时，人们倾向于选择接近初始参考值的数字，或倾向于锚定量表中靠近中间的数字。产生锚定效应的原因，可能是人们不愿意偏离假设。如果给出一个数字，哪怕这个数字是随机转轮产生的，人们也会把它作为一个工作假设（working hypothesis）[1]。他们不会死守这个数字，通常也会朝正确的方向去估测，但不愿意太过偏离这个数字。同样地，在量表中选择或从一系列连续数字中选择时，人们不愿意选择太偏向量表或

1 指在进行研究之前，研究人员基于既有知识和猜测做出的一个临时性假设，以指导进一步的实验和调查。

连续数字两端的数值，最终会选择一个靠近中间位置的点。他们会无意识地假设，两端的数值可能和真实数值大致等距。一个人的判断受到初始锚点的影响，就会产生不一致：不同的锚点导致不同的判断，尽管锚点与正确判断本身并无关联。

锚定效应使人们无法估测一组数字相乘或相加的结果。这里举两个例子：第一个例子很不起眼，却很能说明问题。第二个例子中提到的现象则会显著影响人们的财富以及大规模工程的安全性。

> 让一组受试者迅速估测下面算式的结果：
>
> $8 \times 7 \times 6 \times 5 \times 4 \times 3 \times 2 \times 1$
>
> 另一组则估测下面算式的结果：
>
> $1 \times 2 \times 3 \times 4 \times 5 \times 6 \times 7 \times 8$

第一组给出的平均结果是 2250，第二组则是 512。第一组受试者可能是受到数列从大到小的影响，而第二组则可能是受到数列从小到大的影响。每一组受试者都是把最开始的几个数字相乘，基于这几个数字的乘积进行了估测。而且，大概是由于眼前的这 8 个数字看起来都比较小，两组受试者的估测值都太低了，正确答案是 40 320。

更重要的是，在已知每个事件的概率时，人们非常不善于估测一连串事件共同发生的概率。如果对胜率均为 0.2 的 3 匹马进行累计下注，看起来胜负比似乎是 4∶1，但实际上你赢庄家的概率只有 0.008。由于庄家精于算计，而且知道他们的很多客户要么不会去算，要么算不出来，所以给出的累计获胜概率可能比 0.008 还要低得多。事实一再证明，如果一个整体事件发生的概率由一系列可能的单个事件决定，除非人们能算得清，否则就会高估这个整体事件的发生概率。受锚定效应的影响，人们会执着于靠近单个事件发生的概率，而看不到把这些概率相乘才能得出整体事件的发生概率，后者通常会小得多得多。如上一章所述，也正因此，人们才会觉得琳达是一位信仰女性主义的银行柜员的概率比只是一位银行柜员的概率高。

如果一个结果事件同时具有多个可能的原因事件，也会导致同样的错误。例如，假设在 5 年内飞机可能因 1000 种结构性原因坠机，这期间每一种原因发生的概率都是 1/1 000 000。于是，5 年内这个型号的任何一辆飞机因结构性问题坠机的概率就变成了大约 1/1000。在面对这样的问题时，人们会执着于某个结构性原因发生的概率，从而极大地低估了因任何结构性原因导致坠机的概率。这种倾向也使工程师们对大型工程项目完成时间产生了不切实际的估测——尽管一件事出错的概率也许很小，但有很多事都会延误工期，例如飓风、罢工、缺少重要组件等。在计算核反应堆的安全性时，人们会使用数学方法进行概率计算，不过这就出现了一个新问题，即如何评估从材料故障到恐怖主义等所有风险，并将这些风险用数字精确地表示出来。

读者可能会反对说不能指望一个人每时每刻都在算数。对此，我有两点要说。首先，我们可能对概率相乘或相加的结果有一定的直觉，只不过人们在这两种情况下一直犯同样的错误，因此还没有建立起能够大致判断出正确答案的良好直觉。更重要的是，数学是一种理性思维工具，无论你去赛马、设计飞机还是后文会提到的选择员工，不使用这种工具，你就不可能做出理性判断。

启　示

1. 在接受赌局之前，务必计算它的预期价值。
2. 在接受任何形式的赌局之前，想清楚你想从中得到什么，高预期价值、用小钱赢大钱的渺茫希望、可能的小额收益，还是以一定成本换取的赌博的快感。
3. 要记住，无论是在冰箱上省的 5 英镑还是在收音机上省的 5 英镑，价值都是同等的。
4. 根据一个初始参考值估测数字时，要记住，正确的估测值跟这个初始参考值的差距可能比你最初预想的更大。
5. 要记住，很多小的独立概率会累加出一个相当大的概率。
6. 同样地，如果一个整体事件的发生需要以其他几个单个事件的同时发生为前提，那么这个整体事件的发生概率会比其他任何单个事件发生的概率低得多。

第16章 后见之明

事实一再证明，人们往往会犯“后见之明”这种过度自信的错误。

过度自信的表现之一是“后见之明”，具体有两种形式。第一种是相信一个已经发生的事件注定会发生，并且早该被料到；第二种是觉得如果需要做出其他人已经做出的决定，自己的决定会更英明。

巴鲁赫·菲施霍夫（Baruch Fischhoff）在以色列进行了一项巧妙的实验，证明了这种“后见之明”。实验要求受试者阅读对于一个历史事件的描述，例如1814年英国人和廓尔喀人（Gurkhas）在印度的一场战斗，叙述节选如下：

（1）黑斯廷斯（Hastings）担任印度总督[1]后的几年中，英国为巩固权力发动了残酷的战争。（2）其中，第一场战争发生在孟加拉地区的北部边境，英国人遭到了廓尔喀人的突然袭击。（3）英国人曾试图通过交换土地来停止这场突袭，但廓尔喀人不愿放弃已处于英国控制之中的领土主权。（4）黑斯廷斯决定一劳永逸地解决这个问题。（5）这场突袭开始于 1814 年 11 月。（6）廓尔喀人只有大约 12 000 人；（7）不过他们都是勇敢的战士，并且在非常适合突袭战术的土地上战斗。（8）而年长的英军指挥官习惯于在平原地区开战，用直接果断的进攻赶跑敌人。（9）但在尼泊尔山区，连发现敌人都很难。（10）士兵和用于运输的牲畜忍受着极端的昼夜温差，（11）军官们在情况急剧逆转之后才学会谨慎。（12）少将 D. 奥克特罗尼（D. Octerlony）爵士是唯一一个从这些小规模战败中逃跑的指挥官。

实验者给一些受试者提供了这场战争可能的四种结果：英国人胜利、廓尔喀人胜利、双方僵持且未达成和平协议、双方僵持并达成和平协议，然后让他们根据上述文本评估每种结果发生的概率。不出所料，四种结果的评估概率相差不大。由于

1 英国在印度的管理首脑。

支持英国人或廓尔喀人胜利的人数差不多，双方获胜的概率几乎相同，战争的结果也就无法确定。在对照试验中，研究者将四种可能的结果分别告诉给四组不同受试者，并告诉他们该结果已经发生，再让他们评估上述四种结果发生的概率，与实验组受试者相比，他们对已知发生的那个结果的预测值要高得多。更有趣的是，他们会寻找证据来支持自己的“后见之明”，认为上述文本中支持已知结果的陈述，对于预测战争结果的意义比其他陈述更大。得知廓尔喀人胜利的受试者会强调他们的勇敢，得知英国人胜利的受试者则会强调廓尔喀人在人数上的劣势。这是人们扭曲证据以支持自己观点的又一个例证。

这种实验重复进行了多次，只是使用的素材不同：例如，实验者给受试者描述一项科学实验，告诉一组受试者实验结果，却不让另一组受试者知道发生了什么。在问他们实验最有可能取得的结果时，相比后一组受试者，前一组受试者更愿意相信他们已知的那个结果最有可能发生。

另一项研究中，菲施霍夫用了当下发生的事件，其中之一是尼克松访华事件。在尼克松访华之前，菲施霍夫问受试者可能会发生的结果，例如尼克松会不会见到毛泽东主席、他的访问会不会成功，并评估这些结果发生的概率。在尼克松返回美国之后，菲施霍夫又让受试者回忆他们之前对不同结果做出的概率评估。受试者的记忆非常不可靠，并且明显倾向于相信自己做出了正确预测。他们始终错误地相信，自己预测的结果一定会发生。

这些实验表明，人们对自己判断力的盲目自信，不仅使他们严重高估了自己根据过去预测未来的能力，也会使他们扭曲对过去事件和当时观点的记忆。这些研究给受试者的问题都非常明确。例如，在有关印度战争的实验中，受试者掌握了一系列清晰的证据，只需要在特定的几分钟记得这些证据就可以，而且可能出现的结果数量也很少。在现实生活中，“后见之明”可能会表现得比在实验中更明显，其原因有很多。首先，日常生活中，人们不会关注已发生事件的其他可能结果，因此也就不可能去思考其他的可能，从而更加相信只有真正发生了的事件才有可能发生。其次，他们声称自己能够预测的事件，可能发生在很久以前：可能他们的记忆会比在实验中更容易出错，也可能他们只记得那些与已经发生结果相关的事件。对此，我们可以对比一下这种倾向和第 10 章中论述的选择性记忆，即人们只能记住支持自己观点的证据。最后，人们通常不会对未来将要发生的事件进行系统的预测，这使他们很容易相信自己做出的预测一定是正确的。

世界是个复杂的存在，在预测将要发生的事件时，无论是企业的未来、证券市场的波动还是政治事件的结果，运气因素都发挥着重要作用，但往往被人们忽视。正如理查德·亨利·托尼（Richard Henry Tawney）所述，“历史学家强调已经胜利的力量，而把被胜利的力量吞没的那些力量抛至幕后，使现存秩序看起来像是必然”。我们已经看到，人们善于为已经发生的事情“发明”解释。鉴于可能的原因会有很多，这么做也很容易。

“后见之明”会扭曲过去、夸大根据过去预测未来的能力，显然是不理性的，并且很危险。正如菲施霍夫所述，“我们试图理解过去的事件，其实是在暗中检验自己用于解释和预测身边世界的那些假设或规则。事后来看，如果我们系统性地低估过去带给我们的影响，那么我们对这些假设的检验就会变得非常无力，并且找不到任何理由去改变过去。因此，结果性知识会让我们觉得自己已经了解了过去的一切，从而无法再从中学到些什么”。除了使我们无法从过去中汲取经验，结果性知识还会引导我们错误地预测未来，并对这些预测过度自信。正如萧伯纳所言，“历史唯一教会我们的，就是我们从来不会从历史中学到任何东西”。

鉴于人类的判断错误百出，人们应该对自己会犯错的概率有一些察觉，尤其是在做出重要决定的时候。然而事实一再证明，人们往往会犯“后见之明”这种过度自信的错误。这里举两个简单的例子。一项针对英国司机的调查发现，95% 的司机相信自己的驾驶水平高于平均水平。这怎么可能呢？肯定有近半数的受访司机夸大了自己的驾驶能力。同理，大多数人认为自己会活得比平均寿命更长。

在一项实验研究中，受访者被要求拼写英语单词，并评估自己对每个单词拼写正确的信心。在他们认为 100% 拼写正确的单词中，正确率只有 80%。另一项在香港开展的研究中，受试者被问："新西兰的首都是哪里？奥克兰还是惠灵顿？" 因为只有两个选项，就算猜也有 50% 的正确率，但他们在这个题目中的实际得分只比 50% 略高（65%），却对自己的回答有 100% 的信心。用同样的问题询问英国受试者，他们比亚洲人略为谨慎，但也对自己的回答表现出了和亚洲人同样的过度自信：他们 100% 确定的答案，也只有 78% 的正确率。过度自信产生的原因，不只是某种形式的自负。另一项研究要求受试者和实验者打赌，预测自己回答正确的概率，如果这个概率预测准确的话，他们就会赢得现金奖励。最终受试者并没有赢得奖励。

在另一项有趣的研究中，实验者给临床心理学家和心理专业学生看一位真实病人的长达 6 页纸的病史描述，这位病人曾经接受过青少年适应障碍（adolescent maladjustment）的治疗。病史前有一段非常简短的病人介绍，病史分为四个阶段：病人的童年时期、学生时期、服兵役时期和工作时期。实验者提供了一份与病人相关的 25 组描述，每组中包含 5 个描述，其中只有 1 个为真。每阅读完一个阶段的病史，受试者都被要求在这 25 组描述中分别选出最有可能为真的那些。所有人的表现都很糟糕，平均正确率只有 7/25（只凭运气也可能答对 5 组）。重要的是，他们的表现并没有因为持续获得的额外信息得到改善。相反，接收到的信息越多，他们对自己的错误答案越有信心。他们显然相信额外的信息可以帮到他们，即使结果并非如此。我们可以得出结论，拥有太多知识是一件危险的事情，这些知识也许并不会提高预测的准确性，反而会导致过度自信。后文会继续讨论这一点。

有关这个话题的大多数研究都表明，人们会对自己判断的正确性过度自信，但也有两个例外。如果把简单问题和复杂问题混在一起提问，受试者有时会低估自己答对复杂问题的概率。他们可能会觉得自己从来没答对过这些问题，实际上他们的正确率有 30%。这也是过度自信的一个证明。受试者认定他们几乎答不对复杂问题，并对这种认知过于自信，因而低估了自己答对的能力。另外，相较于大量的简单问题，他们可能会把复杂问题判定得比实际更困难。无论如何，过度自信是常态，不自信是例外。

再看一些来自现实生活的例子。有研究发现，医生、工程师、金融顾问等人对自己的判断也有没来由的自信。这种过度自信的危险显而易见。一个病人会死于一场根本毫无必要的手术，医生却对手术的成功抱有信心。金融顾问的平均表现比他们投资的市场总体走势要差，即使你在上市公司列表上随便扎下一个大头针，选出的证券平均收益也会比投资给金融顾问更高，哪怕只是省下了为金融顾问并不存在的专业能力支付的巨额佣金。任何一个金融顾问都清楚这一事实，但他会告诉你他是个例外，这是过度自信的又一个例证。建筑产业和国防产业总是低估完成工程所需的时间及成本。低估时间的原因不仅仅是人们想拿下合同，因为即使工程延期会遭受严重处罚，这种情况还是会出现。卡尼曼和特沃斯基认为，低估时间更主要的原因是工程师们只看到了眼前的这个工程，而没有与之前类似的工程进行对比。事实上，工程师们会考虑损耗系数（slippage factor），但不会系统地估测罢工、反常的恶劣天气、没能及时收到原材料等各种意外事件的概率。如果看看类似的工程，工程师们可能就会注意到一些意外事件的影响。即使能够正确估测一系列单个事件发生的概率，人们也往往会低估一个整体事件发生的综合概率（combined probability），如上一章所述。最后，人们普遍相信面试是一种有效的选人方式，其不理性之处正是过度自信的最生动表现，我将在后文详细讨论这种错误。

事实一再证明，人们不仅会对自己的判断过度自信，还会对自己控制事件的能力过度自信。如果一名受试者按下两个按钮中的一个，会有指示灯亮起告诉他是否正确得分，几轮之后他就会开始相信自己能够控制"得分"灯亮起来。实际上，无论按哪个按钮，指示灯都是随机亮的。赌博也能证明这种"控制错觉"（illusion of control）。在拉斯维加斯，赌台上的荷官如果一直输就会被开除。很多荷官觉得自己能通过扔球来左右轮盘赌中的球落到几号沟道，这种错误的想法跟玩家如出一辙。众所周知，很多玩骰子的人，如果想要得到小点数，就会轻轻地掷骰子，如果想要得到大点数，就会重重地掷骰子，而掷骰子的轻重与点数其实并没有什么关系。更令人惊讶的是，有研究发现，相比掷骰子之后再下注，受试者在掷骰子之前下的赌注更高，也许他们觉得自己能影响结果，哪怕并不是他们自己掷的骰子。

几乎可以肯定，过度自信的主要原因，与看到反证却坚持错误观点的原因相同。第一，人们不会刻意寻找会削弱对自身判断信心的证据。一项实验证明了这一点。在受试者回答问题之后，实验者要求他们说出自己的回答可能会出错的原因，然后再问他们对回答正确有多大的信心。让受试者寻找反证，的确会降低过度自信的程度，但无法完全消除。第二，在很多情况下，我们都不会意识到不同的选择会带来怎样的结果。你如果为一个职位选定了某位候选人，就没有办法知道其他候选人会不会表现得更好。假设你选择的这位候选人确实表现非常好，你可能会觉得自己做出了正确的选择，这当然会增强你对自己做出这类决定的能力的信心。第三，如我们所见，人们可能会扭曲自己的记忆和新接收到的证据，以使其符合自己的观点和决定，这必然会导致过度自信。第四，人们会在大脑中编造出因果故事，解释自己判断的正确性。如尼斯贝特和罗斯指出的，这就陷入了一个恶性循环，这个故事使人们扭曲证据以符合其逻辑，扭曲的证据又会验证这个解释性的故事。可得性错误也可能会发生在人们编造的故事中，一个人如果沿着特定的方向思考，就可能会注意到与这个思路最密切相关的素材，从而证实自己的观点，因此导致过度自信。我们非常擅于“发明”解释来支持自己的观点，而不是认真寻找其他的可能性，以至于对自己的观点过度自信。最后，自尊可能也起到了一些作用：没有人喜欢犯错。不过正如我们在第 10 章所见，自尊本身并不能完全解释这种错误。所有这些因素也都会导致“控制错觉”，除此之外，“错误关联”也会产生影响。在轮盘赌上扔球的荷官注意到了球落到预期位置的情况，却忽略了球落到错误位置的情况。

启 示

1. 不要相信任何声称能够通过过去预测未来的人。
2. 要小心那些包括金融顾问在内的声称能够预测未来的任何人。
3. 为了避免失望，试着克制一下自己的过度自信，想想那些与你的观点相反的证据或论点。
4. 如果你的赌场在赔钱，不要开除荷官，那不是他的错。

第 17 章　对风险的错误评估

大多数人对风险的态度，都不是基于我们当下认知水平能够得到的最接近正确的概率，而是深受类似可得性错误和光环效应这些非理性因素的影响。

我们已经看到，很多先进的军事工程在花费大量金钱之后被中止，因为它们被证明是不切实际的。然而，专家的过度自信却会带来更严重的损失。以核燃料为例，过度自信和错误推理导致了三英里岛[1]和切尔诺贝利灾难。在美国建造的所有大坝中，有 1/300 在首次蓄水时就溃坝了。在一项研究中，7 位知名岩土工程师都没能估测出在黏性土地上建造路堤的安全高

1　三英里岛核事故（Three Mile Island Accident），简称 TMI-2 事故，是 1979 年 3 月 28 日发生在美国宾夕法尼亚州萨斯奎哈纳河三英里岛核电站的一次部分堆芯熔毁事故。

度上限。灾难的原因，可能与管理层、工程师、操作员或公众做出的不理性决定有关。虽然通常不只有一个因素在起作用，但主要责任还是管理层和工程师未能预见操作员和公众的反应，如下文所述。

工程师们没有考虑到操作员作为人类的局限性，没有提供给他们便于理解的显示仪表和便于使用的控制设备，因而臭名昭彰。三英里岛事故调查总统委员会得出结论，认为事故原因是操作员的培训缺乏和控制室的设计缺陷。因此，操作员一再误判事故的原因，并采取了错误的行动。如第 8 章所示，人们在压力之下会执着于最先想到的办法：除非能够直观地正确读取显示数据并进行有效的控制操作，否则操作员们在面对危机时就可能会误读仪表并操作不善。直到最近，高度计的设计也都使它们很容易被误读成正确数据的 10 倍，机长飞离地面 100 英尺时，可能会以为自己的飞行高度是 1000 英尺。空中客车 A320 自 1988 年投入运营以来发生了 3 次坠机事故，部分原因可能是向机长传递信息的视频显示终端布局不当。一位法国航空公司的机长评论道："我一直觉得这架未来主义飞机在显示器和机长之间的信息传递方面存在很大问题。显示器会接收海量信息，机长不得不加以筛选……传统的飞机上，我们只需要接收所谓的更主要的核心信息。"此后，A320 改变了驾驶舱布局。[1]

1 这种连锁故障还在继续导致飞机坠毁事故。一个令人不安但十分有力的例子是 2009 年 6 月 1 日法国航空公司 AF447 航班飞机坠毁导致 228 人丧生。——原注在单调的工作中，操作员可能会忽略重要信息的意义。在铁路发展历史中，有数百起事故是司机看到信号灯却没有减速或停车，或者在他们熟悉的线路上超速行驶导致的。英国铁路公司试图通过在驾驶室中设置喇叭按钮来提高铁路运行的安全性，司机需要在看到危险信号灯的 3 秒内按喇叭，否则刹车就会自动启动。然而 1989 年，伦敦南部的一名司机在经过两个危险信号灯时都只按下喇叭却没有刹车，最终跟另一列火车相撞，导致 5 人丧生。该系统的设计者没有意识到，看到危险信号灯就按喇叭可能变成一种条件反射，并不等于司机真的注意到了危险信号灯。

必须承认，要想弄清楚人类究竟有多愚蠢，或者说不理性，是很难的。操作员会以怎样的方式违反规定，完全无法预料。例如，布朗斯费里核电厂起火是由于技术人员用蜡烛检查是否有气体泄露，火灾差点导致核心熔毁，引发灾难性后果。三英里岛核电站事故同样差点导致核心熔毁，原因是操作员一直拒绝相信监控器显示的冷却剂泵故障引起的核心过热警报。

工程师不仅没有考虑人类操作的局限性，有时还忽视公众的反应，即使公众的反应是可预测的。例如，有证据表明，在美国，每修建一座抵御洪水的大坝，被大坝保护的这片区域就会被开发。结果，洪水的次数和严重程度有所减少，对生态的破坏却增加了。在英国，强制系安全带的措施降低了车内人员的死亡率，却增加了骑自行车的人和步行的人的死亡率，因为安全带带来的安全感使司机开车更加鲁莽、懈怠。美国的一项实验发现，系安全带的人开卡丁车的速度比不系安全带的人更快。英国高速列车可能是安全的，但在实用性方面却是彻头彻尾的失败。工程师们全神贯注于它的设计，不惜投入数百万英镑，却忘记它真正运行时是要载客的。列车的设计是在传统铁轨上运行，转弯时车厢会倾斜，第一次试运行时车厢的倾斜程度就让乘客感到恶心，车厢中为尊贵乘客提供的精致食物也被浪费了。这列火车因此从未真正投入使用。

除了没有考虑操作员和公众的反应之外，工程师有时还会因为没有足够认真地思考出现故障的概率，所以设计出本来就不安全的设备。这种错误产生的部分原因还是过度自信。很多现代设备都非常复杂，设计者可能不会意识到某一部分故障对其他部分的影响。早期 DC-10 客机的坠毁，就是因为设计者没有认识到舱门大开导致的货舱减压会破坏飞机的控制系统。

另一个相关的错误，是没有认识到同一个原因可能导致两个或多个原本互为补充的系统同时失灵。亚拉巴马州布朗斯费里核电站的 5 个应急堆芯冷却系统本该独立运行，就算有一两个出现故障也不会造成灾难性后果。然而事实上，因为它们的供电电缆离得太近并被大火烧毁，这 5 个系统同时遭到了破坏。

有很多关键部件时，即使任何一个部件出现故障的概率非常小，但整个系统崩溃的概率是每个单独部件出现故障的概率的总和，这个概率就会很高。除非用数学方法进行计算，否则如我们所见，人们可能会严重低估这个概率。还有，核反应堆的各个部件及它们之间的相互影响都是新事物，目前还没有客观方法能够计算出它们出现故障的真实概率。已经有证据表明，工程师们的估测可能会太过乐观。也许没法确切地说一个新部件在一年内出现故障的概率是万分之一还是百万分之一，但当有很多这样的部件组合在一起时，万分之一和百万分之一的差异就变得至关重要。

人们通常很难预测所有可能的风险链，特别是当风险带来的破坏是潜在的而非显著的，例如酸雨、空气中的铅、臭氧层的破坏和温室效应。这里再举一个愚蠢的错误，以证明预测风险链的难度。这次我们来看看油菜植物。人们修改了油菜植物的基因，使它们对除草剂以及人类使用的抗生素产生了抗性。由于英国人不吃油菜籽，英国政府的环境排放咨询委员会允许将这种转基因油菜用于商业种植。但他们忽略了这样一个事实：蜜蜂会从油菜花中采蜜，而人们会食用这些蜂蜜，其中可能含有油菜花粉。因此，这种新的基因可能会进入胃里的微生物中，引起过敏或生成对抗生素有抗药性的细菌菌株。咨询委员会没有充分仔细地审视转基因植物可能带来负面影响的所有风险链，因此是不理性的。这个委员会随后推卸责任，为自己的错误辩解：蜂蜜是一种食品，因此不在他们的职权范围内，食品安全管理应该是农业渔业部的工作。

还有一个例子能反映由于各个层面上的不理性导致的灾难，即汽车渡轮“自由企业先驱号”（*Herald of Free Enterprise*）在泽布吕赫港外平静的大海中沉没，导致 180 人丧生。事故的直接原因是船在船艏门开着的情况下航行，导致水漫上露天甲板。引发这起灾难的可能因素有以下几个：(1) 船长曾要求在驾驶台上安装一个自动信号装置来显示舱门的状态，却没能如愿；(2) 负责关门的助理水手长睡着了；(3) 由于船员短缺，原本负责检查舱门是否关闭的船员被叫去执行其他任务了；(4) "先驱号" 最初的设计是为了在多佛和加来之间往来行驶，由于泽布吕赫的坡道比加来的低，只好用压载水来降低船身，才能在泽布吕赫装车上船，而船长得到的命令是必须在港口节省出 20 分钟，没有时间把压载水泵出，所以船的吃水深度过低；(5) 由于时间紧迫，船长全速离开港口，因此形成的船艏波涌上了装车甲板。

这里应该指出两点。第一，如果少了上述任何一个因素，这艘船可能都不会沉。第二，正如威廉·瓦格纳所述，管理者必须承担主要责任。他们坚持以非常快的速度通过港口，拒绝船长此前安装舱门状态自动信号装置的请求，也没有配备足够的船员。船长应该承担次要责任，他没有确保船只做好准备之后再离港。助理水手长没有警告舱门敞开，船长就认为舱门都关闭了，而没有进行确认。显然，坚持确认总是比相信"没有警告就是没有危险"要更加安全。在某种程度上，船长和副驾驶都只是在服从命令而已。至于助理水手长，他显然应该买一个闹钟。一方面，瓦格纳说得对，没有人能预料到这些事件会同时发生。另一方面，开着船艏门离港的危险是应该被预料到的，船长也确实预料到了这样的危险。鉴于大量的历史案例，瓦格纳认为大多数重大事故都是管理不善造成的，操作员只是在服从管理层下达的命令。无论先驱号事故的原因是不是这样，管理层都有贪婪或懒惰行事的责任：在这个案例中表现为没有预警系统、行程过于紧张、船员人手不够。由于导致事故的各种情况都恰巧同时发生，瓦格纳认为它是“不可能”事件，但管理层原本可以采取更理性的行动进行避免。

不能正确预估风险的部分原因是过度自信，部分原因是人们没有能力足够充分地想到所有可能性。工程系统正在变得越来越复杂，因此考虑各个部件之间所有可能的相互作用也越来越困难。当然，最复杂的系统是人类的身体：正是因为没有意识到对孕妇无害的药物却可能对胎儿产生不利影响，才导致了沙利度胺（thalidomide）悲剧[1]。

在预估风险时，工程师可能会受到过度自信和无法考虑所有可能性的影响，从而做出不理性的判断。然而，公众对风险的态度更不理性。事实一再证明，有关风险的警告对人们行为的影响甚微。例如，在美国几个州开展的运动并没有劝服更多司机系上安全带。当然，人们无视的不仅仅是公路上的风险。瓦格纳在家庭用品展销会上摆了个摊，邀请人们试用 4 款不同

1 20 世纪 50 年代，沙利度胺（反应停）被研制出来，作为治疗妊娠孕吐反应的有效药被孕妇们争相购买，但其导致婴儿发育畸形的不良作用未被察觉。直到 1961 年相关研究论文相继出现，“反应停”被强制撤市。截 1963 年，世界各地由于服用该药物诞生了超过 1.2 万名“海豹肢”畸形儿，这些婴儿大多没有存活下来。

的产品，其中包括杀虫剂和火锅新燃料。所有的产品都在标签上印有使用说明，例如燃料瓶的警告说明有：请佩戴手套；请勿对着瓶口闻；请在使用前把火熄灭；请在使用后盖好瓶盖。瓦格纳邀请到访摊位的人进行试用，并告诉他们产品的使用方法，整个摊位像是一个模拟厨房。虽然有明确的危险警告，但只有不到 1/3 的人在使用前真的阅读了这些标签。瓦格纳认为，很多行为都变得“自动化”，包括司机的驾驶行为。即使意识到自己正在冒险，人们也会继续这种自动化了的行为。他指出，受试者中有 77% 的人承认是出于某种习惯而没有阅读标签，例如“我忘了”“我从来不看标签”“我没看见标签”。这些受试者的表现与他的采访对象的表现截然相反：采访对象中有 97% 声称阅读了这些标签上的危险警告。看起来，人们认为自己应该做什么和他们到底是怎么做的，还是有很大的区别。

公众对风险的预估也是不理性的，特别是由于可得性错误，他们会极大地高估在同一地点的几个人同时死亡这种引人注目的事故的概率，而低估不知不觉地在不同时间、不同地点有很多人死亡的概率。他们还对自己尚未适应的新事物心存恐惧。我将通过对比核燃料和化石燃料的可能危险来证明这种非理性。虽然我们讨论过核燃料造成的重大事故，但在西方国家核燃料受到严格的监管和控制，造成的死亡人数很少，可公众却不愿意相信核燃料比化石燃料更安全。

化石燃料会对开采和运输工人造成危险。每年有 1/10 000

的煤矿工人死在矿坑中，海上石油平台上的工人面对的风险则更大。英国通过公路运输石油，平均每年造成 12 人死亡。还有，燃烧化石燃料会向空气中释放可能致癌的碳氢化合物，以及各种会破坏大量树木和其他植被的酸性物质，特别是硫酸。在英国，每年城镇居民的死亡人数比乡村居民多出 1 万左右，几乎可以肯定的是，其中大部分是死于化石燃料的有害产物。最后，使用化石燃料会加剧温室效应，破坏臭氧层：在这两种将会长期影响人类生存的危害面前，几座核反应堆熔毁事故的严重性就显得微不足道。因此，燃烧化石燃料的影响是广泛的、潜伏的且长期的，与核燃料大多集中在一个地区的、突发的、紧急的影响相比，就很容易被严重忽视。有人曾预估，每生产 1 度电，燃煤电站可能造成的死亡人数是核反应堆的 10 ～ 100 倍，然而这样的事实也很难改变人们的认知。

公众对核反应堆的主要担忧是辐射泄露。即使是小规模的辐射泄露，也会成为当地一个引人注目的事件，被报纸广泛报道。这么显著的可得性就会引起公众的关切。曾有人认为，辐射比化石燃料更危险，因为它会对基因造成损害，将由一辈辈的后代来承担后果。然而，研究发现，广岛有基因缺陷的婴儿比例并不比未受原子弹辐射影响的大阪高。事实上，几乎可以肯定，燃煤造成的辐射危险比核能要高得多。煤炭中含有数种放射性物质，其中一些在燃烧时会被释放到空气中。更危险的是，这些放射性物质在地球表面沉积的煤灰中浓度更高：有人算过，到地球因太阳变大而无法居住之前，以目前水平释放到地下水和空气中的这些物质，会造成 4000 万人死亡。

导致公众容易对不同系统的危险程度产生误解的另一个因素，是联想的力量。煤炭会使人联想到在壁炉里燃烧的温暖火焰，而核能则让人想起原子弹，于是产生了光环效应。据估计，目前英国核反应堆对预期寿命的平均风险大约相当于 1 克的体重超重——我们的手掌都感觉不到这个重量。此外，估测核反应堆的风险必须参照其他能够接受的风险。经计算，坎维岛的化工厂和炼油厂每年发生造成 1 万人死亡的重大事故的风险约为 1/5000。按照设计，泰晤士河水闸每年被罕见的潮汐没过、造成上游地区遭到破坏和数千人死亡的概率约为 1/1500。相比之下，核反应堆对附近居民来说每年致死的风险约为 1/1 000 000，基本相当于在家中被电死的概率，而对更广泛地区的公众来说只有 1/10 000 000。我引用的数字大多来自英国卫生与安全执行局（British Health and Safety Executive）的一份报告，该机构对核反应堆的态度既不偏袒也无偏见。当然，这毕竟是一种新技术，报告中有些数字可能会错得相当离谱。我针对核反应堆的这些讨论也不是为其辩护，而是为了反映人们对风险的非理性态度。要反对核能，唯一一个站得住脚的论点是，采用核能可能比采用化石燃料存在更多未知风险。

最后，还有两种形式的不理性也会影响风险评估，特别是公众的风险评估。我们没有充分认识到，无论是新技术还是老技术，任何形式的技术都会有风险。虽然很遗憾，我们没有关于英国普通马车和双轮马车交通事故的统计数据，但似乎马拉交通的单位距离死亡人数可能会高于汽车交通，20 世纪 90 年代初，英国的汽车交通每年会导致大约 5000 人死亡[1]。与此相关的一点是，人们对任何新事物都心存恐惧。电灯照明首次出现时，人们觉得它太过于危险，不愿在自己家中使用。然而，电灯比当时用的蜡烛和煤油灯安全多了。铁路最早问世时，也有类似的恐怖预言，说每小时 60 多千米的行驶速度会对乘客造成生命危险。判断这种恐惧是否理性，只能取决于引入新技术前对其影响的研究的深入程度。

把人们对核反应堆的态度与对 X 线的态度进行对比，我们就能看到这种极端恐惧有多不理性。在英国，一位放射科医生每年对病人使用的辐射量，相当于塞拉菲尔德核废料处理场每年产出的辐射总量，按《独立报》的说法，就像是有 1600 个核反应堆“伪装成医院”散布在英国各地。虽然 X 线每年会造成大约 250 例不必要的死亡（实际死亡人数可能更多，不过考虑到进行有效诊断的需要，这个数据是合理的），却没有公众抗议 X 线的过度使用，原因是人们熟悉 X 线，会因此联想到治愈和健康，而核能则仍是新事物，还会让人联想到原子弹。

简言之，大多数人对风险的态度都不是基于风险实际发生的概率，更确切地说，不是基于我们当下认知水平能够得到的

1（2013 年往前的）过去 20 年中，英国的公路死亡人数一直在持续大幅下降。2011 年，公路死亡人数为 1857 人，即有记录以来首次低于 2000 人。——原注

最接近正确结果的概率，而是深受类似可得性错误和光环效应这些非理性因素的影响。

1. 如果你是个工程师，要考虑人类操作员的局限性和广大公众对你的项目可能会有的反应。
2. 如果你是个管理者，要记住你是安全的第一责任人。你的操作员可能会按照你的指令行事，而不表现出任何主动性。
3. 要记住，相较于引人注目的灾难，潜在的危险可能会导致更多人丧生。
4. 要记住，评估新设备时重要的不是新不新，而是会不会带来未知的危险。
5. 如果有选择的话，与其去北海的石油钻井平台工作，不如去核反应堆工作。

第 18 章　糟糕的预测和决定

在面对不确定的结果时，即使只需要考虑一两个因素，人们也可能做出糟糕的预测和糟糕的决定。

我们很少能够确切预测一个决定的全部结果。因此，大多数决定都是基于对概率的直觉估测。将军不可能知道哪种战略最好，他只能选可能是最好的那个。医生常常不能确定病人得了什么病，尤其是在刚开始问诊时，病人的胸部疼痛是因为心绞痛，需要转诊去看心脏病专家，还是只是食管裂孔疝，开点药就能让他回家？叫天马的那匹赛马胜出的实际概率，会比预测概率更高还是更低？在这些情况中，都需要考虑很多不同的因素。天马的血统非常好，但潮湿阴雨天气使它表现很糟；它今年的状态一直很好，可是上一场比赛没有完赛。另外，要预测天马胜出的概率，还必须考虑其他赛马的情况。我们无法单凭任何一个因素准确预测天马能否胜出，必须系统地考虑这些因素，甚至需要把它们全部结合起来，才能得到真正的概率。

一个人面对不同目标和诸多行动方案时会遭遇信息过载，无法系统考量所有可能的行动并最终决定哪个最好。这种情况下他只能关注自己能够想到的那些选项（这些选项通常会产生截然不同的结果），从中选择一种“足够好”但不是最好的行动方案。赫伯特·西蒙（Herbert Simon）[1]将这种决策方式称为“满意原则”[2]。当发现一个“足够好”却不一定最优的选项时，决策者就会停止寻找其他可能的选项，即使是重大事件的决策者，也不会先评估所有的选项及它们的可能结果。在选择职业时，一个人不会考虑所有能做的工作，也很少会评估一份工作所有的优点和缺点，例如工资、前景、养老保险、工作时间、假期、职业志趣契合度、工作稳定性、职责轻重、通勤时间、职位、对社会的贡献、发挥创造力的空间、对这份工作的基本兴趣、工作压力等。相反，他可能会只抓住一份工作明显区别于其他工作的那个因素，例如配备有一辆公车。

有人会说，满意原则在某种程度上是理性的。我们很少能确切预测一个决定会产生什么结果，有时寻找更多信息或陷入过度思考不过是浪费时间。这种说法没错，但根据我设定的相

1 美国计算机科学家、心理学家，美国国家科学院院士，中国科学院外籍院士，诺贝尔经济学奖获得者。

2 针对“最优化”原则提出，该原则指出，最优是不存在的，存在的只有满意。

当高的理性标准来看，利用满意原则做出的决定可能并非理性。我们当然应该考虑所有因素，特别是所有重要因素，但人类的大脑是有限的，每次只能处理很少的想法，在做出重大决定时所考虑的几个因素也可能只是最容易想到的，而不是最重要的。如果觉得配备有公车比其他因素都重要，显然十分愚蠢。有人会觉得，相比微不足道的决定，人们会在重要决定上花更多的时间。奇怪的是，事实并非如此：人们在决定花大钱和花小钱时的思考时间几乎是一样的，这又是非理性的一种奇怪表现。

下一章将会论证，当需要考虑很多因素时，人们的预测就会很糟糕——而由于所有决策都离不开预测，因此预测错误就意味着决策错误。本章将会证明，在面对不确定的结果时，即使只需要考虑一两个因素，人们也可能做出糟糕的预测和糟糕的决定。前面几章已经证明人们收集和评估证据时会错得多么离谱，而本章则审视使用这些证据时会犯的错误。为了论述简便，我会假设做出预测的人了解他所掌握的证据的真正价值。

在接下来的讨论中，“预测”是指基于证据对一个事件发生的概率做出的任何推论，而不仅仅是对未来的预测。无论我们是基于眼前的证据推论过去、现在还是未来，所犯的错误都大同小异。如果已知一个学生的智商和努力程度，我们就能推论他过去的学习成绩，“预测”他未来的学业表现。我将用“预测变量”这个词来指代做出预测所基于的各种证据。

卡尼曼和特沃斯基记录了下面这个真实的故事。从事机长培训工作的以色列空军官员抱怨道，表扬飞得特别好的学员没有用，受到表扬之后他们几乎都会飞得更差。相反，如果训斥飞得不好的学员，他们下次几乎都会飞得更好。因此，他们向上级官员建议，应该多批评表现差的学员，少表扬表现好的学员。这种推理背后有个不易被察觉的错误：飞得特别好或飞得特别差的情况都非常少见。如果一名机长这次飞得特别好或特别差，无论受到表扬还是批评，下次飞行表现都很可能会回归到他的平均水平，只是因为平均水平比特别好或特别差的表现更常见。因此，这次飞得好的机长下次的表现可能会下滑，而这次飞得差的机长下次可能的表现可能会改善。这个原理就是我们所知的“均值回归”，即如果一个事件是极端的，无论是极端好还是极端差，下一次发生的同类事件可能就不会那么极端。这个原理会影响所有的偶然事件。例如，碰巧智商都很高的一对父母——无论是因为他们拥有特别优秀的基因组合，还是拥有特别有利的成长环境——也很可能会生出智商比他们自己低得多的孩子。由于孩子得到了父母各自一半的基因，不太可能刚好都得到使他们聪明的那部分。同样地，如果父母拥有特别有利的成长环境，孩子所处的环境可能就没那么有利，因为这样的环境更接近平均水平。

再举两个日常生活中的例子来进一步说明。在美国棒球比赛中有一种常见的现象，被称为“第二年效应”（sophomore

effect)。在一个赛季中，如果一名球员打出的安打[1]数量非常多，人们会普遍认为他是明星球员，但到了下一个赛季，他的表现就会滑坡，只比平均水平略好一些。报纸上对这种效应的解释有很多——其他投手学会了怎么对付他，他被成功冲昏了头脑，他体重增加了，他体重减轻了，他结婚了，他离婚了，等等。事实上根本没必要解释：运气是一名球员打出安打的重要因素，这个赛季得到运气青睐的球员，下个赛季很可能就会失去这种运气，表现也就回归到了平均水平。

巴伦用我们都曾经有过的经历作为另一个例证。有人第一次去一家餐馆，觉得食物很好吃，再去时却发现不尽人意。运气对烹饪的影响很大，如果这次食物做得很好，下次就很有可能回到平均水平。正如巴伦所述，如果你对一家餐馆的食物不满意，下次就不会再去了，所以永远不会发现它会不会有所改善，事实上再去一次会更好吃的概率很大。

一位金融顾问把均值回归效应付诸实践。一家公司通常会售卖各种单位信托。他首先购买了某公司表现最差的单位信托基金，每一年他都会卖出这只基金，把钱转投到这家公司的另一只信托基金中：他总是买前一年表现最差的那只信托基金。到第十年年底，他赚的钱是每年投资业绩最好的单位信托基金

---

1 棒球、垒球运动术语。指不靠守场员的失误而安全上垒的合法击球，即球落在守场员无法接杀的空当，或者越过外场手头顶或穿过守场员之间的空当的合法击球，按安全到垒的多少可分为一垒安打、二垒安打、三垒安打、本垒打。

所能赚到的钱的十倍。尽管如此，许多金融顾问还是坚持建议他们的客户购买“历史表现优秀”的单位信托基金。

大多数人都没有注意到，某个时刻表现得不同寻常的事物，下一时刻很可能会回到平均水平，起码在受运气影响的偶然事件中就会这样。因此，他们所做的极端预测很可能是错的。我们已经讨论了预测变量与正在预测的事件同一类型的情况，而均值回归原理同样适用于预测变量与正在预测的事件完全不同类型的情况，并表现出一定的规律：预测变量越糟糕，就越有可能回归到平均水平。我们可以用下面的实验来证明。实验者要求受试者预测一名学生的平均绩点，给每组受试者提供不同的证据，包括这名学生与其他学生的学分排名（从中可以精确地推算出平均绩点）、他在集中注意力方面的得分（可以推算出平均绩点，但不太精确），或是他的幽默感测试结果（与平均绩点几乎没有关系）；然后分别告诉三组受试者，绩点排名是一个完美的预测变量，集中注意力也还不错，而幽默感则是一个毫无价值的预测变量。可以想象，第一组受试者的表现很好。然而，其他两组受试者并没有表现出均值回归：如果要判断的这名学生在集中注意力或幽默感测试中的得分非常高或非常低，他们就会预测他的平均绩点也相应地非常高或非常低，而忽略了自己拿到的是一个不完美的预测变量。事实上大多数平均绩点得分都集中在均值附近，他们所判断的这名学生的平均绩点落在均值附近的概率更大，而不太可能得到一个非常高或非常低的极端分值。经济学家为了解释一家这一年表现特别好的企业下一年却表现不佳的原因，已经浪费了太多时间和纸张。他们如果能运用均值回归原理，就可以为自己和读者节省出大把时间。

导致上述实验结果的原因仍有争议。可得性效应也有影响，人们更容易记住非常高或非常低的预测变量，所以不假思索地给出相应的非常高或非常低的预测值。即便知道预测变量并不完美，人们也很少去纠正预测值应该与预测变量的值相符的错误想法。当然，如果预测变量是完美的，两者的值总是会相符。这个错误与预估概率时没有考虑基本比率如出一辙，如第 14 章中对绿色出租车和蓝色出租车问题的讨论。

与均值回归相关的另一个错误是人们对自己判断的过度自信。如我们所见，如果一个不完美的预测变量的值很高，那么预测值就应该向着均值下调，而如果预测变量的值很低，那么预测值要相应地上调。然而人们不但没有这么做，在面对很高或很低的预测变量值时，还表现出比拿到近似平均值时更多的信心。极端的预测变量值会带来极端的信心，哪怕这些分值会导致非常严重的错误。人们潜意识里似乎觉得，如果一个东西（预测变量值）是极端的，与它相关的任何东西（他们对预测的信心）都应该是极端的。

我们可以用一个简单的例子，来说明一种更加奇怪的错误信心。假设在计算器出现之前，一位会计师想要评估申请者能否成为一名好会计。会计师可能会测试申请者做加法和减法计算的速度，当然也会考虑其他因素，例如他的计算的严密性、他的态度有多认真等。做加法的能力很可能与做减法的能力完全相关：我们如果知道一个人做加法的能力，就几乎能够准确地预测他做减法的能力怎么样。在预测一个人成为好会计的概率时，同时测试做加法和做减法的能力并没有什么帮助。由于这两种能力完全相关，我们只需要测试其中一种就够了。另一方面，由于严密和认真可能与做加法或做减法能力的相关度很低，用这两个因素以及做加法或做减法能力的其中一种就能更好地预测一个人能否成为好会计。

在实践中，如下面这个实验所示，人们实际会做的却与应该做的背道而驰：人们更相信相关因素而不是不相关的因素。实验者告诉受试者，可以通过四个测试来预测学生的学业成绩，四个测试作为预测变量的可靠性完全近似，但都不完美；然后将这四个测试分为两组：第一组是“思维灵活能力”和“系统推理能力”，第二组是“创意思维能力”和“符号象征能力”；再然后告诉受试者，第一组中的两个测试得分高度相关，即可以根据“系统推理能力”得分精确预测“思维灵活能力”得分，而第二组中两个测试的得分完全不相关，即不能根据“符号象征能力”得分预测“创意思维能力”得分；最后给受试者提供一些虚构的学生在四个测试中的得分，这些得分都经过了一些安排，符合上面所说的相关性：例如，如果一个学生的“思维灵活能力”得了 16 分，他“系统推理能力”的得分就是 15 ～ 16 分，而如果“创意思维能力”得了 16 分，“符号象征能力”得分会随机匹配 1 ～ 20 分。受试者必须根据这两组相关或不相关的得分来预测每名学生的学业表现。当问及他们对自己的预测有多大信心时，基于相关得分做出预测的受试者表现出了更大的信心：这有悖于理性判断。如果一个得分能够可靠地预测另一个得分，则意味着其中一个分值不能提供新的信息；如果使用两个不相关的得分，反而可能因其能够相互补充新的信息而改善预测结果。

这种错误可能是由于相关的得分表现出一致性，使人们觉得正在预测的那个分值也应该与其保持一致，而不相关的得分通常没有这种一致性，所以人们认为它们不能可靠地预测目标分值。

在本章结束前，我再介绍几个没有从有限证据中推出正确结论的案例。假设一个选拔委员会要决定是否接收某位申请者成为临床心理学的研究生，委员会可用的证据有两个：他在研究生考试中的分数和他在精神病院工作的时间。这两个数字并不相关，所以无法根据一个数字来预测另一个数字。事实上，这位申请者在精神病院工作的时间远远超过已被录取的大多数学生。委员会对这一点当然很满意，但他的考试成绩找不到了。成绩找到后，委员会发现他的成绩只比该课程申请者的平均成绩高一点点。试想委员会对他的看法会变得更好还是更差。大多数人觉得应该会更差，实际上却更好了。这样的错误同样是出于没有考虑均值回归。既然在精神病医院工作的经历与考试成绩无关，对他丢失的考试成绩最合理的预测值就是接近平均分。于是，委员会发现他的成绩其实高于平均水平，就会提高对他的评价。出现这种错误，部分原因在于人们在应当对不同得分求和时，却倾向于计算它们的平均分，就像第 15 章中处理概率时一样。

假设你正在玩轮盘赌，球连续 6 次都落在黑色沟道。大多数人，包括经验丰富的赌徒都会觉得下一次落在红色沟道的概率更大。他们做出这样的预测，是因为投球的次数足够多时，落到黑色和红色沟道的概率理应相等。回到上文提过的观点，出现 BBBBBBR 这样的结果比 BBBBBBBB 的结果更具代表性。事实上，球没有记忆，无论已经连续多少次落到同一种颜色的沟道中，下一次再落到同一沟道中的概率也仍是一样的，原因显而易见。这种错误被称为“赌徒谬误”（gambler’s fallacy）。

正如菲施霍夫所说，比赌博更严肃的情况也会出现同样的错误，就连著名的美国历史学家莫里森（Morrison）[1]也不能幸免。菲施霍夫回忆道，罗斯福在执政的第五年，宣布要组建一个全部由他自己选择的法官组成的最高法院。考虑到法官们一般情况下退休[2]的年龄，以及在罗斯福执政的前四年中没有一

1 美国海军历史学家，以其海军历史相关著作的权威性和可读性著名，最高军衔为海军后备役少将。

2 美国 1787 年宪法规定：“……最高法院大法官共 9 名，由总统提名，参议院批准，除非犯罪，任职终身……”

位法官退休的现实，莫里森认为："罗斯福那一年[1]能够以传统方式提名一位或多位法官并获批准的赔率是 11∶1"。菲施霍夫则认为："过去四年已成历史，下一年出现至少一个空缺的概率还是 0.39。"[2]

另一个相关的谬误，是从一系列随机事件中强行归纳出一种模式。一个常常被引用的例子是闪电战期间德军轰炸伦敦的模式。伦敦人就德军的轰炸目标、英军的躲避地点建立起了一套完整理论。许多人据此做出错误推论，认为伦敦东部遭到的轰炸更多，德军在轰炸时区分了穷人区和富人区。战后对德军轰炸模式进行统计分析时，发现轰炸完全是随机的。人类太过于渴望理解事物，结果反而错得十分离谱——他们会看到并不存在的模式，或者编造出各种理论来解释为什么有的人特别擅长识别自杀遗书。

最后还有一个例子，人们完全无视这样一个事实：基于非常匮乏的证据做出的任何预测都是靠不住的。实验者给受试者提供了基于投射测验结果对一个研究生做出的描述。受试者相信如第 11 章所述的罗夏墨迹测验或画人测验等投射测验没有任何预测价值。我们已经看到他们是对的，至少在这方面是对

---

1 指 1937 年。当时美国最高法院"休斯法院"的 9 名大法官中有 6 名年龄超过 70 岁，平均年龄为 71 岁，为美国历史上法官平均年龄之最。

2 这个逻辑只在特定情况下站得住脚。最高法院法官们的生命是有限的。看看这种极端情况：如果已有 50 年没有任命新的法官，所有法官的年龄就几乎都超过 100 岁，相比全部由 30 多岁的新面孔组建最高法院，出现一个空缺的概率要大得多。——原注

的。阅读描述后，受试者拿到一份列有研究生可能会学习的 9 门课程的清单，被要求从中选出最适合这名学生的一门。受投射测验描述（“缺少真正的创意……需要秩序和清醒，以及有序而简练的规则……对他人几乎没有同理心……”）的影响，大多数受试者都认为这个研究生大概率是一位工程师。随后实验者告诉受试者这名学生在教育学研究生部攻读关于残障儿童的特殊项目，问他们这一身份符合投射测验中的哪些描述。大多数受试者又选择了一些符合从事教育的人的描述（“很强的道德感”）。几乎没有人能拒绝人格测验给出的画像。我们总是会高估糟糕的证据。

1. 要记住，任何极端事件发生时，无论这个事件特别好还是特别坏，单纯从统计推理来看，接下来发生的同类事物都可能会不那么极端，会回归均值。
2. 在基于不完美的证据进行预测时，无论你在预测什么，尽可能让你的预测接近均值，而不是接近预测变量的值。
3. 如果两个证据总是保持一致，你在预测时只需要用到其中一个。
4. 学一些基础的统计概念和概率理论，如果你是一位专业人士，就更应如此。学这些也就只用花上几天时间而已。
5. 陷入“赌徒谬误”不会让你赢钱，也不会让你输钱。

第三部分

应对非理性的工具

第 19 章　精算预测

大多数人已经认识到，理解外部世界和预测其状态的最好方式就是利用科学，而不是直觉。

直觉是人类最宝贵的能力之一。很多人觉得，说他们直觉不准比说他们邋遢、懒惰或自私更令人受伤。正如拉罗什富科（Rochefoucauld）所述，“每个人都在抱怨自己记性不好，却没有人抱怨自己的判断力不行”。不同的声音只是少数，例如有人说直觉是一种奇怪的本能，告诉一个人他是对的，无论他是否真的正确。

在上一章中，我们看到人们在基于少数几个因素进行预测时容易犯错。现实生活中需要考虑很多不同的因素，每个因素在用于预测时都有或多或少的可靠性，也就是说，基于每个因素做出的预测都有一定的正确概率。看看下面这个段落，由戴维·埃迪引自一本关于癌症的医学书籍，其中粗体是他标注的用于表示某种具有不确定性的说法。这个段落旨在帮助医生区分乳腺囊性增生病和乳腺癌：

> 乳腺囊性增生病**通常**会被误认为乳腺癌。这种疾病**通常**见于乳房较小的经产妇[1]，**最常**见于乳房外上象限，**也可**见于其他部位，最终侵犯整个乳房，**常常**会有痛感，经前期尤甚，**常**伴有月经紊乱。**大约** 15% 的病例会出现**通常**比较严重的乳头溢液，但乳头本身没有变化。病变是弥漫性的，没有明显的分界，也不会粘连到表皮。很多囊肿坚硬、呈圆形且能移动，**如果**其中有透明液体，**可能**会透光。体积较大的囊肿触感就**像**肿瘤，但**通常**更光滑、轮廓更清晰。腋窝淋巴结**通常**不会肿大。乳腺囊性增生病中**少见**体积较大的蓝色囊肿，多发的小囊肿**更为常见**。

这段引文表明，做出诊断时需要考虑很多不同的症状，但这些症状的信度从“可能”“通常”“最常”到“是”（完全确定）各有不同，还有很多表示概率的其他术语。任何一个接诊病人的医生都不可能记住罗列出来的如此多的症状，给予每一个症状应有的重视，并根据直觉、基于证据做出最好的诊断。

1 指曾经生过不止一个孩子的妇女。

本章将会证明，人类的直觉实际上很糟糕，事实上真是糟透了。用正式的数学手段分析人类做出直觉判断时使用的数据，得出的判断总是比人类自己的判断要好得多。我将会把这两种预测方式分别称为直觉（intuitive）预测和精算（actuarial）预测，因为找不到更好的词，我将会把做出直觉预测的人称为“裁判”（judge）。

为了评估人类裁判的表现，需要看看做出最佳判断之后，他们的行为表现如何。如果预测变量不完美，人们就永远无法做出完美判断。幸运的是，有一种数学方法可以评估不同预测变量的有效性，并把这些变量综合起来，基于可用的证据做出尽可能最好的预测。只有极少数例外情况需要用到其他数学技巧。

正如该领域的领军人物之一罗宾·道斯（Robyn Dawes）所说，本杰明·富兰克林（Benjamin Franklin）在某种程度上预见到了这种方法，从下面这封写给他的朋友约瑟夫·普利斯特利（Joseph Priestley）的信中就可看出：

> 由于对事情的前提不甚了解，我无法建议你做出**什么**样的决定，但如果你愿意的话，我可以告诉你**怎么**做出这个决定……我的方法是在一张纸中间画一条线，把它分成两列，一列写上**支持**这个决定的理由，另一列写上**反对**的理由。然后我会考虑个三四天，记下不同时刻出现在脑海中的一些不同的动机，以及不

> 同时刻想到的一些支持或反对这些动机的理由。当像这样把这些理由整理到一个视图中时，我会努力估测它们各自的权重……目的是找到等价关系[1]……另外，尽管对理由的权重无法进行精确的数学定量，但当所有理由都呈现在我面前，在对它们中的每一个都进行了单独分析和比较分析后，我想我能做出更出色的判断，也更不容易做出草率的决定。事实上，我发现这种方法有很大的优点，我将其称为**公正代数法**（moral or prudential algebra）。

事实已经证明，富兰克林这个技巧能够让我们在做出决定之前考虑更多证据和更多选择。

我将要介绍的这种数学技巧，为每个相关的证据都设定了尽可能最佳的权重（按富兰克林的标准）。我们可以用一项预测俄勒冈大学研究生的潜力的研究来加以说明。负责招生的工作人员能接触到这些学生的本科学分、研究生入学考试的成绩和推荐人写的推荐信。这些材料被递交给招生委员会，由 4 位成员进行打分。这三种证据的大致得分范围是：本科成绩

1 富兰克林在信中另一段具体阐述了这种方法："当我发现有两个理由（一边各一个）的权重看上去相等时，我便把两个理由都划掉。如果我发现一个支持的理由对等两个反对的理由时，我便把三个理由都划掉。经过这样一个过程，到最后只剩下几个理由。如果经过一两天的进一步考虑，两边都没有出现新的重要理由，我再根据这些理由做决定。"

3.0 ～ 4.9 分，研究生入学考试成绩 70 ～ 90 分，推荐信 1 ～ 5 分。总之，每位候选人的每份证据都会被转换成一个分值，一共三个分值。最后，招生委员会根据这些分值将候选人分为 6 类，作为他们对这位候选人攻读研究生的潜力的判断。

要评价一个选拔委员会的工作能力是很难的，因为我们不可能知道被拒绝的候选人如果被选中会有怎样的表现。不过我们可以对比被选中的候选人在完成课程时（或将要完成课程时）的实际表现与招生委员会最初的分类（1 ～ 6）是否相符，以此来衡量委员会的打分能够在多大程度上预测候选人攻读研究生的潜力。事实上，他们的预测很糟糕，只比凭运气要好些。很明显，这三种证据在被用于预测时的重要性可能不同。例如，成绩比推荐信重要得多，因为推荐人可能会持有偏见。要获得最优的打分结果，招生委员会必须赋予这三种证据合理的权重。然而我们已经看到，判断事物之间的关联性对大多数人有多困难。委员会怎样才能确定大学本科成绩比推荐信更重要？如果真的更重要，那么又重要多少？他们只能通过直觉判断。

我要介绍的精算方法是多元回归分析。这种方法先取每个候选人在每种证据上的初始得分，再与其最终表现评估结果进行系统对比，计算每种证据在预测候选人攻读研究生潜力时的可信度；再给每个因素的预测值赋予一个权重，用 0 到 1 之间的数来表示。要对某个候选人进行预测，只需要将他的三个得分分别乘以合理的权重，再把得到的三个数求和。这样不仅考虑了每种因素在预测结果时的相对价值，还弥补了这三个预测变量的分值范围差异过大的不足——例如本科学分是 3 ～ 4.9 分，研究生入学考试是 70 ～ 90 分。这种数学分析法能够得出基于这三种证据可以得出的几乎是最佳的预测结果。

你也许有理由反对，说其中可能会有作弊成分，因为精算预测不仅用到了这三种预测变量，也用到了预测的结果，所以几乎不可能比人类裁判的直觉更好。要解决这个问题，我们可以将初步的数学分析结果应用于一批不同的学生，评估这些学生的预测结果，随后将精算预测与人类裁判的直觉预测进行对比。我们不可能天天对比数学模型和人类裁判的准确性，但在这项研究中，最佳的估测值（技术术语，基于两种方法在计算学生潜力时的差异）是由精算预测得出的，其准确度是人类裁判的 4 倍。

我们必须记住，精算法也并不完美：它只是根据拿到的证据做出尽可能准确的预测。当然，对人类表现的预测永远不可能完全准确。以学生为例，有些学生会因为谈恋爱而分心，有些学生会因为被甩而更加分心，有些学生会选择一个纯粹靠运气才能产出结果的博士论文项目，有些学生会选一个怎么努力都难以实现的项目。不只是人类表现，对于天气、含有石油的地理区位，或是基于一系列症状判断疾病性质等问题，人们都只能预测出一定的概率，不能确保这个概率完全准确。然而，在这些例子中，以及其他很多案例中，精算预测的表现都优于人类裁判。

事实上，在100多项对比精算预测和直觉预测的研究中，人类从未胜出，不过也有两种方法的预测结果差别不大的时候。在大多数案例中，精算方法的准确度都高得多，这里随机列举几个案例（预测的内容和与精算方法进行对比的做出判断的专家类型）：假释者遵守规矩或破坏假释条例的程度——对3000多个假释者开展的三项相互独立的研究（心理学家和精神病学家）、在培训前预测机长受训后的表现（美国空军人事官员）、适应少管所生活的情况（精神病学家）、在工程师离开大学前预测他们的工作满意度（咨询师）、罪犯再次犯罪的情况（医生）、精神病人尝试自杀的情况（精神病学家）、精神分裂症患者的精神疾病改善情况（医生）、将一个精神疾病患者归类为精神病还是神经病患者（精神病学家和心理学家）、公司的发展（金融分析师）、赛马在赛场上的表现（赛马情报贩子）。

需要注意，除了最后一个，其他所有例子都是关于人的预测，要么是关于他们的行为、成就、能力，要么是关于他们的心理健康。当然，也只有在做与人相关的预测时，我们才能说自己拥有直觉。大多数人已经认识到，理解外部世界和预测其状态的最好方式就是利用科学，而不是直觉。如果你想预测天气，相比翻看《老摩尔年鉴》（*Old Moore's Almanac*）[1]或观察

1 医生兼星占学家弗朗西斯·摩尔(Francis Moore，1657—1715)于1699年开始编印出版的年鉴，会对一年中的重要事件作出预测。

傍晚的红色天空，不如看天气预报，或像气象局一样编撰详细记录，以便使用数学分析方法做出基本准确的预测。如果你的汽车无法启动，你会检查引线、插头、分电器等，会运用知识而不是直觉。因此，人类的预测很好地检验了人类的直觉是否理性。

虽然绝大多数情况下精算预测都比直觉预测要准确得多，但仍需注意四点。第一点，精算预测中使用的证据（起码是部分证据）必须与预测相关，至于什么才是相关的，是由人来决定的。招生委员会决定本科学分、研究生入学考试成绩和推荐信与该学生的研究生阶段表现相关，我们也能想到很多其他证据，例如候选人的健康状况，或是认识他的人对他的认真或毅力的评价。那么人类裁判就很难确定这些额外证据会不会影响学生最终的表现，而精算预测的美妙之处就在于，无论在计算中加入任何预测变量，都能自动判断它是否相关。一个与将要做出的预测完全没有关系的证据，其权重就会是零，也就是说在最终的计算中会被忽略掉。如我们所见，人们常常会建立并不存在的关联，而精算预测能够防止我们被这些错误关联误导。虽然必须由人来输入提供给数学运算机器的数据，但精算计算能够准确地决定这些数据如何使用。

第二点，只有数学分析和人类裁判使用同样的数据时，比较精算预测和直觉预测才会有效。由于人们常常不知道自己是基于什么做出的判断，所以不一定总是能够进行这样的对比。举一个极端的例子，一项研究修改了男性和女性的照片，使他们的瞳孔要么非常大，要么非常小。在给异性受试者分别展示同一个人有着小瞳孔和大瞳孔的照片时，他们会认为大瞳孔的人更具性吸引力，却没有意识到这种判断受到了瞳孔大小的影响。无论如何，裁判虽然可能从面试中建立起对一个人的总体印象，但很少意识到这样的印象到底是怎么形成的。让他们根据面试情况给候选人打分，再将打分结果进行数学分析，我们将会看到，面试并不会改善预测结果，反而会使结果变得更糟。

第三点，输入到数学模型中的数据必须是数字形式。这不是问题，人类裁判总是善于给证据赋值。在上面的例子中，招生委员会对推荐信进行了 1 ～ 6 分的打分。如果人们不喜欢用数字，还可以让他们勾选一组用于评分的形容词，例如“很差、差、一般、好、很好”，然后将勾选结果转换为 1 ～ 5 分的分值。当然，我们不能保证每个裁判的打分结果保持一致：在不同时间给同一个裁判看同一封推荐信，他可能这一天打了 1 分，另一天打了 2 分。由于裁判可能犯这种错误，他们所评估的预测变量的权重也会降低。一个裁判的评分不一致，不仅会降低自己预测的准确率，也会影响数学分析的准确率。要解决这个问题，我们可以让几个人同时对预测变量的得分进行评分，取他们结果的平均数：这样往往能抵消他们的错误，得到一致性更高的数据。大多数面试官都会相信对面试者的总体印象（受光环效应的严重影响）：如果强制他们给魅力和自信赋一个数值，他们更有可能将这些品质从总体印象之中抽离。一旦有了足够的案例，并确定所选的人类裁判直觉判断的准确性，他们打分的预测价值就能使用数学分析来评估。

第四点，精算方法只能用于这样的情况：我们正在进行相同类型的预测，拥有与大量相似案例相关的相同类型的知识（即预测变量），例如，基于研究生的分数预测他们的表现，或基于症状预测疾病的类型。除特殊情况外，我们很难预测战争或求爱的结果。不过很奇怪，精算方法在预测婚姻幸福程度方面表现出色，只需用一对夫妻平均每周性生活的次数减去他们每周吵架的次数。

我们已经证明，只要条件适用，精算方法几乎总是比人类裁判的预测要好。不过还有更令人惊奇的应用。我们可以用同一个裁判在大量案例中的预测结果，来计算他潜意识里赋予本科学分、研究生入学考试成绩和推荐信等预测变量的权重。虽然他自己可能没有意识到，但他会给每个预测变量赋以权重，通过对比每个候选人在这些预测变量中的得分，以及裁判对该候选人成为研究生的潜力的评估，算出这个权重。要注意，这个过程不需要考虑这些候选人实际表现有多好。通过这种方式计算出裁判赋予的权重，并将这些权重套人数学公式的预测结果比裁判本人的预测更准确。怎么会这样？戈德堡（L. R. Goldberg）回答了这个问题：裁判“不是机器。他作为人类当然会大量地学习，掌握了根据假设进行推理的技巧，但他没有机器的可靠性。他有得意的时候，但无聊、疲倦、疾病、情境和人际关系都会困扰他，使他分心，导致他对相同刺激因素的多次判断不会完全相同……如果能够通过消除判断中的随机误差来降低一些人类判断的不可靠性，我们就能够提高预测结果的准确度”。

再次重申，通过取多次判断的平均数，能够尽可能消除随机差异，计算出裁判的平均权重。裁判自己常常会偏离这个平均权重，数学模型就不会，所以比裁判的预测要好。刚刚描述的这个过程被恰如其分地称为“自举法”（bootstrapping），与对比个体的预测变量得分和最终表现得出的最优权重相比，自举法的预测结果通常要差一些，却也不会差得太多。这就意味着裁判不知不觉建立了一套相当合理的权重，只是他们不会始终如一地使用这些权重。需要强调的是，自举法算出的是裁判实际使用的权重，而不是他们觉得自己在用的权重。事实上，他们通常不知道自己是怎么做出的判断。在分析 13 个股票经理人对股市的判断时，我们发现他们实际赋予预测变量的权重几乎跟他们以为自己赋予的权重完全相反。

现在，我们来看看为什么直觉预测比精算预测糟糕得多。第一，如前几章所述，人类裁判不会为预测变量赋予最佳权重。我们已经看到，人们非常不擅长建立正确的联系：他们会过于重视一个与正在预测的结果几乎没有关系的预测变量。第二，人们非常不善于综合不同的信息。事实上，他们完全不会有意识地给预测变量赋值。如果一个候选人的研究生入学考试成绩好得惊人，但本科学分很差，裁判会怎么办？他会用

“直觉”来解决这个问题。遗憾的是，直觉并非基于证据：可能源于另一个有误导性的期望。第三，如我们所见，每天都不一样的心情会导致判断也缺乏一致性。如果裁判刚刚发现自己的妻子有了外遇，可能会对候选人读研究生的潜力持悲观态度，而如果他刚刚获得正教授职位，可能会觉得需要善待所有人，甚至给不怎么样的候选人一个机会。第四，裁判可能会受到无意中第一个接触到的预测变量的严重影响，实际上还可能会用第一个预测变量的评估结果来解释其他预测变量的分值（首因效应）。第五，如果有很多预测变量（不止三四个），裁判可能会发现不可能同时记住所有的预测变量并给出合适的权重。

所以，人们在做出直觉决定时是不理性的。当然，在预测非常琐碎的事情时，没有理由把时间花在精算上。通过仔细记录牛排的特性来预测做一份新的需要多久并不值得，我们只需要看着它，也许在快做好的时候尝一口就好。

此外，只有在已有大量案例（大约 30 个或更多）且每个案例的预测变量及结果的分值都有完整记录时，这种方法才适用。如果满足这些条件，需要做出的决定也足够重要，我们就可以使用精算方法。一旦确定了预测变量的最佳权重，我们就能用计算机出可以在几分之一秒的时间里分析一个新案例。然而，人们往往不愿意使用这种方法，而更愿意相信自己的直觉，即使精算方法毫无疑问比没有任何单纯的人类判断更准确，这是非理性的又一个例证。

罗宾·道斯注意到，精算预测事实上很少被使用。他指出，当他写作时，美国重点高校中只有四所使用精算预测来招生，而且只是作为淘汰完全不合适的候选人的手段，并非用于最终决策：剩下的人还是要进行面试。美国的一所医院曾使用精算预测来确定病人是精神病患者还是神经病患者，虽然精算预测的表现比任何精神病医生都好，却因犯了明显的错误而被废止。我们不清楚精神病医生犯的错误明不明显，不过他们犯的错误肯定更多。道斯指出，使用精算方法不仅会改善所做的选择，还会节省大量的时间和金钱：他估计，如果美国所有的研究生院招生都使用这种方法，每年将会节省 1800 万美元。

为什么人们如此抵触精算技术？道斯的研究成果得出了七个理由。第一，人们会更清楚记得那些不寻常的成功。一个招生委员会成员可能会记得，曾经根据直觉录取的一个所有预测变量得分都很低的候选人，后续表现却非常好。很明显，精算模型永远都不会录取他。这种论点的问题在于，人类裁判可能会忘记其他那些基于直觉被录取、后续表现很差的候选人。上文已经证明，被记住的总是那些独特的人。

第二，专业裁判愿意相信自己拥有独特的天分和技巧：他们不愿意接受自己的专业能力被一台计算机超越。另外，出于第 16 章中罗列的原因，他们可能会对自己的能力过度自信，会安慰自己：是自己选择了预测变量，而数学分析不过是以最优方式把它们组合在一起。

第三，自证性预言可能会导致裁判产生自己判断力还不错的错觉。裁判录取了一个不同寻常的学生，可能会花大量时间去帮助他，部分原因是证明自己录取他的做法是对的，部分原因是他对这名学生的发展也很感兴趣。道斯进行了这样的类比，一个服务员觉得某些顾客不会给他小费，结果就没有好好服务他们，于是他的预言就成真了——他没有拿到小费。

第四，有人认为，预测即使经过精算，也远远称不上完美，起码大多数案例都是这样。这个说法很勉强，因为关于人类表现的任何预测都永远不会完美。重要的是，精算预测比人类判断要好。相较于依靠直觉，如果用精算法选拔，能够选出更多有所成就的学生。相较于精神病医生，用精算法对病人进行神经和精神病症分类，能够大量减少犯错次数，虽然犯错还是不可避免。

第五，人们觉得精算程序不能处理意外事件。例如，一个人可能想为某个家境贫困的人放宽正常录取标准。实际上，这种因素也可以被纳入计算。我们可以评估家境情况能否成为一个预测变量：在其他预测变量得分相同的情况下，家境不好的人是否可以表现得更好？如果是，家境情况本身就可以成为一个预测变量。如果只是想要给家境不好的候选者一个机会，哪怕他们有无法完成学业的风险也在所不惜，那么他们在得以被录取的那个数学模型中的得分就肯定会下降。精算预测唯一无法纳入计算的是完全无法预见的偶然事件。例如，假设有人参加研究生入学考试时病得非常重：人类裁判可能想考虑一下，但这种疾病却没有被所用的精算方法纳入而成为一个预测变量。解决办法不是放弃精算方法，而是审阅候选人的记录，以防出现这样的情况。如果他们因此而被录取，我们可以追踪他们的表现，再决定是否把这种偶然事件引入精算模型，使其成为一个预测变量。

第六，有人坚持相信直觉具有某种魔力，不能被精确的计算或对过去情况的仔细反思所取代。要想知道这种观点错得有多离谱，不妨问一问人类裁判在做出判断时依据的是什么。他依靠的是自己的经验，但这些经验由他遇到的那些案例组合而成。换句话说，裁判没有意识到自己其实在使用精算方法，只是并没有很好地使用这种方法。

第七，有人觉得会影响他们整个人生的决定由刻板的数学模型而不是人来做出，显得太过无情。一个学生抱怨加利福尼亚一所大学没有经过面试就拒绝了她。“他们怎么知道我是什么样的人？”道斯写道：“答案是他们无法知道。他们就算进行了面试也无法知道。”道斯指出，认为半个小时的面试比查阅四年的平均成绩更能了解一个学生的能力，这不过是一种自以为是。

原则上说，我们可以给面试结果打分，并将得分进行数学分析，以此消除对候选人不够了解的担忧。实际上，这么做无济于事，因为这样的分析几乎总是会得出面试的权重为零的结果。有研究一再证明，选拔面试不仅没有用，还可能有害。尼尔·施密特（Neal Schmitt）写过一篇有关面试的文章，开门见山地指出，四个针对几十项研究进行的、相互独立的评议“得出结论，很多招聘面试既没有可信度也没有有效性”。也就是说，不同面试官的判断并不相同，而且与候选人和该岗位的适配度没有关系。

面试之所以不是一种令人满意的选拔方法，原因有很多，光环效应就是其中之一。一个候选人如果表现得不错，文雅自信而不自负，不管是否具备这项工作所需的技能，都可能会被认为具备这些技能。还有，有研究证明，面试会受到首因效应和“对比效应”（contrast effect）——我们尚未提及——的影响。选拔委员会如果面试了一些特别有才华或特别聪明的申请者，就会低估下一个面试者的水平；反之亦然，如果一个表现一般的人跟在一个表现很差的候选人后面，委员会对他水平的评估就会比他实际水平高得多。这种效应也被一再证明，在很多不同情况下扭曲了人类的判断。有人认为，面试是发现候选人某些不寻常特质的唯一方式，例如口吃、穿皮衣、戴铁链的习惯，但事实上候选人的推荐人似乎不太可能不提到这些特质。有人会说公司可以通过面试向候选人宣传自身。这听起来好像有道理，但有研究证明这种观点也是错误的：通常，申请人在面试之后对公司的印象更差了。他们来面试时的期待值可能过高，所以失望也在所难免。需要补充一点的是，有关所谓的结构化面试[1]的意义也有争议。在结构化面试中，所有候选

1 又称标准化面试，通过设计面试所涉及的内容、试题评分标准、评分方法、分数等并加以规范化和标准化来对面试者进行系统的面试。其主要目的是评估应聘者工作能力的高低及是否能适应该岗位的工作，同时也是对工作情况的预先介绍，以及进行企业形象的宣传。

人都拿到完全相同的、预先设定好的话题和问题，但即使是这样，以书面形式提问可能会更好，能够避免面试官与候选人见面而产生偏见。

在招聘选拔中准确性最高的预测变量是认知能力，它可以通过一系列语言和空间测试来测量。这些测试被数千名美国招聘官和数百名美国商人应用于评估各种岗位的候选人，被认为是已知的预测候选人未来成功概率的最佳预测变量。当然还有很多其他更专业的客观测试，但关于它们的有效性至今证据不足。

奇怪的是，虽然很多已发表的文章都表明面试在招聘选拔中毫无作用，公司还是在继续进行面试。面试的使用是西方世界中最奇怪的非理性行为之一，面试官始终对他们错误百出的判断抱有信心，这个事实本身就是过度自信的又一个例证。

精算预测在医学领域和商业领域都取得了成功，对比这种方法在这两个领域的应用程度很有趣。在一项研究中，研究者让医生们预测 193 个患有霍奇金病（Hodgkin’s disease）的病人能活多久，经过活检得到了 10 个不同的预测变量。实验发现，医生们虽然对自己的预测能力有信心，但他们的判断实际上是完全随机的——如果通过抽签来预测每个病人的情况，结果也一样。不过，如果通过系统对比一系列案例中病人寿命的预测变量值，从而建立起一个数学模型，这个模型的表现比单纯靠运气要好得多。

医学领域的另一个案例是 MYCIN 系统，即斯坦福大学开发的一个用于诊断血液细菌疾病并给出最佳抗生素建议的计算机程序。这个程序很大程度上是基于我一直在讨论的这种数学分析，不过更为复杂一些。录入程序的知识和概率完全来自医生。当然，人们需要采集并输入特定病例的全部信息，但程序会在需要时要求提供更多患者信息或对患者做进一步检查。在一项研究中，这个计算机程序正确诊断了 65% 的病例，而不同医生的正确诊断率为 42.5% ～ 62.5%。之后，很多类似的医学程序出现，被应用于诊断从胃部疾病到评估新生儿猝死风险等诸多问题。

我们再来看看商业领域。20 世纪 80 年代，如果想从银行贷款，你需要去和银行经理见面，而他可能不在，或是礼貌拒绝。现在，90% 的贷款（和所有信用卡）都由计算机程序受理或拒绝：程序会考虑客户是否有房子和电话机、他的婚姻状况、他的工作性质、他的银行账户历史数据等等。在对客户进行信用评级时，有经验的银行职员选择授予贷款的人，比由计算机选择的人违约率更高。

多年来，保险公司当然一直在用精算方法来评估风险，因此提供的保费相当现实。如今，精算方法在商业领域有了很多其他应用案例，但在医疗程序中的应用依然相对较少。看来在事关金钱时人们才会更常使用最好的决策方法，但如果是一个人的生命受到威胁，我们还是会更依赖人类直觉这种不可靠的能力。然而，大多数企业远远没有做到理性行事。他们还在用毫无用处的选拔方法。例如，大公司常常花费很多钱雇用猎头为年薪 5 万英镑以上的职位寻找人才。猎头通常没有受过培训，只是依靠面试和其他主观方法选拔人才。令人震惊的是，有两家公司还使用占星术。英国最大的猎头公司之一的负责人安德鲁·迪克森（Andrew Dickson）曾表示："试图从显然不科学的东西里找出科学道理是白费力气。怎么可能 100% 准确地预测一个人在一份新工作中的表现呢？"他的话概括了很多商人的不理性行为。一个人当然不可能总是正确，但迪克森是否应该花一点时间，基于既有证据采取行动，把成功率从 5% 或 10% 提高到 60% 或 70% 呢？

启示

1. 要对任何自称直觉很准的人持怀疑态度。
2. 如果你是一位专业人士，在数学模型表现得比人类判断更准确时不要犹豫，用数学模型来做决定。
3. 如果你是一名求职者，不要因为没有得到面试机会而愤愤不平，因为这可能反而反映出这家公司走在了时代的前面。
4. 如果你是一名猎头，尽量不要发表愚蠢的言论。

第 20 章 效用理论分析

> 效用理论揭示了一个人最大可能实现自己目标的最佳方式，如果这是你或你所在的群体想要的，就应该遵守这个理论。

上一章已经表明，如果有很多未知的预测变量，其中每一个都不能进行准确预测时，有一种精算方法（几乎总是）能够做出最好的预测：这就建立起一个标准，我们能够依据这个标准判断人们直觉预测的理性程度。本章将引入第二个模型，即效用理论（Utility Theory），该模型关注人们要想最好地实现自己的目标所应采取的行动方式。

在第 15 章开头，我介绍了怎样计算一笔赌注的预期价值：用每赌一把可能赢的钱乘以赌赢的概率，再将结果求和。你如果想要最大化你所赢得的金钱收益，就应该总是选择价值最高的赌注。理论上，我们人生中每次做决定都可以采取这种方式，为每个可能的结果赋予一个金钱价值，选择结果价值最高的行动。然而，这里还有个小问题。我们对 1000 万英镑的渴望程度并不会是对 100 万英镑渴望程度的 10 倍，就像拥有 1000 双鞋并不能带来拥有 1 双鞋 1000 倍的好处。对很多人来说，100 万英镑足以满足他们几乎全部的需求，尤其是最重要的那些需求。就满足欲望而言，再多 100 万英镑比第一笔 100 万英镑的重要性低得多：因此，既定数额的金钱对一个人意味着什么（即其效用）取决于他已经拥有多少金钱。金钱总额增加，带来的好处却在缩水，这就是所谓的“边际效用”（marginal utility）。边际效用是累进税制的基础：穷人拿出收入的一小部分来交税，受到的损害可能比富人缴纳更大比例税额受到的损害还要大。

看看下面这两个赌注：

选项 A：赢得 1000 万英镑的概率是 0.2

选项 B：赢得 100 万英镑的概率是 0.8

选项 A 的预期价值是 200 万英镑，而选项 B 的预期价值是 80 万英镑，所以选项 A 的金钱预期价值比选项 B 要高得多。然而在实验中，几乎每个人都会选选项 B，他们这么做也是合理的，因为他们对 1000 万英镑的渴望小于对 100 万英镑的渴望的 10 倍。效用理论为每种不同的结果能够满足渴望的程度（其效用）赋一个任意值，从而解决了这个问题。就效用而言，人们可能觉得 1000 万英镑满足渴望的程度只是 100 万英镑的 2 倍，因此可以自主决定 1000 万英镑的效用值为 20，而 100 万英镑的效用值为 10：选项 A 的预期效用就变成了 4（即 20×0.2），而选项 B 则是 8（即 10×0.8）。根据效用进行选择，人们就会选选项 B，大多数人都是这么做的。

效用理论揭示了一个人最大可能实现自己目标的最佳方式，如果这是你或你所在的群体想要的，那么你们就应该遵守这个理论。我们将先介绍效用理论，再讨论它的局限性。由于不可能简单地阐述效用理论，接下来几页的内容会有些难懂，当然随后就会变得简单一些。我们可以从如下四个定义入手，读者们随后可以参考这些定义。

选项	个体或群体能够采取的几种行动方案之一
结果	选择一个选项可能会产生的任何结果
效用	一个选项的可能结果满足个体或群体需求的程度（或不能满足其需求的程度）的数字
预期效用	一个行动的所有可能结果的效用分别乘以发生概率再加和

计算预期效用与计算一笔赌注预期价值的过程相似，后者只是用金钱来替代效用。运用效用理论需要以下步骤。

第一步	列出每个选项的可能结果。
第二步	做决定的人为每个结果赋一个数值（效用），以代表他有多想要（或不想要）这个结果。
第三步	由于某些结果不完全确定，每个结果的效用都要乘以其发生的概率，得到该结果的“预期效用”。
第四步	每个选项的所有可能结果的预期效用相加，得到该选项的预期效用。
第五步	比较所有选项的预期效用，选择预期效用最大的那个选项。

做决定的人赋予的效用数值可以是任意数字，但必须保持一致：如果他觉得对一种结果的需求程度是另一种结果的两倍，那么给两者赋以 30、60 或者 300、600 都可以。为了方便起见，通常会建议他给一个中性的结果（既不喜欢也不讨厌）赋值为零。这样，成本就是负效用，而收益则是正效用。要注意，价值不仅代表他预估的满足程度：价值是基于可能的结果能够在多大程度上满足他的需求，其中可能包括牺牲自己来让他人受益。由于一种选择通常会有很多结果，必须加上或减去每个结果的价值，才能评估最终的价值。如果我认为看一场表演的效用是 +40，票价效用是 −20，去戏院产生麻烦的效用是 −10，而为了去戏院必须缩短晚餐时间形成的效用是 −10，那么整体的效用就是零：去不去对我来说几乎没有差别。如我们所见，大多数结果都是不确定的，都是小于 1.0 的发生概率。考虑到这一点，我们就必须把每个结果的效用乘以其概率得出

该结果的预期效用，然后对每个选项所有可能结果的预期效用求和。

这里有个很多女性都会面对的一个艰难而重要的决定的例子，其中就用到了效用理论。一位 45 岁的女性怀孕了，她想要一个孩子。考虑到自己的年龄，她担心孩子会有唐氏综合征。为了检查孩子是否患有唐氏综合征，她可以进行羊水穿刺：如果结果为阳性，她可以选择堕胎，避免生下患有唐氏综合征的孩子。遗憾的是，这种检查本身也会有 1% 的风险导致流产，可能会使她失去生下一个完全正常的孩子的机会。孩子患有唐氏综合征的概率也同样未知。在这种情况下，这位女性要如何选择呢？能否做出理性决定取决于她给四种可能结果赋予的效用值——生下唐氏综合征孩子（如果不做检查就有可能）；生下正常的孩子（无论做不做检查都有可能，如果做了检查，这一概率会低一些，因为检查会有流产的风险）；因做检查而流产；如果检查结果为阳性就堕胎。两个选项（做或不做羊水穿刺）的每一种结果的效用，都应该乘以其概率，然后再将结果求和：选择那个总分更高的选项，无论这个选项是什么。

效用理论还有一个更进一步的版本，被称为多属性效用理论（Multi-Attribute Utility Theory）。在这个理论中，每一个结果都被分解为独立的属性。例如，如果你在想买哪款车，可能会考虑在你能承受的价格范围内的几个选项，并列出几个吸引你的属性，给每个属性一个权重，代表它们对你的重要程度。

你的清单可能是这样开头：可靠性（0.7）、加速性能（0.4）、舒适性（0.6）、抓地力（0.7）等等。然后，你要对每款车的这些属性按 1 ～ 100 打分，再乘以每个属性相应的权重，结果相加就得到了每款车的总分，你应该买分数最高的那个。你用理性方法选了一辆车，却花费了大量的时间。你有太多个人决定要做，可能会觉得这样做带来的好处根本不值得投入那么多时间。不过要记住，这种方法能让你避免仅仅因为销售员的花言巧语，或仅仅因为颜色这一个明显特征就买下一辆车。要使用这种方法计算效用，每个属性都应该相互独立，也就是说，任何一个属性对你的效用都不能依赖于其他属性的效用。要理解为什么应该这样，我们可以想象一顿晚餐有三个属性——第一道、第二道和第三道菜。你给这三道菜里每一道都赋予了一个数值，不过因为你喜欢吃鱼，这三道菜很可能是吐司搭配烟熏三文鱼、大菱鲆和凤尾鱼。很少有人会满意这个结果——每一道菜的效用取决于另外两道菜是什么，这顿饭的三个属性就不是相互独立的，使用多属性效用理论得到的结果就会是错误的。

效用理论在实践中有两个局限。其一，最大的困难在于人们很难正确估计自己的喜好，并给结果赋予一致的效用价值。事实上，有各种巧妙的技巧能够确保人们在赋予效用价值时保持一致。例如，如果一个人觉得结果 A 的效用是结果 B 效用的两倍，而结果 C 的效用与结果 B 的效用一致，那么保持一致性就意味着，比较 A 和 C 时，他必须认为 A 的价值是 C 的两倍。要记住，如果人们在评估一个结果的预期价值时不能与其他结果保持一致，日常生活中的决定就靠不住：强迫他们进行这样的评估，就能帮助他们做出最好的决定。其二，效用理论不能告诉我们怎样罗列一个决定的所有可能结果，更不能告诉我们怎样评估这些结果的概率。然而，直觉决策也有同样的局限性，总会有无法预料的结果被忽略。效用理论中用于计算的数字即使并不完全准确，但依然可能是有用的，因为我们汇总它们的方式是理性的，而不是用大多数人那种随意的思维方式。尽管几乎没有人将效用理论用于个人决策，但它为理性决策设置了一个很高的标准：使用效用理论，能够确保基于你所掌握的知识，最大限度满足你的需求。

事实证明，使用效用理论有助于人们克服自己的不理性，特别是促使人们考虑与自己观点相悖的证据。一项在加利福尼亚开展的研究证明了这一点。加利福尼亚海岸委员会授予每个地区沿海土地开发权。这些委员会成员混杂，包括潜在开发商、环保主义者和该州的规划者。不用说，他们通常很难就收到的申请达成共识，常常会在一个申请上浪费大量的时间。每一份申请都需要收集和梳理大量的事实和统计数据，以至于没有人能全都搞清楚。彼得·加德纳（Peter Gardiner）和沃德·爱德华兹（Ward Edwards）开展了下面的研究，认为做出决定常常不是出于对利益的考量，而是由于偶然或是欺骗。例如，为了节省时间，在会议快要结束时讨论的申请通过率更高；还有一些申请通过的原因是持不同意见的一两位关键成员恰好缺席。

为了对比直觉预测和通过多属性效用理论计算得到的结果，研究者让 14 名参与海岸规划的人员分别用这两种方式对项目进行评分。在效用理论中，项目可能的价值被分为 8 个不同属性，例如项目的占地面积、与海面的距离等。然后，实验者让受试者给每个属性赋予一个权重，代表他们对其重要性的估测。例如，一名受试者可能觉得占地面积和与海面的距离同等重要，而海岸开发的美观完全不重要。随后，实验者为受试者提供每个项目在这 8 个属性中的原始数据，例如距离海平面的英尺数。根据这些数字，受试者用 0 ～ 100 对每个项目的每个属性进行评分。这些得分与原始数据并不是简单对应的关系。例如，一名受试者对开发项目中人口密度的效用价值评分为：住房密度为零得 100 分，每英亩 20 个住房单元以内得 40 分，200 个住房单元时则急剧降到零分。换句话说，他认为住房单元没有那么多的时候，小幅增加是个很大的优势，而住房单元已经太多时，数量的增加则没什么好处。最后，将每名受试者对每个项目各个属性的效用价值分数乘以他赋予这个属性的权重，得到的 8 个数字相加，就是该项目对于该受试者的总效用价值。

在对项目价值进行直觉评分时，总体上倾向于开发的受试者和反对开发的环保主义者之间几乎没有任何共识。可是如果强制他们使用多属性效用理论，得到的结果却非常相似。虽然环保主义者给规划许可的可取性评分略低于倾向于开发的人，但两者对不同项目的得分排序却完全相同。使用效用理论让双方注意到与己方整体观点相反的因素，他们在直觉判断中只会忽略这些因素。因此，多属性效用理论能够减少冲突，也许还能够极大地缩短委员会花费的时间。唯一的问题是首先必须就应该判断哪些相关属性达成共识，鉴于每个委员会成员都有忽略某个属性的自由（将其权重赋值为零），这可能不会是个大问题。

证明效用理论价值的第二个应用案例，是关于美国丹佛警察使用子弹的情况。警察们发现传统的子弹没有“阻止效力”（stopping effectiveness），即不能防止被击中的人开枪还击。他们希望用一种空头弹来替代传统的子弹，这种子弹在撞击时弹头变平，能够提高阻止效力，并降低路人被跳弹所伤的可能性。美国公民自由联盟（American Civil Liberties Union）[1]反对这种新子弹，认为这种子弹与达姆弹没有任何区别，会造成巨大的伤害。双方陷入了僵局，直到两位心理学家建议使用效用理论进行决策。子弹的区别体现为三个重要维度：阻止效力、对目标造成严重伤害的风险和对路人造成伤害的风险。决策者无法就这些维度的相对重要性达成一致，所以心理学家给它们赋予了相同的权重。随后，他们找到弹道专家，询问哪种子弹能够在这三个方面同样有效（其他子弹可能在某一个方面更有

1 简称 ACLU，是一个美国大型非营利组织，总部设于纽约市。该组织往往通过诉讼、推动立法以及社区教育达到其“捍卫和维护美国宪法和其他法律赋予的这个国度里每个公民享有的个人的权利和自由”的目标。

效）。最后，弹道专家选择了一种让警察和公民自由联盟都满意的子弹。

来自医学领域以及时间和运动研究领域的明确案例，同样证明了效用理论的有用性。其中一个例子与肾脏中的生长物有关。X 线显示肾上有个囊肿或肿瘤，但放射学家很难确定它到底是什么。要想确诊，就要么对该部位进行抽吸以确定该肿物是囊肿，要么进行动脉造影以确定它是肿瘤。然而，通过一种方法得到阴性结果并不能确定就是另一种可能，这个异物可能什么都不是。抽吸是从后背插入一根针，探查肿物中是否有液体，是一种相对不会造成伤害的手术。动脉造影则需要从腿上的动脉插一根管子通向肾脏，至少需要该患者住院两天，还有引发血栓的风险。在一所医院中，只要预测肿瘤的概率超过 0.5，放射科医生就会采取动脉造影。然而，在问到患者和医生时，他们都认同动脉造影比抽吸要难受至少 10 倍。如果动脉造影的反效用（负效用）是抽吸的 10 倍，那么只有在肿瘤的概率为 10/11 时，两者的预期效用才相等。因此，只有估测出现肿瘤的概率高于 10/11 时，放射科医生才应该进行动脉造影。换言之，做 10 次抽吸的效用等于做一次动脉造影的效用，即只要囊肿的概率高于 1/11，医生就应该首先进行抽吸。这种计算方式可以使很多患者免遭动脉造影的痛苦。

在上一章中，我们看到在检验多元回归分析和人类直觉的准确性时，前者总是表现更好或至少与后者相当。在大多数情况下无法对效用理论进行相似的检验，原因有二。其一，如果将这个理论用于大型项目的决策，无法确定当所有决策都由人类直觉做出时，结果将会如何。其二，所有的大型项目都各不相同，我们无法将效用理论和直觉在不同项目中的可靠性进行比较。因此，虽然有证据证明使用效用理论有助于人们就存在强烈分歧的议题达成相当程度的共识，但除了结果确切、发生概率已知的少数问题，例如决定应该先做动脉造影还是抽吸，很少有经验证据证明效用理论比直觉做出的决定更好。尽管如此，效用理论一定是做出重要决定的最佳方式，能够避免或最小化本书中详细论述的很多错误，同时也考虑了结果的概率及可取性，因此从长远来看，它有助于最大化地实现目标。虽然在实践中，效用理论过于复杂，其应用也太花时间，在大多数个人决策中并不适用，但即便不完全使用效用理论，写下一个决定的所有可能结果，考虑它们的概率并评估它们的可取性，也能帮助我们做出更理性的决定。

不过，效用理论还有一些更本质的局限性。虽然一个人不会搞错他想要什么，却会错误地相信如果得到这个东西他就会更幸福。正如萧伯纳所述，“人生有两大悲剧，一是没有得到你心爱的东西，二是得到了你心爱的东西”。中大奖或赢足球彩票已经毁掉了很多人的生活：人们无法适应公众的关注和突然拥有的一大笔钱。还有证据表明，升职通常会带来压力和痛苦，婚姻也并不总是带来双方热切盼望的家庭幸福。无论是效用理论还是其他任何思维方式，都无法处理这样一个事实：人们无比虔诚地渴望一种新情况，但很难确切知道自己在新情况下会有怎样的感受。进一步的问题是，一个人可能根本不知道自己想要什么，所以无法做出理性的决定——当然，如果他知道自己不想要什么，也能专注于避免一些不合意的新情况。

我们还要认识到，效用最大化并不是唯一的理性目标。人们也可以选择安全的选项，这样做也许无法得到最大化的利益，但能确保不会有糟糕的事情发生。我们已经看到这种倾向在接受赌注时的影响，即人们常常会选择小额的、安全的收益，而不是大额却不确定的收益，即便后者的预期价值更高。一家企业可能会采取一种保证自己不会破产的策略，放弃赚取巨大利润的可能性。同样，一个人可能只想让自己的生活得到一点点改善，而不愿意冒毫无改善的风险，即使这样做意味着放弃了可能会有极大改善的可能性。只要总体目标足够精确，我们就可以用规范的数学模型（“决策理论”的变体）来处理（假设效用和概率已知），但在现实生活中，人们可能会同时有多个总体目标——在同一时刻，他们想要效用最大化，想要不惜一切代价确保避免灾难性损失，还想要确保在比赛中保持领先。除非他们想明白了自己的总体目标，否则在大多数情况下他们都不可能理性行事。至于那些背离了所有目标的行为，只能说明人们始终有不理性行事的特性。

作为理性个体应有的行为模式，效用理论的使用必须谨慎，不过在多数情况下，效用理论应该都是提供最优解决方案的一种方法。此外，很多大型项目意义重大，需要花费相当多时间和精力，并且目标明确，这种情况下效用理论是最理性的决策方式。事实上，政府、企业和军队都越来越多地在用效用理论进行决策，比如墨西哥城的机场建在哪里、放射物处置场设置在哪里，甚至是洛杉矶学校消除种族歧视的政策应该怎样实施。我们将会看到，效用理论也越来越多地用于医学领域的决策。

效用理论很笼统，但有两种更具体的决策方式可以视为它的变体。第一种是由经济学家设计的成本收益分析，不过有时会被不理性地使用。第二种是最近引入医学领域的一种技术，尽管技术本身是理性的，却遭到很多人不理性地拒绝。

成本收益分析通常用于一家公司评估其项目的预期成本或收益。其应用直截了当：估测可能的成本和收益，在此基础上做出决定。无论如何，这种方式至少能强制管理层尽可能考虑到该项目的所有成本，其中一些成本可能不明显，例如，要给这个项目调配劳动力，导致公司其他活动利润受损，或是由于动用了额外劳动力，需要提供额外的停车位和厕所设施。当存在几种可能的结果时，它们的经济收益和成本同样需要乘以各自的预测发生概率。

然而，成本收益分析经常被用来评估开展大规模工程项目，例如修建大坝或建造超声速飞机等，对于社会而言产生的成本或收益，这样做往往会导致决策不理性。在评估时，无论重要程度如何，我们都需要为项目的所有收益和成本赋予一个金钱价值，乘以各自发生的概率，把得到的数字相加，得到该项目的总体预期价值。如果成本大于收益，这个项目就不值得开展；如果收益大于成本，这个项目则应该开展。

在评估一个项目对社会的价值时采用成本收益分析有可能导致做出不理性的决定。对此的批评主要引自菲施霍夫。遇到的问题之一是我们很难对人的生命赋予金钱价值。很多人觉得生命的价值是无限的，但在实际表现中却并非如此。毫无疑问，英国政府如果把拨给艺术领域的资金转投到国民医疗服务体系，就能挽救更多的生命。理论上，在飞机、火车和公路上加装额外的安全系统不应受到限制，但实际的安全支出却取决于人们愿意为使用这些交通方式支付的费用。在实际操作中，航空公司和管理部门通过对比每种安全设备为挽救生命而产生的成本，来决定安装哪种安全设备。尽管很多人会反感这样的结论，但我们实际上并不认为人的生命无价。事实上，人们常常表现得好像人命不值什么钱，即使是他们自己的生命。1973 年开展的一项调查发现，当某一年中因事故死亡的风险是 0.001 时，大多数美国人愿意为了每年多赚 200 美元而从事一份危险的工作。这相当于一个生命的价值是每年 20 万美元。深海捕捞是最危险的职业之一：虽然这份工作每年的死亡率是 0.001（或一生中的死亡概率是 4%），但高薪确保了人手充足。既然我们总在为人的生命赋予隐含的价值，那么认为生命不能用金钱来衡量就是不理性的，即使大多数人都耻于承认这一点。

不过，成本收益分析常常能解决这个问题：通过给一个人的生命赋予一个价值，这个价值与他活着的时候能赚到的钱相对应，有时还要减去他将会消耗的资源的价值。法院也会使用相似的方式计算过失致死对家属造成的经济损失。事实上，用这种方法预测项目成本的结果并不理想。如果说得极端一些，有社会保障的人因项目而死亡不会被算作成本，而是被算成收益，因为国家会因他的死亡而节省了费用。这种方法也没有考虑收入的公平分配。很多人认为，仅仅用少数富人的巨额收益来抵消多数穷人的经济损失是错误的。如果拆除一座教堂来为工程项目让路，那么这座教堂的价值是否等于去教堂的人的自愿捐献？在项目推进中被拆毁的乡村道路也许没有任何经济价值，却曾给很多人带来了快乐。

与效用理论的不同之处在于，效用理论的应用不会造成这些有害的结果，而成本收益分析只计算金钱价值，没有考虑其他方面的收益和成本。从这种意义上说，用成本收益分析来预测一个项目的社会价值，几乎不可能做出对其真正预期效用的理性评估。

无论如何，政府和地方机构可以使用成本收益分析阻止一些灾难性的错误，比如阻止卡姆登议会建造新的钢筋水泥议会公寓，而这些公寓会取代许多美丽的乔治王时代的格鲁吉亚街道：当人们发现这些新的“居住单元”（议会对房屋和公寓起的称呼）的成本是翻新旧屋的 3 倍不止时，已经为时过晚。

尽管成本收益分析有种种缺点，但它强调了这样一个事实：如果想做出理性的决定，我们就必须给生命成本赋予一个价值。在医学领域，挽救生命的成本越来越多地受到关注。由于可分配的医疗资源不足，医生们不得不慎重思考谁应该活下来、谁应该被放弃，而他们的思考可能并不严谨，并且高度依赖直觉。仅仅在英国，每年都有1000多位肾病患者因肾单位短缺而死亡。这个问题有两个方面。其一，谁应该获得有限的、不是每个有需要的人都能得到的治疗，例如心脏搭桥手术或肾移植？其二，可用的金钱应该花在哪些医疗资源上，应该增加临床心理医生的数量，还是再买一台医用扫描仪？

据我所知，尚无任何理性的方案能够决定如何分配这些有限的医疗资源。赚钱能力显然不是充分的指标。贫困的作家、学校教师和学者对社会的贡献就比富有的商人小吗？我们也许可以根据病人对社会的潜在贡献或对他人的价值来进行判断。人们可以通过很多与赚钱无关的方式为社会做出贡献，他们可能善良、幽默或有趣，可能有很多亲友会怀念他们，也可能没有人记得他们。此外，并非只有眼下的贡献才是重要的：凡·高的画作在他活着的时候并不被欣赏，却为后世的人们带来了审美享受。我们还应该考虑一个人对他自己的价值：一个快乐的人比一个悲惨的人死去的损失更大，一个年轻人比一些年老的人死去的损失更大。

显然，即使不考虑概率，我们也很难给一个人的方方面面都赋上数值。然而，即使存在诸多不确定性，一种纳入尽可能多的考虑因素的系统性方法也肯定比医生们仅仅根据直觉做出的决策更加公平，原因是医生们可能会有意无意地被对这个病人的个人喜好程度，与这个病人在社会阶级、长相等方面的相似度等等因素所影响。

很多读者无疑会持反对意见，认为关于生与死的决定不应该由僵化的规则做出：他们宁愿碰碰运气，运气在人们生活中发挥了巨大的作用。然而医生不能凭运气做决定，否则是否做心脏搭桥手术就应该由抽签决定。我们总是在判断人类生命的价值，不仅在医学领域，在各种交通方式和工程项目的方方面面都是如此。拒绝面对这个事实是不理性的主要表现形式之一。

由于人们会回避这个问题，所以做决定的方式很少被检验。一个更严格的系统会被公开辩论：它当然会有缺陷，但缺点可能比当前基于直觉的决策系统要少。也许这类系统最糟糕的一点是必须由他人来判断一个人的价值。虽然在决定雇用谁、跟谁做朋友时，我们总是在判断他人，但还是不愿去做事关他人生死的决定。很少有人能够放弃一个生命，即使是为了挽救其他人的生命。

不过，有人正在研究一种合理的方式来做出这类决定，这种方式不看重病人的价值，而只考虑某种特定治疗对于他的收益（或成本）。这种方法基于质量调整寿命年（Quality Adjusted Life Year）。很多医学治疗手段都有难以忍受的副作用。例如，放疗和化疗可以治愈癌症，但作为代价，病人要承受很多痛苦。很明显，让一个又盲又聋还患有关节炎的 90 岁女性接受这样的治疗是不合理的，但怎样才能决定什么时候应该治疗、什么时候不应该呢？一个答案是，找出公众中患有残疾的人愿意付出多少年的生命来换取更短年数的正常生活。几乎所有人都更喜欢 40 年的正常生活而不是 42 年的轮椅生活，或者更愿意选择 40 年的轮椅生活而不是 1 年的正常生活。要计算质量调整寿命年，就需要确定残疾患者愿意用多少年的残疾生活交换 1 年的正常生活。这个年限就是这种疾病质量调整寿命年的 1 个单位年。用这种方法计算质量调整寿命年的总数，就要用预期寿命除以质量调整寿命年的 1 个单位年（假设残疾会持续终生）。例如，假设患有严重心肌绞痛的 3 年相当于正常生活的 1 年，如果一个患者的预期寿命是 12 年，心肌绞痛就把他的预期寿命缩短到质量调整寿命年的 4 年。用这个数字与他接受心脏搭桥手术（考虑手术死亡或并发症的概率）后的预期质量调整寿命年进行对比。通过这种方式，我们可以计算出病人接受某种治疗的可能收益（或成本），从而决定要不要进行治疗。

因此，使用质量调整寿命年，可以防止医生们对病人进行弊大于利的治疗，以此对抗克拉夫（Clough）的十诫之一：

> 你……不必无益地努力维持生命。

此外，如果资源不足以治疗所有人，同样的方式可以并且已经越来越多地用于决定谁应该接受治疗。如果不能给所有患者进行某种治疗，我们可以通过比较治疗可能延长的质量调整寿命年来决定需要治疗的优先顺序。

在英国，质量调整寿命年的主要用途不是决定单个病人的命运，而是决定医疗部门可用资金的使用方式。西北地区管理局在做出此类决定时就使用了质量调整寿命年。为了判断把资金投到某种医疗手段中的可取性，他们计算了这种医疗手段能够为每个病人延长的质量调整寿命年，然后除以每个病人的医疗成本。令人惊讶的是，结果证明，根据质量调整寿命年计算，替换肩关节的成本收益率大约是肾衰竭透析的 20 倍。

遗憾的是，正如莱斯利·法洛菲尔德（Lesley Fallowfield）所说，质量调整寿命年技术目前的应用还远不尽人意。在英国，很少有人会被问到他们将会怎样权衡健康人生和患有某种疾病的人生，而且人们的偏好会随着年龄发生变化，病患的偏好和健康的人的偏好也并不相同。有研究发现，在分娩开始前女性会说她们不想使用麻醉，但真正开始分娩时又会改变主意，而产后又会回到产前的观点。无论怎样，质量调整寿命年对于解决当前这些总是被不理性对待的问题来说算是一种行之有效的方式：手术室的使用不应该取决于心外科医生的肺是不是比结直肠外科医生的肺更强壮。尽管这种技术还有一些不完美之处，但它明确了一些可以用于做出令人不快的决定的标准，还能强制人们直面真正的令人痛苦的生死问题，而不是不理性地回避。这种方法可能有助于消除一种广泛存在却完全不理性的观念，即医学领域唯一重要的事情就是维持生命。[1]

1. 如果一个决定重要到值得花费时间，就使用效用理论或它的简化版。
2. 在做出重要决定之前，先确定你的总体目标，例如最大程度地实现你的目的、避免遭受损失、至少提高一点自己的地位等等。
3. 不要用金钱来衡量一切的价值，除非你是个会计师。

1 作者对质量调整寿命年的潜力的判断是正确的，现在质量调整寿命年已经成为国家医疗服务体系评估医学治疗手段的基石。有关方法论的讨论参见 http://www.nice.org.uk/newsroom/features/measuringeffectivenessandcosteffectivenessthegaly.jsp。——原注

第四部分

理性真的必要吗?

第 21 章　超自然现象

与其他形式的非理性一样，对超自然能力的迷信影响着从最高级到最低级的所有社会机制，没有阶级或信仰之分。

经粗略统计，本书已经讨论了导致非理性思维的大约 100 种系统性原因，用综述这些内容来结束本书将显得索然无味。所以，我将用其中的一些原因解释广泛传播的超自然信仰。在发展水平较低的国家，这种信仰普遍存在；在西方世界，也有 3/4 的成年人认为至少某些通灵现象是真实存在的。例如，英国和美国的大多数人都觉得占星术有点道理。

我先说明我本人不相信这些现象的原因。其中最有力的一个原因是，这些现象从定义上就违背了所有已知的物理定律，尽管这些物理定律的一些有害的副作用太过明显，但它们一直以来都表现得非常出色。要证明诸如不进行身体接触就能实现人与人之间的思想转移、出生时星座的位置对一个人性格的影响、不使用物理力就能移动物体之类的通灵事件，就需要对物理定律进行彻底的修订。从这个角度来看，通灵事件极不可能发生。如第 14 章所述，一件事越是荒谬，就越需要好的证据使它被人接受。事实上，证据根本不存在：从来没有人通过透视眼在股票交易中发财，事实也已经证明不可能在受控条件下重复使用通灵事件进行交易。另外，从 19 世纪的灵媒玛格丽·克兰登（Margery Crandon）到尤里·盖勒（Uri Geller），欺诈行当由来已久。有趣的是，这类欺诈事件通常不是由物理学家或心理学家发现的，而是由哈里·胡迪尼（Harry Houdini）[1]或伟大的兰迪[2]这样的魔术师发现的，他们总是用自己巧妙但并非通灵的技术再现这些“通灵”事件。最后，如果仔细审视所谓的超自然现象，我们就会发现它们都是假的。例如，给美国最著名的 30 个占星师看一个客户的生日和三份性格描述（只有一份属于这个客户），他们完全无法把客户的性格与生日匹配起来。还有研究发现，美国最著名的 16 000 位科学家由出生日期得出的星座完全是随机分布的。

---

1 美国历史上具有传奇色彩的魔术师，逃脱术艺术家，反伪科学主义者。

2 詹姆斯·兰迪（James Randi），出生于加拿大，是以逃脱术和揭露超自然现象闻名的魔术师，同时是作家和演说家，著名怀疑论者，被称为神奇的兰迪（Amazing Randi）或伟大的兰迪（Great Randi）。

我们必须区分有关超自然信仰的两个不同的问题。其一，这些信仰是如何在人的大脑中产生的；其二，信仰产生之后是如何维持的。这些信仰的起源可能有三个。其一，如我前文所述，人们不愿意在判断时暂停，他们不停地寻求解释。如果突然关上的门、吹来的一阵冷风或奇怪的沙沙声没有满意的解释，我们就可能会试着做出超自然的解释，这好过什么解释都没有。其二，年幼的孩子和很多原始部落的思维方式都是万物有灵论。他们最先发现的因果关系就是自己的运动，所以觉得所有动的东西都是有生命的。相信超自然的部分原因可能是这一发展阶段的遗留产物，当然这纯粹只是推测。其三，已知的文化大多相信在另一个世界中存在超自然和永生的事物，它们拥有超越凡人的强大力量。人们发明出“神”的原因也有很多，其中包括恐惧死亡，以及渴望在自己渺小的生命中找到一些意义。相信超自然现象在某种程度上可能只是为了逃避我们自己世俗的存在。另外，“神”的存在有助于解开宇宙起源的谜团。因为我们所知的一切都是被创造出来的，人们就不理性地相信整个宇宙本身也一定是被创造出来的。

接下来，我将更详细地阐述超自然信仰的原因，这些原因都是基于本书前面所讨论的非理性错误。可得性错误的影响肯定最大。很多报纸的头条标题都是“教区闹鬼”，却没有一个在乎自己工作的新闻编辑会发布一个标题为“心灵感应尝试失败”的故事。超自然事件是新闻，而没有出现超自然事件则不是。1979 年，一本戴维·马克斯（David Marks）和理查德·坎曼（Richard Kamman）所著的优秀著作揭穿了尤里·盖勒的把戏等所谓的超自然现象，结果被 30 多家美国出版公司拒稿，而这些公司全都在竞相出版支持超自然现象的书。因此，超自然事件就具有了可得性。所谓的超自然事件并不常见，这种罕见性也为它们吸引到更多关注，进一步提高了其可得性。

虽然没有统计数据来证明，但基于个人经验，我认为对超自然的信仰会在家庭中代代相传。如果这个想法没错，那么在某种程度上这就是从众和内群体压力的结果。另外，如前文所述，强烈情绪有在小组织或小群体中蔓延的倾向，灵媒就将这种现象为己所用。降神会的氛围曾经（现在依然）令人毛骨悚然，总是在昏暗的灯光下举行，长长的窗帘遮住几乎整个房间的光，还经常伴有神神秘秘的击打声或断断续续的乐器声。在情绪高涨时，仔细观察和思考的能力都会受到影响，参加降神会的人就很可能会把一块薄纱误认为是死去亲人的幻影。顺便提一句，我们可以看到，超自然的形式就像女性服装一样，在很大程度上由时尚决定。降神会几乎已经完全过时了，而百慕大三角和飞碟正在流行。

相信茶叶或星星能够预测你的生活，这很容易解释。在一堆模糊的预测中，总有一些会成真。你如果相信，就可能会恰好抓住少数正确的预测。另外，如果预测的用词足够模棱两可，你就会扭曲它的含义使其符合自己的境况（扭曲证据）。好在这种评估结论已经得到了充分的验证。实验者让受试者完成虚假的性格测试，然后对他们的性格做出完全相同的描述，并声称是基于受试者的测试结果做出的。在问到描述的准确度时，90% 的受试者觉得对自己的描述非常准确或很准确。人们如此擅长于扭曲材料以符合自己的预期，以至于将近 50 名受试者都觉得这个一模一样的性格描述特别符合自己。除了试图无意识地证实自己的观点，去算命的人只会投入时间和金钱：除非他只是想找点乐子，否则就会因希望从中有所获（不该有的一致性）而倾向于相信他所听到的。

这里面还有建立错误联系的明显倾向。我们已经看到这种情况多么容易发生，特别是有人对事件之间的联系已有先入为主的看法时，就更是如此。假设你能记住某个晚上梦中的 10 件事，起码当第二天类似的事发生时你会想起来这些事。现在想想每天会发生多少事，包括你在报纸上读到、在电视上看到或从朋友那里听到的事。这个数量很大，于是在某个时刻其中某件事与你梦中那件事相似的概率就非常大。如果这样的巧合发生一次或更多次，人们就可能得出梦境可以预示未来的结论。

我们中的大多数人都非常不善于计算偶然事件发生的概率。例如，如果一个房间里有 23 个人，其中至少 2 个人同一天生日的概率超过 50%。因为“锚点效应”，人们倾向于觉得这些人能组成 23 对，但实际上能组成 23 × 22 ÷ 2=253 对，其中任何一对都有可能同一天生日。人们极大地低估了这种偶然事件发生的概率。阿瑟 · 库斯勒（Arthur Koestler）列举了他生活中的 50 起偶然事件，试图证明超自然现象的真实性，他声称无法给出这些事件任何常规的解释。然而马克斯和坎曼却指出，他一生中经历过的各种事件应该有超过 180 亿对排列组合，每对中的两个事件都不匹配几乎是不可能的。另一个例子是关于一位在四个月里中了两次新泽西州彩票的女性的，由于记者像大多数普通人一样不懂数学，媒体将此类事件发生概率报道为万亿分之一。对这位女性来说可能确实如此，但如果把美国所有中彩票的人都计算进来，将时间从四个月延长至七年，同一个人中两次彩票的概率就会显著增加。人们关注发生的特定偶然事件，却忽视了类似的可能发生但没有发生的其他所有情况。他们忽略了反面情况，这当然是导致非理性的主要原因之一。

我们可以用同样的方法来解释人们对心灵感应的信仰。大多数被报道的心灵感应事件都发生在亲密的人之间——夫妻或兄弟姐妹。由于这些人有很多共同点，很可能会同时生出同样的想法。如果一个士兵在战场上受伤，他的妻子同一时间突然感到焦虑，她不会考虑自己在丈夫没有受伤时突然出现类似焦虑的频率，为了做出符合心灵感应的关联，她忽略了反面情况。另外，她对于感到焦虑的确切时间的记忆也可能靠不住。

相信超自然的人大概率会把自己的信仰建立在很小的样本上：一件不可能发生的事使他们开始相信，剩下的就交给由此产生的期望。不过就像大多数人一样，他们肯定会对自己的信仰过度自信，并且精心编造似是而非的故事来支持自己的信仰："心灵感应无法控制，你必须处在适当的情绪中，它自然而然就会发生。”或者灵媒会说：“我无法召唤逝者，是因为我们之中有一个人不相信。”

在解释对超自然现象的信仰时，我只能用到本书罗列出的少数几个思维错误，当然还有很多更重要的错误，但考虑到相信通灵的原因似乎不是提问方式的谬误，也不是由于人们缺乏做出理性预测的能力，所以对于这些相关性不是很强的思维错误，本章不再展开论述。

我没有试图反驳与超自然现象相关的所谓“科学”证据，即在受控条件下谨慎收集的证据。已有太多案例能够证明，如果所谓的证据得到了支持性结论，似乎都有欺骗因素。1953年，伦敦大学学院受人尊敬的数学家索尔（S. G. Soal）为预知未来的超自然能力找到了证据，震惊了世界。这使得他在当时享有威望，但在他死后，人们却发现相关的实验结果是他用一种简单而巧妙的方法伪造的。在他关于心灵感应的实验中，一个人从 5 张卡片中选出一张递给另一个人，后者必须写下是哪一张。索尔有一个事先准备好的单子，上面标注着 1 ～ 5 的数字，确定每一次应该递出的卡片。独立证人同样用 1 ～ 5 来记录拿到卡片的人猜测的结果。实验结束后，索尔只是根据拿到卡片的人猜测的结果，当他们回答 4 或 5 的时候，就把预先准备的单子上的“1”改成“4”或“5”。直到他死后这种欺骗行为才被曝光。如果只是仔细分析他的结果，检查他表格中的笔迹，我们就不可能发现他所做的手脚。

世界知名魔术师伟大的兰迪不喜欢那些用他的魔术假装通

灵的江湖骗子，与前辈胡迪尼不同，他喜欢揭露这些江湖骗子。不过他杰出的发现，包括对尤里·盖勒的曝光，都不在本书讨论的范畴，倒是其中一次特别行动有必要在此回顾一下。兰迪派了两个助手去美国的一个超自然心理学实验室，指导心理学家们表演魔术，不过如果对方不问，就不告诉他们其中的原理。助手们在实验室中度过了两年，其“通灵”能力被写进超自然研究的期刊中。没有人想过要问问他们从哪里获得了这样的能力。当他们离开时，兰迪才揭露了这个秘密，那所实验室因此被所属的大学关闭。

不只有门外汉会轻信超自然现象。从柯南·道尔[1]到在剑桥大学担任讲席教授的诺贝尔物理学奖获得者布莱恩·约瑟夫森（Brian Josephson）等等杰出人物也常常被骗。南希·里根长期咨询的一位女占星家声称能够通过南希确定了里根总统的演讲时间和出访行程，并影响了里根总统对戈尔巴乔夫的态度。俄罗斯人一度在超自然研究上花费了数百万卢布，他们认为超自然现象可能具有潜在的军事意义。他们持有这样的奇怪想法，觉得通过心灵感应进行通信不像无线电波一样会遭到敌人的拦截。美国空军、陆军和海军也不甘示弱，争相资助超自然研究。剑桥大学愚蠢到为一篇声称证明了心灵感应的论文授予作者博士学位，爱丁堡大学也设置了心灵学的讲席职位，第一位心灵学讲席教授完全紧跟形势，宣布将要研究“心灵在

1 侦探小说作家，代表作《福尔摩斯探案集》。因塑造了成功的侦探人物夏洛克·福尔摩斯而成为侦探小说历史上最重要的作家之一。

人与人之间……以及人与电脑之间不同寻常的互动中的作用”。与其他形式的非理性一样，对超自然能力的迷信影响着从最高级到最低级的所有社会机制，没有阶级或信仰之分。

第 22 章　不理性的根源、对策和代价

尝试说服人们保持开放的心态，只在审视了所有证据之后再得出结论，并认识到在适当的时机改变主意，是强大而非软弱的象征。

在讨论了人类非理性的很多具体原因之后，我们是时候来看看其背后更广泛的原因了。在诸多不同类型的非理性背后，有五个根本原因。我得强调一下，前三个只是推测性的。

第一个原因源自演化。我们的祖先身处动物界，大多数情况下必须通过战斗或逃跑快速解决问题。当一只猴子遇到一头狮子，站在那里思考爬到哪棵树上最好肯定是愚蠢的，选错了也比被吃掉好。可能正是出于这个原因，人们在压力或强烈冲动之下，会以这种模式化的方式行动和思考。就像那只猴子一样，人们不会仔细考虑所有的选项，而是冲动行事。同样

地，愤怒或恐惧等强烈情绪也会导致极其不理性的行为，这种行为可能在通过身体对抗而不是用多少没那么直接的语言交流来解决冲突的物种成员之间会更有用。让人们遵守群体规范的还有从众和尴尬的感觉，这些几乎也是与生俱来的。从生理上看，人是一种毫无防御能力的生物，一个人能活下来是因为他是群体中的一员。在人类的早期历史中，享受一餐不错的肉排的唯一机会是跟着群体一起猎杀羚羊，今天也是如此，我们同样在很大程度上依赖他人维持生存和获得享受。正是由工厂、商店、公路、铁路和飞机组成的庞大体系，使现代生活成为可能，而这些体系完全依赖于群体合作。如果没有这些现代生活的附属品，很多人可能甚至无法生存。不过，对群体的忠诚在让现代社会成为可能的同时，也很容易延伸到不适宜的情境中，引发非理性行为。

非理性的思维和行为如此普遍，让我们不由得思考人类种族如何存活下来的问题。为什么演化的压力没有使我们消除或者起码在很大程度上减少非理性？其中一个答案是，在我们的社会中，获得住所和食物，养育一个普通家庭，并不需要多少理性。确实，每个花时间学习概率理论和统计并苦恼于让每一个决定都完全理性的人，都没有什么时间（可能也没有意愿）养育家庭。非理性的负面影响主要体现在重大事件的决策过程中，例如工程师的错误只有在发生事故后才被发现，医生的错误只有引发原本可以避免的死亡后才会暴露。他们的决定无比复杂，与我们的远祖相比就更是如此，毕竟后者最棘手的问题是选择哪个洞穴、配偶或羚羊。简言之，由于缺乏提高理性的演化压力，人类所使用的技术的复杂性已经远超过了人脑的演化程度。

非理性的第二个根本原因是，大脑的某些部分似乎是由随机连结在一起的神经细胞网络组成的。当学到新东西时，这些细胞之间的联结有的会增强，有的会减弱。比如学习“房子”或“女儿”等指定概念时，不是只有一个大脑细胞兴奋起来，而是分布在一大片区域中的很多细胞同时兴奋起来。这样的系统具有显著的特征。被激活的细胞会同时兴奋起来，而不是相继兴奋起来，这说明处理过程很快，正如我们对人脑已有的认识。另外，这种细胞系统善于归纳。如果向它们展示一些不同的鸟类，它们不仅可以将其归类，还会把未被展示的其余鸟类统统归为一类。然而，这种系统有一个问题：它们往往很草率。由于学习不同的东西时用到的细胞完全相同，学到新东西时，在之前的学习中建立的联结就会改变甚至出错（通常是小错）。大脑中存在这样的系统，就能解释可得性和光环效应导致的错误。两者都是由于一个人被最明显的东西过度影响，也就是神经网络因连结最为紧密的细胞被激活而做出的反应。任何非常明显的东西都会抑制其他连结，阻止我们把没那么明显的信息纳入考虑。

这种系统有可能会向大脑中与理性思维相关的那部分输入信息，这些思维过程不是同时发生的，而是一步一步进行的。我们在任何时刻都不能同时思考太多事情——最多 7 个。草率的神经网络如果向这些更高层次的理性思维输入信息，就会产生错误：除非我们足够坚持，才能理性地排除这些错误。每个人都有原始想法，这些原始想法可能来自他们的神经网络，但人人都知道这些想法很多都没什么用：必须通过认真思考来进行评估。然而思考，认真思考，是需要付出努力的：人们必须接受培训或自我培训，才能集中足够多的时间解决面临的任何问题。现在，将你认出一张脸的速度和容易程度与做出一道新的几何证明题进行对比。人脸识别需要的大脑系统很大程度上是并行的，也就是说大脑会同时进行很多计算，但这些运算不会进入意识。然而，解决几何问题则需要有意识的、费力的、有步骤的过程。不过有关视觉的研究表明，当我们环顾四周时，大脑进行的计算比爱因斯坦得出相对论时用到的计算还要复杂。我们已经通过演化拥有了厉害的视觉，却没有演化成为厉害的物理学家。我得承认，这些都是推测性的，但大脑在我们没有意识到的时候确实在以极高的速度、效率和简便程度进行运算，而大多数人都需要强迫自己进行有意识的思考才能解出难题或做出艰难的决定。如果没有这样的努力，很多决定都会是非理性的，很多问题也将无解。

非理性思维的第三个根本原因是精神上的懒惰。为了减少艰巨且漫长的思考的需要，我们想出了一些技巧用于快速做出决定。这些技巧被称为“启发式”技巧，是一种通常能迅速得出可以接受却并不完美的结果的思维方式。本书在讨论过程中揭示了这些启发式技巧是如何把我们引入歧途的，但要记住这些技巧也常常能够得出正确答案。如果你因为朋友告诉你一款车有多好而买了它，虽然你并没有使用最优的决策方式，但仍然有可能会对它很满意。如果你因为一个应聘者在面试中表现流畅（光环效应）而选了他，虽然他不一定是所有应聘者中最好的那个，但也总会有令你满意之处。

导致非理性思维的第四个原因是我们没能应用基础概率理论、基础统计学及其相关概念。其本质似乎是无知，而无知又在很大程度上归咎于我们的教育体系。这种原因导致的错误看似与数字无关，例如以色列机长没有使用均值回归概念，或是认为琳达是一位女性主义的银行柜员概率更高的判断。解决本书中所有数字问题所需的数学方法，都比初级几何或初级微积分要容易得多。威尔斯（H. G. Wells）相信，对文明公民而言，统计就像阅读和写作一样重要，应该与这些学科一起被纳入常规教学。他对统计重要性的判断无疑是正确的，而对我们的教育体系合理性却过于有信心。统计相关的知识内容不比数学学科的其他分支少，统计对大多数人的日常生活和工作也更有用，为什么学校里很少教授统计学知识？这令人很难理解，而这个问题的答案可能是难以打破传统这种非理性的又一个例证。

我在书中没有强调非理性的最后一个根本原因，即自私的偏见，主要原因是这一点过于明显。虽然我已经证明了其他因素的作用，但我也相信在使一个人放弃一个假设、纠正一个糟糕的决定，或是看清楚他们刚买的房子的真正面目时，对正确的渴望或维持自尊的愿望发挥了一些作用。

考虑到很多原因都可能导致非理性，那么能否做些什么来减少它呢？最常见的方法是尝试说服人们保持开放的心态，只在审视了所有证据之后再得出结论，并认识到在适当的时机改变主意，是强大而非软弱的象征。此外，人们应该学会寻找与自己认知相悖的证据，如果找到了这样的证据，要避免错误解读或忽视它们。在支持自己观点的论点中找到缺陷也总归是好的。由于一个人的思维很容易固化，匆忙做决定或在压力下做决定是错误的。如果证据不足以完全支撑一个观点，那就应该暂停判断，不过这对大多数人来说都很难做到。如罗素所言："人是轻信的动物，必须得相信点什么。如果这种信仰没有什么好的依据，糟糕的依据也能对付。"提醒人们关注我提到过的所有具体错误，例如沉没成本，以及没有基于四个相关数据来推论事件之间的联系等，也是可以的。上述建议比较抽象，因此不一定总是有用，但应用到具体案例中还是很有用的。如果人们遵从本杰明·富兰克林的建议，哪怕只是在做出重要决定之前写下利弊，也会得到一些帮助。

一些研究评估了鼓励学生按照上述一般方法行事的效果。例如，鼓励学生思考为什么一个答案是错误的（或正确的）、慢慢来、别冲动行事、坚持不懈、审视其他选择等。在面对具体问题的情境中，这些建议多数都取得了一些成效，但对声称能够测量理性程度的测试结果通常不会有显著改善。遗憾的是，由于没有长期的后续研究，我们不能确知这样的效果会持续多久。

有研究证明，学习统计有助于人们理性地应对日常生活中的一些问题。如我上文所述，解决这类问题通常需要直接或间接地用到统计概念。也许有些出人意料的是，统计学并不能帮助学生们发现论点中的缺陷（例如因果倒置），即便如此，拥有一些统计学知识总归能提供一些帮助。

最近，理查德·尼斯贝特和同事们开展了一系列巧妙的实验，证明运用统计学概念的确能够帮助人们在日常生活中做出明智的决定，而不仅仅是在心理学实验室的测试中表现良好。他们发现，受试者在日常生活推理中使用大数定律（见第 14 章）的能力取决于他们面对的问题类型，这些问题被分为三类：当问题中的事件明显是随机的，就像老虎机一样时，他们能够非常好地运用大数定律；当问题中的事件可以测量，并且带有一些技巧的成分（如运动表演或考试成绩）时，他们比较不善于运用大数定律；当问题中的事件与人格特征（如诚实）相关时，他们非常不善于运用大数定律。例如，他们明白与老虎机行为相似的小样本不能代表它的通常表现；不太能够对从基于运动员表现的小样本中得出的推论保持警惕；几乎完全不会意识到，如果与一个友好的人短暂地打过交道，并不能推断出他就是一个友好的人。当然，就我们目前的论述而言，更重要的是受试者只接受过其中某一类问题的培训，却进行了关于全部三类问题的测试。受试者被教导要使用样本规模、均值回归等概念，他们在应对经过培训的这类问题的能力提高的同时，应对其他两类问题的能力也同样有所提高。这表明，将统计概念应用于一类问题的训练可以影响到对其他问题的处理。

还有一篇文章证明，在日常生活中做出理性决定的能力与人们在工作中的成绩相关，特别是与薪资水平相关。实验者通过电话采访了密歇根大学的 120 位教授，发现回答有关沉没成本和类似问题的正确率越高的教授薪资水平也越高。经济学教授们的工作本身就在一定程度上依赖于怎样做出最佳决定的理论知识，因此出现这个结果并不令人意外，但该实验在艺术学科教授们身上也得出了同样结论。研究者研究了这些艺术学科教授们在日常生活中怎样做出理性决定。例如，他们问每一位教授最近 5 年是否有过没看完电影就离场的情况。考虑到烂片上映量，大多数人最近 5 年内应该都看过一两部烂片。没有掉入沉没成本陷阱的人会选择离场，而掉入其中的人则会坚持看完。说自己会提前离场的经济学教授是生物学或艺术学教授的两倍。换句话说，经济学教授可能不比其他学科教授更聪明，但他们的学科使他们掌握了更多做出理性决定的知识，因而至少在日常生活中的某些方面能够更加理性地行动。这个实验直接证明，关于决策的理论知识能够提高日常决策的理性程度。据我所知，这也是现有的唯一证据，不过未来几年应该会有更多关于这个主题的研究出现。

除了经济学知识，接受心理学教育和一些初级的医学教育也能改善学生们对本书中所提出问题的回答。心理学和医学都强调基于数据推断原因时容易掉入的陷阱，也都会开展基础的统计学培训。在评估心理学的益处时，人们应该意识到，几乎所有的理性测试都是由心理学家设计的，尽管回答这些测试并不需要任何心理学知识。最后一个被证明能够有所助益的学科是法律。虽然法律对基于统计提出论点没有什么帮助，却能够增加学生们提出的因果型论点的数量，不过这些未来的律师提出的往往都是支持己方假设的论点。化学、逻辑学等其他学科对人们正确推理的能力几乎没有影响，至少对本书后半部分所罗列的这些问题几乎没有影响。此外，有大量证据推翻了学习一门学科有助于学习另一门学科的观点，除非这两门学科的内容有所交叉。直到现在，人们都还普遍相信学习古典学科是一种思维训练，有助于随后的其他任何学科的学习。然而遗憾的是，流利的拉丁语或希腊语不能帮助你成为一名合格的物理学家或优秀的历史学家。

如果有人认为教育的目标之一是教会人们如何去思考，那么英国和美国的考试方式就都是不理性的。英国高中课程主要强调死记硬背，不注重理性思维；而美国的大学考试中普遍设置多选题，没有思考的空间，完全依靠记忆。另外，固定时长的考试也可能会导致冲动决策和僵化思维。

在本书的最后，我提出一个肯定困扰了很多读者的问题："理性真的必要吗，真的值得我们如此向往吗？"在专家决策中，答案毋庸置疑。蒙哥马利将军、金梅尔上将、黑格将军和

“炸弹将军”哈里斯在证据面前仍然拒绝改变主意，造成大量不必要的死亡。一些医生无视概率，使很多女性经历了毫无必要又令人痛苦的活检。还有一些医生不愿意使用雌激素，间接造成老年女性因骨折而死亡。很多人拒绝使用比自己的判断能力准确得多的计算机系统。因为一个滋生懒惰、因循守旧而又自我吹捧的不理性的制度的存在，公务员们总是浪费公款。工程师常常没有充分考虑到自己建造的工程的风险，导致很多人丧生。即使是一个大学录取谁、不录取谁的决定都很重要，起码对候选人来说很重要，但这些决定仍不是以最佳的方式做出的。有一种方法能够避免上述种种错误：当数学方法比人们漏洞百出的直觉更有效时，就用数学方法来决策。几乎可以肯定，就专业领域的成功而言，这种方式比其他任何程度的统计培训都要好，不过培训也不可或缺。

在个人决策中，非理性的影响比在专业领域中要小。实际上在很多情况下，非理性都只会对人们的私人生活产生轻微的影响。毕竟大多数个人决策都十分琐碎。我们晚饭吃意大利面还是吃烤豆有什么影响？我们晚上待在家还是去看戏？我们去巴黎、慕尼黑还是科斯塔布拉瓦度假？甚至，即使我们买到一辆破车也没什么关系，虽然这肯定很烦人。在个人生活中，人们很少需要做出重要决策。对大多数人来说，只有四个重要决策：住在哪个街区和买哪个房子；选择哪个职业和在这个职业中选择哪个岗位；跟谁一起住以及什么时候不再跟他们一起住；要不要生孩子（无论如何，通常不是自愿的结果）。这些选择中通常有很多未知数，意味着理性思考可能只会稍微提高一个人取得成功的概率。至于运用效用理论能否使婚姻更幸福，这个问题尚没有定论。

人们甚至可以怀疑人人都完全理性是否可取。我们珍视率性，正如我们所见，理性决策需要时间。当爱人相见时，一个自发的吻比慎重思考后送上的吻更加宝贵。对率性的珍视有两个理由：其一，我们认为自发的举动饱含真诚的情感，并且认为一个人是否真的拥有某种情感与他表达情感的速度相关。如果他停下来思考，就表明他其实并没有这样的感受，他的反应是虚情假意的，而不是发自内心的。其二，喜欢沉思的人往往枯燥乏味，他们只关心如何做出最好的决定。当他们思考该说什么时，常常经历漫长的沉默，他们对理性决策的追求可能会导致令人不快的犹豫不决。过于谨慎反而会不讨人喜欢。真正的慷慨必须发自内心而不是来自大脑，我们不喜欢“斤斤计较的学问”。

然而率性而为也有问题：虽然我们赞赏自发的善举，却抵制自发的恶行。除了特殊情况，率性表现出的愤怒、沮丧、抑郁或嫉妒都不受欢迎：我们不应该率性地冲动行事，以长期的代价换取短期的小利。那么我们怎样才能自发地做好事而不是冲动地做坏事呢？困难之处在于鱼与熊掌不可兼得：不经仔细考虑，似乎不可能决定哪种行为应该被率性做出、哪种行为应该被抵制，一旦思考，这一决定又不再算是自发之举。

要解决这个两难问题，就得回到本书的开头。亚里士多德相信真正的好人会自发地去做好事，不需要强迫自己。我们当然可以持相反观点，认为真正的好人是成功击败了自己的恶念的人。如果你的天性是好的，做个好人就会很容易，因此你不会得到多少赞扬。抛开这个问题不谈，我们更愿意与天性善良的人为伴，而不是总是为做好事发愁的人，虽然后者也成功消除了自己的犹疑。两难问题依然存在，我们很少有人生性本善。在这个问题上，亚里士多德给出了一些答案。

他相信人们会塑造自己的性格。每当我们开始抵制去做一件坏事，再抵制做坏事就更容易，每当我们做一件好事，再做一件好事就更容易。通过刻苦练习，人们就能把自己塑造成自发去做好事、自发不去做坏事的存在。如果你充分思考过取悦伴侣或不生闷气的理由，如果你已经不顾一切采取了行为，那么这样的行为在未来就会自然而然发生。有大量证据证明，一个习惯养成后会变成不假思索的自发行为，比如有经验的司机开车时的自动驾驶模式。只有理性的人会接受亚里士多德的建议，也就是那些目标是以某种方式塑造性格、认同慎重选择的行为方式是实现这个目标的最佳方式的人。一个人要想成为一个不必考虑什么才是理性的、不假思索就能做出正确决定的人，就必须经历一段刻意为之的时间，来塑造符合自己期望的性格：这才是真正的理性。

后 记

距离本书第一版面世，已经有 21 年。令人悲痛的是，作者斯图尔特·萨瑟兰教授离开我们，也已经 14 年有余。

这 21 年间，世界发生了天翻地覆的变化—— 1992 年，还没有人听说过互联网，苹果公司正在衰落，执政的是不受欢迎的保守党政府——但本书中的内容却从未过时，令人惊叹。

理论心理学家依然在引用和研究可得性效应、从众效应，由于缺乏数字概念而犯的错误等观点，我们普通人也依然在承担由这些原因导致的非理性决策的后果。

然而，对非理性的研究并没有停滞不前，我们对非理性的理解以及对人脑运转的认识都极大地加深了。在经历了一些个人和群体层面的引人注目的失败之后——尤其是全球金融危机，当我撰写本文时，它仍在席卷整个世界——非理性成为话题核心，也催生了大量的大众心理学书籍和文章。

20 多年来的各种新错误和新研究，不仅提供了充分的新例证，更新了原有例证，还提供了很多其他方面的信息。对于本书中新证据与 1992 年时的证据相悖的少数情况，已在脚注中予以增补。

不过在其他方面，尽管我们的典型行为没有改变，却有了新的证据。企业仍在用头脑风暴，试图通过消除批评来催生更多想法，并认为“没有愚蠢的想法”。萨瑟兰教授提出了质疑：在并没有确切的证据能证明其有效性的情况下，这种方法为什么如此受欢迎？新的研究拨开了迷雾：最新的实验不仅没能证实头脑风暴的好处，反而认为该方法甚至不如其他不太流行的方法有效，因为其他方法至少允许批评糟糕的观点。当然，头脑风暴还在盛行。

同样地，在体育领域也有了更多的证据。自 1971 年以来的研究表明，竞技体育非但没有让我们团结起来，反而制造了分歧，加剧了敌意。新的证据支撑了这一结论：2011 年的一项小规模研究表明，在很多观赏性运动中，常见的喊叫现象是其中一个诱因。在足球比赛结束后的攻击性测试中，那些喜欢在观赛时大声喊叫的人，比沉默观赛的人得分更高。尽管如此，我们还是倾向于认为体育运动是一种发泄方式，有助于建立情感联结（也许对我们所处的内群体，即同一个队伍的支持者来说，的确如此）。

然而，过去二三十年中有关非理性的研究并非只是数量上的增多，或是为了满足无伤大雅的好奇心，也有一些研究涉及了非理性决定在生死攸关的问题中可能会造成的后果。

2001 年 9 月 11 日，恐怖分子袭击了世界贸易中心、五角大楼，击落 4 架飞机，导致近 3000 人丧生。死者作为恐怖袭击的遇难者被记录和纪念。

但研究表明，这些袭击的直接影响不仅仅是美国本土 3000 人的死亡。德国学者格尔德·吉仁泽（Gerd Gigerenzer）教授研究了“9·11”恐怖袭击事件后人们的行为方式变化。在袭击发生后的 12 个月里，由于人们的长途旅行交通方式从飞机改为汽车，美国航空客运里程下降了 12% ～ 20%。

这种交通工具转变的问题在于，相对而言，长途旅行时飞机远比汽车要安全，吉仁泽称这个决定是“从炒锅里跳到了火上”。他根据公路和飞行事故的死亡数据估算，这样的转变导致死于道路交通事故的人数增加了 1595 人。旅行方式的变化是暂时的。一年以后，航空客运里程恢复到先前的水平，增加的公路交通也逐渐回落。

这样的反应符合可得性效应：在袭击发生后不久，恐怖分子劫机的真实恐怖景象历历在目，于是美国民众高估了劫机事件发生的风险，选择了另一种实际风险更高的交通方式；而当袭击的画面在美国民众头脑中逐渐淡化时，旅客们就回归到从前的行为——这时已有超过 1500 个美国人丧生。

这里有个小小的提醒。无论何时，在讨论理性时，我们都有可能找到另一种可供选择的、具有可信度的解释，比如，人们先前已经对飞行的风险做出了理性评估，严重的恐怖分子袭击使人们再次评估这些风险，由于信息不完善，人们就可能得出恐怖袭击和劫机的风险永远只会更高的推论。一年以后，当袭击事件并没有更多发生时，人们又理性地降低了对袭击风险的预测，重新开始乘坐飞机。

如果对其中一些风险赋予一定的数值，这样的解释就不尽人意了。时任威斯康星大学名誉教授的迈克尔·罗斯柴尔德（Michael Rothschild）认为，政府严重夸大了恐怖主义的风险。根据罗斯柴尔德的计算，即使劫机者每个月都摧毁一架飞机，经常旅行的人在任一年度因此丧生的概率也只有 1/540 000。如果劫持者每年摧毁一架飞机，风险就会螺旋式下降到 1/6 000 000。相比之下，死于汽车事故的概率是 1/7000，死于癌症的概率是 1/600，死于心脏病的概率是 1/400。

简言之，即便是对劫机风险大幅增加的理性预测，也不应该引发如此显著的行为方式改变。这些数据也引发了美国人民对政府行为理性程度的质疑。

我们再来看看应对恐怖主义袭击的大规模政治和军事行动。2001年，外国支持的恐怖组织夺走了美国本土3000人的生命，此后没有人再因此丧生（截至我写作后记时，希望以后长期如此），但它导致了国防开支的大幅增加、几项被自由主义者批评过于严苛的新立法的颁布，还有两次海外战争。

相比之下，根据吉仁泽的预测，美国医院里每年死于可预防的医疗事故的人数为4.4万～9.8万，自“9·11”恐怖袭击事件以来总计达48.4万～1.1亿人，相比这个数据，政治事件的致死率简直微不足道。

这里有两种解释，一种解释是政治家及其顾问与他们的公民一样陷入了非理性思维，“9·11”恐怖袭击事件的可得性让他们觉得有必要立即做出有效回应。另一种怀疑论的解释则认为理性的政治家们意识到对恐怖袭击的回应会大受欢迎，为了最大程度增加自己的选票，维系自己的权力地位，他们经过深思熟虑后决定通过这些没有任何效果的法律。于是，个别理性行为者带来了一个可以说是不理性的后果：在一个议题上投入大量司法努力，而明明聚焦其他议题（统计学上来看）可能能够拯救更多生命。

在与生死相关的决定中受到不理性的影响的，很可能不只是政府人员和通勤的人。本书第一版中指出，媒体对数据的处理不当经常导致报道质量低下。过去10年中最严重的事件之一是各个媒体对麻腮风三联疫苗（MMR）[1]的报道。

麻腮风三联疫苗是一种在儿童一岁左右第一次接种的疫苗。在全世

---

1 预防麻疹（measles）、流行性腮腺炎（mumps）、风疹（rubella）这三种儿童常见的急性呼吸道传染病，简称MMR。

界大部分地区，这种疫苗的使用都没有争议。直到安德鲁·韦克菲尔德（Andrew Wakefield）博士在《柳叶刀》（*Lancet*）杂志上发表了一项开展于英国的研究，该研究认为 MMR 可能会导致儿童孤独症。这项研究的对象只有 12 个儿童，没有提供任何关于 MMR 是孤独症诱因的实质性证据，但韦克菲尔德在新闻发布会上坚持认为，在有证据推翻 MMR 与孤独症的联系之前，出于谨慎起见，应该暂停接种这种疫苗。

英国媒体接受了这种说法，并持续报道了几年，导致这种疫苗的接种率大幅下降（在某些地区尤甚）。《柳叶刀》上的这个研究后来被发现"不诚实"并被撤回，韦克菲尔德也被免去医生职务。然而这期间涌现出大量的大规模研究，似乎发现了 MMR 和孤独症之间的证据链。一些专家注意到，孤独症直到 18 个月～2 岁，即接种该疫苗 6 个月～1 年之后才会表现出来。这两个互不相干的事件由于发生的时间很接近，就被认为存在相关性（一种常见的谬误）。媒体在这类信息的传播上发挥了巨大的作用，造成了公共机构助长非理性决策的事件，并引发了实际后果：英国麻疹患病率从 20 世纪 90 年代末的每年约 100 起增加到 2008 年的 1348 起。

值得庆幸的是，过去 20 年里不只发生了这些令人沮丧的、大规模的非理性事件，我们也极大地提升了对大脑运转如何导致系统性偏见和非理性思维的认识。

一项直接而出人意料的研究很好地阐释了这类研究的方向。本–古里安大学的沙伊·丹齐格（Shai Danziger）带领以色列学者研究了以色列法官的假释决定。研究者分析了以色列法官审理的 1112 起假释案件，得出一个惊人的发现：在一天开始时，大约 2/3 的人都会被准予假释。午餐之前，这一比例几乎下降至 0。午休过后，这一比例又会回升至 60% 以上。这种模式在下一餐前后再次重复。

看起来，决定人们是否应该获得假释的主要因素不过是法官最近一次吃东西是什么时候。研究者发现，当天晚些时候审理的案件结果也没有系统性的差异，只是案件数量比早些时候要少得多（如果每天只有两次假释听证会，那么显而易见，在第一餐之前就能基本上结束一天的工作）。

目前这还只是一项研究，在得出确切结论之前可能还有进一步的工作要做，但对该研究结果的解释却很有趣。其中，诺贝尔奖获得者、经济学家丹尼尔·卡尼曼在他的书《思考，快与慢》（*Thinking, Fast and Slow*）中提出的观点尤其引人入胜。

卡尼曼认为，法官的默认决定是不予假释，因为总的来看只有35%的假释申请得以批准。他据此推断准予假释是一种需要深思熟虑的决定。法官如果精力不足、血糖水平下降，就更有可能选择默认决定，即不予假释，直到法官的血糖水平（和意志力）在丰盛的一餐中得到补充。

这是模拟大脑决策过程的一种方式。这种方式将我们的大脑分为两个相互独立的决策系统，为避免系统名称干扰我们的理解，暂且将其称为系统1和系统2。

系统1迅速，很大程度上是无意识的、决定性的。每当我们做出一个一时冲动的决定，或不假思索地给出一个仓促的答案，都是系统1在起作用。这种思考形式快而简单，也最容易陷入逻辑谬误、偏见和本书提到的其他形式的非理性思维之中。

系统2缓慢，费力，谨慎而全面。每当我们退后一步去思考一个问题，系统地回答一个问题，或有意识地专注于一项任务时，都是系统2在运行，特别是如果我们受过统计学训练，注意到了本书中所列出的种种谬误，就很难骗过这个系统。然而使用系统2更费力，也更费时。

下面的问题是说明两者区别的常见例证。试着快速回答这个问题：

> 买一个球棒加一个球一共花费 11 元。球棒比球贵 10 元，那么买一个球需要花多少钱？

对这个问题的本能回答是 1 元。不过仔细思考一下，启动系统 2，很快就会发现这个答案不对。如果球值 1 元，球棒比它贵 10 元，那么球棒就值 11 元，两者的总价就会是 12 元。要得出题目要求的 11 元的总价，球的价值只能是 0.5 元。这是一个几乎所有人不怎么费劲就能解出来的问题，但出于系统 1 快速的本能反应，大多数人都会答错。

这样的二分法很有趣，有助于解释为什么无论我们觉得自己有多理性、多博学，仍然会常常犯系统性错误，做一时冲动的非理性决定，以及给出不假思索的糟糕回答。主流经济学中这种现象正变得越来越普遍，在行为经济学——经济学与心理学的混合研究领域中则更加流行。

很多人会说，这个新的学科可以尝试解释大量经济学中的非理性现象。本书在第 5 章中讨论了群体非理性背景下董事们的薪酬问题。该章中提到，高管的薪资一年内上涨了 22.7%。到 2011 年，根据收入数据服务局（Incomes Data Services）的研究，富时指数前 100 位董事的薪资同比上涨了 50%。高管和车间工人之间的薪资差距在扩大：1980 年，巴克莱银行（Barclays）的最高工资是英国平均工资的 13 倍，到 2011 年已经上升到平均工资的 169 倍。

飞速上涨的高管薪资就是本书所述“群体非理性”的例证之一。很明显，高管们想要确保工资大幅上涨并拿到分红是理性的，但公司愿意满足这样的要求，就没那么理性了。通过一系列理性的个体决策得到的结果，最好也不过是次优的，最糟就会是灾难性的。

如果说高管薪资是群体非理性的一个影响相对较小的例证，那么全球金融危机和随之而来的经济崩溃，则是有史以来影响最大的例证。不过它们的发生机制都是相同的。

在很多国家，全球金融危机的诱因是不负责任的借贷引发的房地产热。收入低、信用记录差的家庭，甚至美国的一些无收入家庭，都能通过获得抵押贷款来购买房产，即使他们根本偿还不起。

他们获得的贷款比一般的抵押贷款更昂贵，利率比一般利率要高出几个百分点，这就意味着收入较低的人每个月的还款额反而更高。这种情况之所以能够盛行是因为另一个额外的关键因素。

这种贷款成功的秘诀是头两三年的“入门”利率很低，比不断高涨的一般利率还要低 5%。于是，前几年按时还款是比较容易的，这些贷款在银行记录中表现也很不错：人们都在按时还款。

这一现象背后包含着很多行为。根据本书所使用的宽泛定义，我们可以认为贷款的家庭是不理性的。成千上万个家庭前赴后继地从银行贷款，一旦还款利率升高，他们必然无法负担。

有人可能认为这些家庭会无限依赖再抵押贷款来推迟还款违约以及失去自己房产的时间，也许是希望有一天能有足够的收入来还上贷款。这种观点的前提是受教育水平和金融知识素养都低于平均水平的家庭拥有丰富的贷款经验和符合条件的借贷能力。但我们都知道现实情况如何，这样的观点很难站得住脚。

不过，银行放贷的人却是理性的。银行制定了打包和转移贷款的方式，并得到信贷评级机构的背书，担保这些贷款是非常安全的投资。也就是说，从银行的角度来看，贷款的长期可行性并不重要，只需要在足够长的时间内保持安全，就可以放出。

销售人员被鼓励达成尽可能多的贷款交易。银行高管的薪酬依赖于短期销售额和股票价格，随着系统风险的增加，销售额和股价都在飙升。就连评级机构的动机也是一样的：评级人员要从被评级的银行产品中获得收入。

舞台已经就位：链条上的几乎每一个参与者（也许除了接受贷款的人）都在理性行事，根据自己的动机做出最佳的选择，然而结果却是一场灾难。等到房地产市场价格居高不下，泡沫开始破裂时，灾难已经到了失控的地步。发放的贷款太多，还不上的违约贷款也太多，二次打包出售的抵押贷款在整个体系中到处扩散。

情况的结果就是发生全球金融危机。金融危机在爆发五年之后仍有余波，未来多年仍将受其影响。对这一代人来说，这也许是群体非理性的最好例证，这一点在几十份回顾这场危机发生过程的图书和文章中都得到了认证。对被指控某种程度上造成了这场经济危机的传统经济学家的不满，使人们对行为经济学的兴趣激增。行为经济学结合了经济学和心理学，既使用实验证据，又允许在一定程度上偏离理性人经济理论的标准。

但这些反应可能有些被夸大了。为了应对危机，有人建议启动大规模的制度改革，但这个建议很少被通过。1933 年大萧条时期，美国通过了《格拉斯–斯蒂格尔法案》(Glass-Steagall Act)，将投资银行和商业银行的业务严格划分开，该法案于 1999 年被废除。恢复该法案是银行业改革中最普遍的呼声，但似乎完全没有实现的可能。

同样地，任何看到欧盟是如何应对这场自身威胁到单一货币体系和整个地区经济的危机的人，都会认为这些行为是极其不理性的。人们可能已经开始认识到各个机构并不总是理性的，但要解决这些问题还有很长的路要走。

即使那些看似被采取的补救措施，也不免有些夸大其词。英国媒体大肆宣扬所谓的“股东之春”（shareholder spring）。从媒体叙事来看，在多年的不作为之后，机构投资股东开始采取行动抑制过高的高管薪酬，虽然对这些持有选票的股东的约束力有限，但也成功使得一些首席高管辞职或薪资降低。这样的董事会闹剧在公开的年度股东大会上上演，自然会吸引媒体的关注。

这些股东的反抗当然值得报道，特别是当考虑到这种现象有多罕见时。读到这里，你应该已经能猜出接下来发生的事。公众和媒体看到了这些罕见的、激动人心的反抗，这些事件具有了可得性，留存在人们脑海中，被报道的可能性就更高。整个过程由可得性诱发，却由媒体叙事掌控。

高管薪酬和股东反抗背后的真相非常复杂，英国广播公司商业编辑罗伯特·佩斯顿（Robert Peston）于 2012 年 6 月对此进行了简洁的总结报道。富时指数前 100 位的首席高管 2011 年时的薪酬比 2010 年平均上涨了 12%。股东投票反对高管薪资的比例的确有所增加，从 2010 年的 9.6% 上升到 2011 年的 11.7%。事实上这些反对票在前些年占比更高，2002 年时约为 16%，2003 年时约为 12.4%，但当时却没有人报道这些。可得性就是一切。

我们很容易也很乐意把非理性说成无知或冷漠。我们习惯于随意批评银行家或媒体的过错，当我们在诸如“9·11”恐怖袭击事件之后读到误判风险的后果时，很容易觉得知识能够帮助我们降低犯类似错误的概率。

也许事实的确如此，这是一个很难开展正式研究的领域。然而至今为止，还没有多少证据表明认识非理性就能够使我们不受其缺点的影响。阅读本书能够帮助你识别非理性的陷阱并提高警惕……不是吗？

坦白说，这些迹象看起来并不乐观。如果说有个群体会对心理偏见、框架效应、系统 1/ 系统 2 等问题造成的风险保持警惕的话，那一定是理论心理学家，因为他们研究这些问题、教授这些理论、撰写像本书的一样著作。所以，如果了解非理性就能帮助我们在一定程度上规避其后果，理论心理学家在避开非理性的人为陷阱方面，就应该比普通人做得更好。

理论心理学家的发表记录表明，情况未必如此。学术成果发表的各种规则和程序旨在确保研究发现有益于人类的总体认知，而不是混淆真相。为此，我们应该提前确定研究方法和研究对象，确保不会为了证实某种假设而总是改变研究对象。

这种做法还旨在使其他机构的其他学术团队能够复演某个实验，证明偏见的发生并非偶然。学术期刊应该乐于发表复演过程中的失败，把它们作为问题的提醒信号。

我们可能会希望并期待心理学家们可以认识到他们不理性的偏见可能会影响研究结果，从而相应地调整研究方法。如果真是这样，理论心理学在追踪这些研究时就会比其他学科更有优势。

科学作家杨爱德（Ed Yong）在《自然》（*Nature*）杂志上发表的一系列研究表明，事实并非如此。心理学和精神病学的已发表文献中，最初的假设被证实的比例要高于其他任何科学学科。这个比例实在太高，就像是世界各地的心理学家在形成假设时运气都好到不可思议、令人惊讶。杨写道：

> 英国卡迪夫大学实验心理学家克里斯·钱伯斯（Chris Chambers）认为，心理学领域得出肯定结论比例过高的原因之一，是人们对于“有点奇怪”的结果的偏好。他说道：“高影响因子的期刊常常认为心理学是一种小把戏。”研究结果必

> 须激动人心、博人眼球，甚至难以置信。西蒙斯（Simmons）则认为其中部分原因要归咎于审稿程序。“我们在审稿时，常常让作者把研究成果改得新一些或有趣一些，”他说，“但通常不会让他们证明这项研究是正确的。”

杨还引用了一项对心理学家的调查，该调查显示，50% 的心理学家承认在结束一项研究之前会等待并收集更多的数据，直到肯定结论出现。40% 的心理学家承认会有选择性地发表得到肯定结论的研究，搁置否定研究。

这个问题也许没有我们担心的那样糟糕：躺在办公桌抽屉里落灰的否定研究的数量，即唐纳德·拉姆斯菲尔德（Donald Rumsfeld）所说的“未知的未知数”。更多关于该问题的研究还在开展，也包括专门系统性地尝试复演科学文献的研究，但在某种程度上，理论心理学的做法也是不理性的。

其原因要么是个体非理性（更可能也更宽泛的解释），要么是一个系统性问题：理性但不道德的心理学家出于错误的动机（得到肯定结论）而打了擦边球，并因此得以发表论文，继续更进一步的学术生涯。无论出于哪个原因，即使最了解非理性思维的人，似乎也无法将其从自己心理中或所依赖的制度中完全消除。

曾经发生的许多事都是惨痛的教训。无论是作为个体、企业还是国家，我们都依然在不理性地行事，依然在承担不理性的（常常是严重的）后果。虽然我们对非理性的认识加深了，但每个个体及整个社会都并没有因此变得更理性。

不过，情况并没有看起来那么糟糕。每个酗酒的人都知道，解决问题的第一步是承认问题存在。我们都很容易受到各种非理性思维模式的影响，但偶尔地了解一下非理性思维在实践中的具体案例可能会对我们有帮助。

同样地，我们对群体非理性的认识也在提高：一系列理性的个人决策加起来，可能会导致极其不理性的后果。我们对这一点的认识还有待加深，不过重新调整激励机制已经成为主流话题。我们还有时间去改进。

比上述两个方面更有希望的，也许是把非理性纳入我们的决策。理查德·塞勒（Richard Thaler）和卡斯·桑斯坦（Cass Sunstein）的"助推"（nudge）理论就是这样一个例子，但现在也许有点过时了。该理论显然借助了框架效应和类似理论，通过调整我们的习惯性反应来操控我们做出更好的决定。

"为明天储蓄更多"也是个不错的例子。如果问我们是否应该为明天、为退休生活存下更多钱，大多数人都会说是。从逻辑上来看，我们如果真的相信应该存更多钱，就会同意一个从我们的下一笔工资中自动拿出更多钱储存起来的计划，然而大多数人都不同意。

不过如果把这个计划换一种表述，我们很多人都会同意。这个技巧是推迟储蓄。我们今天签字同意是为了从下一次涨薪收入，或者一年或更久以后的工资收入中存更多的钱。这种情况下，我们的选项不再受到限制，只是进行了重新定义。这似乎是一种可行的方式。

助推理论认为人们总是不理性的，希望不诉诸法律、税收等高压的方式来解决某些特定问题、应对某些政策领域。该理论的核心是非理性，正如塞勒和桑斯坦明确指出的：

> 几乎所有人在几乎所有时间都会做出最符合他们利益的选择，或是做出起码比大多数人都要好的选择，这是一个错

> 误的假设。我们认为这种假设站不住脚，实际上的确如此。
>
> 事实上，我们不觉得任何人在深思熟虑之后还会认同这个假设。

这个方法也不仅限于学术界。戴维·卡梅伦在2010年成为英国首相之后，第一个举措就是设置了行为洞察工作组（Behavioural Insight Team），即内阁办公室的“助推部门”。政府和企业都注意到了人类大脑的这些奇怪特征，你最好相信销售员们也注意到了。

知道我们有多不理性、为什么会不理性，并不能阻止我们犯错，却能帮助我们识破一些非理性错误，使决策者在制定社会运转规则时将非理性因素考虑在内。这是一项未竟的工作，不过已经取得了一些成效。

在本书首次面世后的21年里，我们学到了很多。在接下来的21年里，我相信我们还将学到更多。

相信我们会充分利用学到的这些内容。但愿这么想不会太不理性。

詹姆斯·鲍尔（James Ball）[1]

1 英国全国性综合内容日报《卫报》（*The Guardian*）的数据记者，伦敦城市大学客座讲师，曾在维基解密（WikiLeaks）和新闻调查局（Bureau of Investigative Journalism）工作。